JEAN-LUC GODARD

HISTÓRIA(S) DA LITERATURA

CB130724

JEAN-LUC GODARD
HISTÓRIA(S) DA LITERATURA

Mauricio Salles Vasconcelos

Relicário

© Relicário Edições
© Mauricio Salles Vasconcelos

CIP –Brasil Catalogação-na-Fonte | Sindicato Nacional dos Editores de Livro, RJ

V331j

Vasconcelos, Mauricio Salles, 1956-
Jean-Luc Godard : história(s) da literatura / Mauricio Salles Vasconcelos. -- Belo Horizonte, MG : Relicário Edições, 2015.

300 p. 15,5 x 22,5 cm
Inclui referências
Biografia do autor
ISBN: 978-85-66786-34-7

1. Godard, Jean-Luc, 1930 - História e crítica. 2. Adaptações para o cinema – História e crítica. 3. Literatura e Cinema. 4. Cinema – França. I. Título. II.Título: história(s) da literatura

CDD 791.4372

CONSELHO EDITORIAL
Eduardo Veras (UNICAMP)
Ernani Chaves (UFPA)
Guilherme Paoliello (UFOP)
Gustavo Silveira Ribeiro (UFBA)
Luiz Rohden (UNISINOS)
Marco Aurélio Werle (USP)
Markus Schäffauer (Universität Hamburg)
Patrícia Lavelle (EHESS/Paris)
Pedro Sussekind (UFF)
Ricardo Barbosa (UERJ)
Romero Freitas (UFOP)
Virgínia Figueiredo (UFMG)
Davidson de Oliveira Diniz (UFRJ)

COORDENAÇÃO EDITORIAL Maíra Nassif Passos
PROJETO GRÁFICO & DIAGRAMAÇÃO Ana C. Bahia
CAPA Caroline Gischewski
REVISÃO Lucas Morais

RELICÁRIO EDIÇÕES
www.relicarioedicoes.com
contato@relicarioedicoes.com

PREFÁCIO
GODARD E AS MÁQUINAS DO MUNDO

Jair Tadeu da Fonseca
[Professor de Teoria Literária na UFSC]

"I came so far for beauty"
Leonard Cohen, citado por Godard

Disse o jovem Rogério Sganzerla (2007, p. 15), em entrevista ao *Jornal do Brasil*, em 1966: "Não diferencio o escrever *sobre* cinema do *escrever cinema*"; pois escrever sobre cinema já seria fazer cinema "*com a máquina de escrever*". E Glauber Rocha (2004, p. 301) afirmou, em depoimento a *Filmcrítica*, de 1975: "O escrever é mais livre. Pode-se escrever aquilo que se quer e se o livro não é publicado, não importa. Em vez disso, o cinema implica em uma *máquina*, mas não existe diferença entre a máquina de escrever e a cinematográfica, como é claro desde Walter Benjamin". Esses e outros críticos-cineastas ou cineastas-críticos brasileiros, como Maurício Gomes Leite, tiveram Jean-Luc Godard como referência fundamental, mais do que qualquer outro artista do cinema moderno, não só por seu movimento da escrita para a realização cinematográfica – o mesmo que o deles –, mas também pelo reconhecimento de sua excelência radical em continuar esse movimento por meio do fazer crítico-poético dos seus filmes enquanto *escrita em movimento* – cinemato*grafia* de som e imagem.

Na série de vídeos *História(s) do cinema* vemos de modo recorrente a figura de Godard à máquina de escrever, e o que poderia ser uma imagem-clichê do trabalho do escritor é algo subvertido nessa encenação da escrita, pois o cineasta também coloca a máquina no automático. Mesmo quando ele não datilografa, ela "escreve", "fala" ou "canta" e se move com sua música eletromecânica, que dá ritmo às imagens pulsantes ali, inclusive as imagens de outras máquinas com seus sons e movimentos: a moviola, aonde vai e de onde vem o filme a ser montado; o microfone, que capta os sons a serem gravados; o projetor, pelo qual vemos o filme; e a câmera, que capta suas imagens. E aí não se trata apenas de explorar o barulho de metralha da máquina elétrica (embora este seja importante no caso), mas de relacionar máquina de escrever, máquina cinematográfica e máquina do mundo, inclusive a máquina de guerra que marcou o século do cinema, objeto da(s) história(s) de Godard.

Todo esse preâmbulo foi suscitado pela leitura deste livro de Mauricio Salles Vasconcelos, preciosa contribuição tanto para as sempre necessárias releituras de Godard, em particular, quanto para os estudos de cinema e literatura, em geral. Mesmo porque ele é capaz de se movimentar para além desses limites entre o particular e o geral, aliás, já devidamente desconstruídos pelo *subjeto* (sujeito e objeto) deste trabalho: as zonas de interseção de cinema e literatura na obra de Godard. Mas a maior originalidade do livro que está em suas mãos reside não só no modo como trata a identificação das citações e alusões literárias nos filmes estudados, mas principalmente nas relações traçadas entre elementos desses filmes e aspectos de obras literárias que neles não são referidas. Trata-se de considerar os filmes/textos de Godard como máquinas de produção incessante de sentidos (significados e sensações) não só em si mesmos, mas também fora de si.

A linguagem em movimento identificada em Godard por Mauricio Salles Vasconcelos também é a de seu livro, em sua estratégia crítica. Dela participam muitos pensadores-escritores, e, dentre eles, chamo a atenção para Herberto Helder, mais do que para filósofos importantes como Benjamin, Foucault, Deleuze, Blanchot e Nancy, pois o título do livro do poeta português, *Photomaton & Vox,* fornece ao nosso crítico, e a mim também, metáforas conceituais capazes de considerar os procedimentos de Godard em *História(s) do cinema* e *JLG/JLG*, principalmente, porque neles se salientam o grão de sua voz gravada e os grãos luminescentes de sua imagem visual, por meio dos dispositivos pelos quais se invoca e materializa o fantasma do autor. A partir do biografema, a que alude Roland Barthes (1984), ao tratar da fotografia em *A câmara clara*, podemos falar de *biocinemas* e *biografilmes* em Godard, bem como em Glauber Rocha e John Cassavetes, por exemplo. Aliás, estes são dois dos cineastas mortos e homenageados por Godard nas dedicatórias que faz em *História(s) do cinema*.

Vem também de Helder a consideração de Rimbaud (p. 140) como "discípulo ancestral de Godard", o que vai permitir a Mauricio Salles Vasconcelos rearranjar, através da obra do cineasta franco-suíço, uma constelação de escritores, citados ou não na obra deste: Homero, Safo, Ovídio, Dante, Cervantes, Hölderlin, Poe, Baudelaire, Lautréamont, Rimbaud, Proust, Faulkner, Beckett, Borges, etc. Podemos mesmo relacionar um ensaio deste último, "Kafka e seus precursores" (Borges, 1999, p. 96-98), à paradoxal formulação, feita por Helder, de Rimbaud como "discípulo ancestral de Godard", pois tanto num texto como noutro subverte-se a noção de influência, bem como a linearidade e causalidade historicistas, e as concepções de progresso nas artes, o que obriga à releitura e à revisão das artes pregressas pelo paradoxo de sua contemporaneidade no presente de suas diversas leituras, releituras, escritas e reescritas. Estas, sendo alegóricas, caracterizam-se pelo que podemos chamar de *anacronotopismo*, ou seja, pela mescla ou pelo deslocamento e rearranjo de temporalidades e localidades diversas. Por não ser historicista, esse tipo de reconsideração alegórica, anacronotópica, das artes não é um erro, nem leva à confusão, ou a algo injusto, mas é *justo* um modo de considerar a história, de *fazer* história, juntando seus cacos e destroços, como queria Benjamin (1991; 1993) em sua estereoscopia, atenta às relações entre os elementos díspares da imagem dialética, em que não há síntese, a não ser uma síntese disjuntiva, nem há interpretação alegórica como fechamento.

Esse também é o método de Godard, por provar, com a montagem, que nenhuma associação é livre, mas pode ser libertadora, como foi o método de Lautréamont com sua série de símiles dissimilares, na base do "belo como"; o método dos surrealistas com o "acaso objetivo", a propiciar encontros inauditos/inéditos; e o de Waly Salomão com seus "babilaques" que, segundo Mauricio Vasconcelos (p. 268), "deixam entrever o encontro entre escrita de si e construtividade grafoplástica do livro de literatura". A partir desses e outros caminhos, Vasconcelos elabora o seu método crítico, o qual lhe permite ir além do que usualmente temos nos estudos comparativos de literatura e cinema, a lidar quase sempre com as chamadas "adaptações" cinematográficas de obras literárias, ou com as citações e alusões literárias presentes em filmes, que são importantes, mas não bastam, ainda mais para a obra de Godard considerada neste livro e para a estratégia aqui empregada.

Tais filmes permitem ao crítico e a seus leitores reler ou ser apresentado a obras literárias não citadas ou aludidas neles, como as de Lyn Hejinian, Mário Faustino, José Agrippino de Paula, João Gilberto Noll, Ana Cristina Cesar, Valêncio Xavier, Sérgio e André Sant'Anna, Colson Whitehead, etc. Mesmo trabalhos de poetas que eventualmente citam Godard, como os já referidos Helder e Waly, estão neste livro por motivos menos óbvios, por afinidades mais insuspeitadas e, por isso mesmo, mais interessantes. Mauricio Salles Vasconcelos faz *incitação* a um grande elenco constelar de a(u)tores para que se postem na cena godardiana de cinema e literatura, não importando se fazem citação a Godard ou se este os cita, nem importando se são autores canônicos ou não. Tal como em Godard, interessa aí a incitação que pode levar à *ressuscitação*, à reaparição alegórica, ou seja, pública, do *outro* arrancado de seu tempo e lugar, que estaria morto, mas é posto a significar em outra cena, rediviva, de ressurreição dos sentidos. Por isso, este *História(s) da literatura* mira-se em *História(s) do cinema*, porque o que ainda chamamos de literatura e de cinema já são outras coisas, as quais precisam se reconhecer e desconhecer uma na outra, entretrocar-se.

Ao lidar com o trabalho de citação em Godard, Salles Vasconcelos também chama a atenção para o papel da *recitação* em seus filmes e vídeos, o que nos permite atentar para as possibilidades abertas não só para a teorização crítica dos filmes de Godard, mas também para as aproximações entre cinema e literatura, principalmente quanto ao cinema moderno pós-godardiano e em termos de filmes como os dos pioneiros Carl Dreyer e Robert Bresson, que utilizavam procedimentos semelhantes em sua direção de atores. Também o teatro épico de Brecht visava, com a fala recitada ou cantada, romper com a dramatização naturalista por meio do efeito de distanciamento. Re-*citar* significa dobrar, dublar, duplicar, citar novamente algo que já é citação, ou seja, repetição de algo que veio de outro lugar, sendo que em português recitar tem mais o sentido de dizer, em voz alta, poemas e também narrativas. Além disso, récita e recital designam espetáculos líricos, teatrais e musicais. Acrescente-se que *récit* em francês significa elogio, além de narrativa, relato, história e recitativo musical. O fato é que praticamente em todos os filmes de Godard personagens recitam suas falas, além de o próprio cineasta fazer isso em alguns deles. Ouvimos sua voz citar, recitar, relatar e elogiar em *História(s) do cinema*, no seguinte trecho, por exemplo, conforme traduzimos de seu livro:

> *Diderot, Baudelaire*
> *Malraux*
> *logo depois eu ponho*
> *Truffaut*
> *em linha direta*
> *Baudelaire ao falar de Edgar Poe*
> *é como Malraux*
> *falando de Faulkner*
> *é como Truffaut*
> *ao falar de Edgar Ulmer*
> *ou de Hawks*
> (Godard, 1998, p. 42)

Re-citação e relação, elogio e elegia. Há tempos, principalmente desde as décadas de 1980 e de 1990, constata-se o caráter elegíaco, mas não lutuoso, do cinema de Godard; melancólico até, mas nunca depressivo. A finitude da Europa, das políticas de esquerda, da literatura e do cinema, e da juventude do próprio cineasta, parece marcar sua obra a partir daí. Entretanto, é importante lembrar que esta começou já no limite do fôlego, em *Acossado*, e muito tempo depois ainda é caracterizada por sua paradoxal iconoclastia de cinéfilo, de esteta e pensador sempre poeta do *sonimage*, agora digital, tanto pintura em movimento quanto ensaio de reflexão e elegia, como em muitos filmes anteriores, de outras fases. De todo modo, continua em Godard esse paradoxo da iconoclastia, agora classicista, de quem ama o cinema, mas o destrói para abrir caminho, como defenderia Benjamin (1994, p. 237), em "O caráter destrutivo", para escapar do sufoco, do acosso, e prosseguir. Aliás, tudo em Godard sempre foi clássico e romântico, racional e louco, contido e apaixonado, Brecht e Rimbaud, apolíneo e dionisíaco. Embora tenha pendido para os primeiros polos dessas dicotomias, o cineasta também sempre contribuiu para dinamitá-las, como o tardiamente arrependido e tragicômico Pierrot, pouco antes de explodir a própria cabeça, de modo intempestivo, explodindo com ela. Mas não se confunda essa iconoclastia com o "ludismo *avant-garde* com data de vencimento", a que Mauricio Vasconcelos (p. 258) alude para evidenciar as limitações disso. O que podemos considerar como classicismo em Godard, além do rigor com que sempre lida com as imagens da beleza, mesmo as do horror, é justamente o fato de seus filmes não terem prazo de validade, ainda que neles haja tantas marcas temporais, históricas, contingenciais. Aprende-se com esses filmes, eis porque são clássicos, porque constituem o mais radical e exigente cinema moderno, ainda na vanguarda, embora já não saibamos mais de quê. Tais filmes não ficam datados, no sentido deletério do termo, e, embora não sejam "atemporais", aspiram à eternidade, que "anda apaixonada pelas produções do tempo", como escreveu William Blake (1984, p. 39).

De todo modo, há também em Godard, desde seu primeiro filme, uma romântica desconfiança da linguagem, por ela não corresponder plenamente a algo designado, como, por exemplo, os afetos e o amor. Mesmo assim, ao lado disso, afirma-se em sua obra uma inescapável necessidade de lidar com a linguagem, para inclusive dizer adeus a ela, em 3D, como em seu filme mais recente. Também daí, podemos conjecturar, haver o trabalho do alegorista Godard, com a "ultracitação" (p. 45), detectada por Mauricio Vasconcelos, de seu "dispositivo supracitacional" (p. 47), sendo que a "citação não aparece como um simples *referendum*, como avalização artístico-cultural das imagens que se sucedem na filmografia godardiana" (p. 82). Aliás, não há superioridade hierárquica das citações literárias e filosóficas em relação às citações musicais, por exemplo, sejam elas do *pop rock* ou da música erudita, com Mozart, os Rolling Stones, Marianne Faithfull, Otis Redding, Patti Smith, Leonard Cohen, etc., que também não estão nos filmes para sublinhar ou abonar algo. Muito menos as imagens visuais funcionam ali como ilustração ou "explicação" do que se passa.

Mas não há a autonomia desses elementos e camadas de todo tipo, os quais estão sempre em relação e até em mistura.

Por isso, é preciso escolher, como faz este livro, elementos de alguns dos estratos que compõem um filme, ou uma série de vídeos como *História(s) do cinema*, em que as camadas de *sonimage* se superpõem e entrecruzam. A escolha aqui se deu em termos de citações literárias presentes nos filmes considerados, ou em termos das possíveis relações destes principalmente com séries literárias e sociais externas a eles. Sobre *História(s) do cinema*, já plural pelo título, escreve Mauricio Salles Vasconcelos que seria uma "espécie de súmula de uma época (de todo um século)" (p. 283). Isso leva *Jean-Luc Godard – História(s) da literatura* a fazer uma súmula crítica não só daquela já feita por Godard, mas também a sua própria, de Safo ao *cyber* e ainda além deste, à *bout de souffle*, mas sem perder o fôlego especulativo e reflexivo, nem os fios da meada que compõem seu texto.

REFERÊNCIAS

BARTHES, Roland. *A câmara clara*: nota sobre a fotografia. Rio de Janeiro: Nova Fronteira, 1984.

BENJAMIN, Walter. *Charles Baudelaire*: um lírico no auge do capitalismo. Trad. José Carlos M. Barbosa e Hemerson A. Baptista. São Paulo: Brasiliense, 1991.

______. "O caráter destrutivo". In: *Rua de mão única*. Trad. José Carlos M. Barbosa e Hemerson A. Baptista. São Paulo: Brasiliense, 1994.

______. "Sobre o conceito de história". In: *Magia e técnica, arte e política*. Trad. Sérgio Paulo Rouanet. São Paulo: Brasiliense, 1993.

BLAKE, William. "Provérbios do Inferno". In: *Poesia e prosa selecionadas*. Trad. de Paulo Vizioli. São Paulo: JC Ismael, 1984.

BORGES, Jorge Luis. "Kafka e seus precursores". In: *Outras inquisições. Obras completas*. V. 2. São Paulo: Globo, 1999.

GODARD, Jean-Luc. *Histoire(s) du cinéma*. Paris: Gallimard-Gaumont, 1998.

ROCHA, Glauber. *Revolução do Cinema Novo*. São Paulo: Cosac Naify, 2004.

SGANZERLA, Rogério. *Rogério Sganzerla – Encontros*. Org. Roberta Canuto. Rio de Janeiro: Azougue, 2007.

INTRODUÇÃO

O contorno tomado pelo cinema de Jean-Luc Godard, no decorrer dos últimos cinquenta anos, conduz à compreensão de processos criativos que aludem, de modo crescentemente explícito, ao próprio percurso da arte nos séculos XX e XXI. Dentro de uma dinâmica investigativa que sonda o lugar do cinema no tempo, projetando-o como criação artística e técnica produzidas sob o influxo do novo (toda a preparação e materialização ocorridas entre os séculos da modernidade), a prática e o pensamento fílmicos de Godard atualizam um debate, acompanhado de inúmeras pistas de leitura. Revitalizam questões em torno do legado da arte no presente, no momento em que se atesta a morte ou mutação da linguagem cinematográfica, na divisa de outro século/milênio.

Ao se concentrar nas imagens de Godard, tendo como foco seu relacionamento com outras séries artísticas – com a literatura, especialmente –, este livro deseja, ao mesmo tempo, trabalhar com as coordenadas teóricas do realizador, de modo a dimensioná-las como concepções cruciais para o entendimento da problemática estética contemporânea. Observando-se seus modos de filmar, que são, também, modos de montar o filme como construção de linguagem entre outras linguagens, meu interesse é o de operar uma análise comparativista, próxima do andamento criativo e conceitual do cinema godardiano.

A esse respeito, devo ressaltar o dado de que os filmes escolhidos para a análise atendem à inter-relação literatura/livro e imagens, a despeito de a citação de obras e de autores literários se apresentar como uma constante na filmografia do diretor. Sendo assim, ficarão fora de meu enfoque algumas de suas realizações por não viabilizarem uma prática criativa deliberada entre literatura e sua reescrita, feita sempre de modo muito particular, pelo cinema godardiano. Textos teatrais geradores de filmes como *King Lear* e *For Ever Mozart* (em que Jean Giraudoux se mostra como forte referência) não foram privilegiados neste estudo, que se volta para escritos de narrativa e de poesia. Por outro lado, apesar de recorrer ao personagem do romance de Prosper Mérimée, não é a um título como *Prénom Carmen* que Godard se atém, em especial, mas às versões do personagem, do *prenome Carmen*, legadas pela ópera, por outros filmes e adaptações diversas. Meu interesse se encaminha, pois, para a narrativa e a poesia apreendidas como elementos integrantes da escrita fílmica produzida pelo diretor.

Paralelamente ao estudo dos filmes do cineasta, deles extraindo os entrelaçamentos com diferentes campos da arte (e mesmo com aqueles do saber), a perspectiva aqui trabalhada busca, em sincronia com a voltagem teórica das imagens e dos sons godardianos, a abordagem de um cinema pensado, ininterruptamente, em relação à sua história e na história (um século de promessas técnicas, sob o movimento das imagens que refazem o plano monolítico do tempo). Tal como sinaliza *História(s) do cinema* (1998), a realização em vídeo – e, paradoxalmente, uma espécie de auge do itinerário cinematográfico de Godard, a retrospecção das imagens, vozes e textos do século – articula, no mesmo gesto, uma forma de prospecção capaz não só de atualizar questões e lançar hipóteses, mas de inventar formas de montagem, pensamento e intervenção na arte e na história. Esta, já finda, segundo as tendências hegemônicas do flutuante e muito esgarçado termo "pós-moderno", ou *finita*, segundo Jean-Luc Nancy, concebida pelo filósofo como um campo de problematizações a partir de seu limite, de sua não teleologia, história que conta com sua própria finitude para ser mapeada, ou diagramada, para se falar mais em sintonia com Michel Foucault.

Ficções, formas fílmicas complexas e híbridas, história(s) – no quadro godardiano, as continuidades se perdem, mas seu trabalho ainda em processo é uma constatação de pesquisa e criação que se revela nodal à passagem do tempo e à duração do cinema entre outras artes. *Adieu au langage*, lançado em 2014, evidencia, mais uma vez, a inteireza de sua inserção na cena cultural do presente, deixando o rastro de uma formulação que se desdobra como um iminente projeto de cinema, do conhecimento ou de estar/atuar no mundo, na passagem, na deriva e no devir do tempo.

De 2003, quando iniciei a escrita deste livro, até 2009, publiquei alguns artigos extraídos dos capítulos aqui contidos: "Cinema e literatura – Godard estreia", integrante do livro *Textos à flor da tela – Relações entre literatura e cinema* (2004); "Câncer-Paisagem", na revista *Aletria*, UFMG (2003-2004); "Pela 2ª vez o cinema – Godard, a literatura e o feminino", na revista *Devires*, UFMG (2004); "Viver o filme", *Devires* (2007) e "Godard", no site *Sibila – Poesia e Cultura* (2009).[1]

Ministrei, a partir da pesquisa em torno de Godard, os seguintes cursos de pós-graduação: "História(s) do cinema e da literatura – Jean-Luc Godard", na Faculdade de Letras, Universidade Federal de Minas Gerais, em 2003, e "História(s) do cinema e da literatura – Cultura e Comparativismo (1990-2010)", na Faculdade de Filosofia, Letras e Ciências Humanas da Universidade de São Paulo, em 2010.

Nota-se, com a passagem do tempo, o perfil tomado pelo estudo como fonte geradora de abordagens não só relacionadas com o cinema godardiano, tendo como elemento de concentração a literatura, tal como incorporada e recriada por seus filmes. Um possível mapa de obras, autores e gêneros, formado a partir dos anos de 1960, vai se tornando visível à medida que se põem em análise os textos citados e apropriados pelo diretor. De modo cada vez mais nítido, sua filmografia constrói a imagem provocadora de uma radicação integral em seu campo cinematográfico quanto mais produz leituras incisivas em diferentes áreas, mais diretamente naquelas da escrita literária e da história da cultura.

No decurso desses anos de pesquisa e redação, *Jean-Luc Godard – História(s) da literatura* perfaz um trabalho comparativista de análise, no compasso de uma revisão da filmografia do autor. Um transcurso que envolve, também, a revelação no que toca ao surgimento de uma época, depois do século do cinema, na convivência com um outro, novo, em derivação e afluência (sob o impacto de imagens e palavras que se montam conjuntamente, a contar de Godard). Palavras – entre duas e muitas outras coisas, entre um e outro âmbito do saber – da literatura, em um corte histórico, transversal, em intermitência.

1. Disponível em: <http://sibila.com.br/critica/godard/2795>.

1 CINEMA E LITERATURA

CITAÇÕES | CONFLUÊNCIAS

As pistas são muitas para se acompanhar o primeiro longa-metragem de Godard. Ainda que o filme *noir* compareça como um modelo legível por meio da trama, da trilha sonora, dos gestos e das atitudes do protagonista, *Acossado/À bout de souffle* (1960) deixa clara sua intenção reavaliadora. Não apenas do gênero e dos elementos narrativos que o sustentam, mas o próprio cinema está em foco, assim como os regimes de narratividade, visibilidade e sonoridade operados pelas outras artes (literatura, artes plásticas/gráficas, teatro, música).

De acordo com um dos primeiros depoimentos do diretor acerca de sua produção, deixam-se assinalar, no longa-metragem de estreia, traços que serão uma constante da filmografia futura, evidenciando a formação de Godard como crítico. Se nessa função ele, a exemplo de outros cineastas amadurecidos pelo exercício da análise nas páginas de *Cahiers du cinéma*, considerava que "escrever, era já fazer cinema" (Godard, 1998, p. 215), no processo de realização dos filmes se acentuam ainda mais as práticas da crítica e da escrita. "Faço críticas com filmes", dizia o jovem diretor. E mais que isso, quando se avalia todo o conjunto de imagens e textos, passados mais de 50 anos: pode-se dizer que a experiência godardiana está mais próxima da invenção de um espaço audiovisual no qual a crítica e a escrita se presentificam como realidades indissociáveis do ato de filmar. O cineasta não torna implícitas a crítica e a escrita ao produto fílmico. O "ponto de vista" do diretor não se compreende como uma pura e simples tradução por meio de imagens, pois o cinema imprime sua especificidade (considerado como arte eminentemente visual) pela explicitação de seu caráter cruzado, fronteiriço entre comentário crítico, narratividade e o movimento registrado pelo olho e pela câmera, pelo corpo e pela máquina/técnica.

Além da relação crítica/cinema, outro complemento fornecido pelos primeiros depoimentos de Godard, acerca de seu trabalho cinematográfico, diz respeito ao projeto narrativo – romanesco mesmo, mas numa acepção difundida em outros planos criativos – que embasa suas produções. Um ensaísta que realiza romances no cinema ou um romancista que filma os próprios ensaios – são esses os elos que a escrita estabelece para o diretor, sem resolução, sem síntese final dentro de um único e determinado sistema de signos. É como se a própria questão do gênero narrativo, apreendido por Godard na modernidade, fosse relançada no interior de uma outra prática, marcando um momento de revisão, de atualização do debate em torno da literatura no tempo. Isso ocorre a partir da implicação cada vez mais intensificada da *linguagem em movimento* com os índices da continuidade e da sucessão apreendidos na narrativa literária (ao longo da história do cinema), tal como avalia e debate o crítico que é Godard, no instante em que passa a fazer filmes.

Michel Poiccard é um personagem desgarrado. Mesmo estabelecendo ligações com as diversas organizações criminais embutidas no cotidiano, o protagonista de *Acossado* sobrevive, também, do chamado à aventura, que a câmera se dedica a captar, fazendo de suas ações um motivo de contemplação e de desalinhamento no que se refere aos códigos da contravenção instituída. Seus roubos velozes de carros o conduzem a escapadas pelas periferias parisienses e pelo campo. Seu trânsito indiscriminado por vários pontos de organização/operação do crime fazem visualizar um pequeno herói autônomo, embalado numa indumentária nova de *gangster*, exposto ao ar livre, à deambulação, como um jovem qualquer da grande cidade cosmopolita, suscetível, porém, ao erro, ao descontrole das situações de risco, à dor de existir e de amar, à errância, enfim.

Acossado se revela uma aventura em vários planos criativos e culturais. A concepção do personagem envolve, por exemplo, o reexame da questão do herói narrativo. Não à toa, a discussão promovida por Patricia, a jornalista norte-americana namorada do jovem bandido, em torno do romance (aquele que ela está escrevendo e *The Wild Palms*, de William Faulkner) ganha destaque no filme, nos instantes em que as ações incessantes reservadas ao protagonista sofrem interrupção, no recesso do quarto de hotel onde repousa, faz amor e foge da perseguição acirrada que sofre ao assassinar um policial. A atividade jornalística de Patricia mostra-se, também, favorável à inserção da escrita no horizonte do *thriller* assimilado no cinema norte-americano de Otto Preminger, Samuel Fuller, Robert Aldrich, entre outros, e do francês Jean-Pierre Melville, que, aliás, faz uma ponta, personificando um tipo comum aos seus "policiais", no filme inaugural de Godard.

Todos esses elementos relativos à escrita são incorporados aos desdobramentos do filme (já apontando para um possível estilo do cine godardiano) como uma problemática de som, de fala, de texto e narratividade inerentes à criação de imagens cinematográficas. Articulam, por sua vez, uma redistribuição espacial dos signos da arte no plano do espetáculo (a sucessão dos atos extremos cometidos por Poiccard), dando início ao que se pode chamar de *corpus topográfico* – para dizer com Jean-Luc Nancy (2000, p. 17) – composto por Godard, de filme a filme: um deslocamento, uma circulação incessante de repertórios imagéticos e textuais, capazes de reconfigurar os percursos do cinema e da literatura no século XX.

Seguindo a trilha trabalhada por Godard, em *Introdução a uma verdadeira história do cinema* (1980), que relaciona os seus filmes com outros dentro de uma lógica associativa, de modo a formular um estudo crítico, de base historiográfica – gênese, aliás, de *História(s) do cinema* –, o presente ensaio dialoga com tal possibilidade comparativista, integrando, dessa vez, a literatura a tal procedimento. A contar das referências explicitadas pelos títulos godardianos e de outras provenientes da aproximação de textos contemporâneos, não apenas os vínculos entre as artes podem ser percebidos no decorrer da trajetória criativa do cineasta, mas, também, uma possível súmula da história do cinema e da literatura a partir dos anos de 1960 até o início do novo século/milênio, dentro da dimensão interdiscursiva desbravada por Jean-Luc Godard.

À BOUT DE SOUFFLE THE WILD PALMS PORTRAIT OF THE ARTIST AS A YOUNG DOG

A inserção do romance de William Faulkner, no *corpus* das citações artístico-culturais de *Acossado*, comparece como elemento integrante da problemática do casal Poiccard-Patricia, indicando uma leitura atenta e substantiva de *The Wild Palms*.

> [...] houve um momento em que parou, respirou por um segundo antes de correr outra vez, a corrida de volta para o esquife livre durante certo tempo embora ainda pudesse ouvir os gritos à sua traseira e de vez em quando um tiro, e arfando, soluçando, um enorme e selvagem rasgão numa das mãos, advindo quando e como ele não saberia dizer, e ele gastando uma respiração preciosa então, não falando com ninguém, como o grito de um coelho moribundo que não é dirigido a nenhum ouvido mortal, mas é uma acusação a todo o exalar, e à sua loucura e sofrimento, à sua infinita capacidade de loucura e dor que parece ser única imortalidade: – Tudo que quero no mundo é apenas me render. (Faulkner, 1984, p. 142-143)

Não são apenas as similitudes entre as ficções da literatura e as do cinema que se observam na leitura godardiana de Faulkner. O que chama a atenção em *Acossado* é o modo realmente novo de leitura de um texto literário. Uma tradução mais próxima de uma apropriação, que deixa de conceber o cinema como repositório de uma arte avalizada, nobre, como vinha, até então, ocorrendo na história das imagens em movimento quando do uso do referencial e do material literários. O realizador extrai de *Palmeiras selvagens* (1939) o ponto conflitivo básico dos personagens, mantendo a alta voltagem do embate existencial travado no livro, assim como o espaço reservado à visualidade e o sentido de montagem presente no romance, perceptível de modo mais evidente por meio dos dois blocos narrativos intercalados ("Palmeiras selvagens" e "O velho").

Interessante é notar que tal leitura (muito além da ideia de "adaptação") ocorre no plano de uma outra ficção, de uma outra forma artística, no qual o texto de Faulkner, irreconhecível, não roteirizado, marca sua confluência com o filme por meio da *citação*. Por meio de fragmentos do livro, *Acossado* expõe sua fonte textual para fora do esquema de uma versão cinematográfica da obra (mesmo que livre, centrada na afirmação do que se chamava nos anos da década de 1970 de *específico fílmico*) e, claramente, daquela tradicional reverência ao "literário", comum até hoje em certo "cinemão romanesco", com que se tenta marcar a *griffe* arte.

O primeiro trecho lido de *Palmeiras selvagens* ocorre quando Patricia ganha um exemplar da obra de um jornalista americano com quem mantém um *affair*. Ele comenta: "Espero que nada aconteça com você, como ocorre com a mulher do livro. Ela não quer o bebê, mas a operação vai mal. Seria muito triste se acontecesse (...) O que vai mal?". Patricia responde através de um trecho escolhido na hora, como se fosse a própria narrativa desse ato imediato: "Se pudesse cavar um buraco no chão para que ninguém me visse, cavaria". E complementa Faulkner: "Não sei se sou infeliz porque não sou livre. Ou se não sou livre porque sou infeliz".

A outra citação se dá, na longa sequência de Patricia ao lado de Poiccard, no quarto de hotel, fazendo alusão tão-somente à última (e já "clássica") frase do romance faulkneriano, "entre a dor e o nada, escolherei a dor" (Faulkner, 1984, p. 263). Quando lê, junto com Patricia, a frase final do livro de Faulkner, Poiccard pospõe à escolha da dor por Wilbourne o esvaziamento do dualismo trazido pela questão: "A dor é tola, eu escolho o nada. Mas a dor é um compromisso. Tudo ou nada". Retoma-se, assim, o ponto conflitivo, não resolvível por uma simples e única escolha, como ética do confronto, do acosso, aderida à sua imagem latejantemente nova, anti-heroica (legenda de outra época, de outro, insurgente, cinema).

São muitos os traços de proximidade entre o romance e o filme, quando se notam as potencialidades cinematográficas de *Palmeiras selvagens*, e é nesse aspecto que deve ser compreendido o sentido renovador da relação do cinema com o dado da narratividade, para além da questão da adaptação/versão/tradução de uma obra da literatura. Faulkner reserva ao romance um grau de construção visual que revitaliza o espírito da época – essa que se elabora em torno do território norte-americano –, perdida na modernidade, ao conceber uma narrativa-fluxo, cortada por blocos simultâneos, paralelos, a atravessar o foco íntimo, instaurando a teia político-social disseminada nas várias regiões que o casal Wilbourne-Rittenmeyer percorre, em busca de um amor livre dos valores vigentes (até o confronto com um aborto malsucedido). Movimento que se expande no bloco "O velho", no qual o par formado por um presidiário e uma mulher prestes a dar a luz acaba por se desfazer, como muitos dos eventos ocorridos sob o ritmo torrencial do rio (diluviano Mississipi, o "velho", em enchente).

As *palmeiras selvagens* – imagem recorrente – pontuam o texto, marcando todo um andamento produzido pela gradação de variantes em torno de *selvageria, paixão, voragem* – "arrastado, içado, desprevenido e ainda embotado de sono, nesta coisa, nesta brilhante e selvagem paixão..." (Faulkner, 1984, p. 218). A imagem vai se modulando ao longo da narrativa, constituindo-se em planos autônomos, capazes de se inserir em vários segmentos da obra, seja no bloco dos amantes, seja naquele do velho rio Mississipi. O mesmo pode ser dito em relação às derivações do *rio* – enchente, nascente, corrente do sul dos Estados Unidos desaguada em todas as direções –, tal como aparece em fusão com as diversas falas dos personagens, traçando a contiguidade entre o bloco "Palmeiras selvagens" e aquele intitulado "O velho".

A polifonia, essencial aos romances faulknerianos, observável nos núcleos de narradores-vozes em *As I Lay Dying* (1930) ou nas indeterminações dos fluxos psicossociais de *The Sound ant the Fury* (1929), distribui o espaço narrativo de *Palmeiras selvagens* de modo sempre surpreendente, conjugado com a velocidade associativa que se obtém com as imagens variáveis formadas pelas palmeiras selvagens e pelo rio. Por vezes, nota-se um triplo dimensionamento narrativo – foco em terceira pessoa, monólogo interior e discurso direto –, ocorrendo num mesmo parágrafo, dentro de uma formulação que se poderia definir como giroscópica por parte de Faulkner.

O romance mostra a capacidade de captar vários ângulos, vozes, estados de consciência (os não ditos e os não vistos, como diz Deleuze em *Foucault*). Adensa, alterna e descentraliza o chamado foco narrativo. A voz é uma imagem que se autonarra, apresenta-se, a despeito do atrelamento ao plano de uma pessoalidade, de uma subjetividade. A ideia de foco se estilhaça sob o dinamismo de uma projeção plástica a contar de elementos básicos como narração/narradores, personagens, espaço e tempo.

Um sentido cênico de movimento direcionado para níveis incessantes de sentido – motivos dispersos, reconfigurados de parágrafo a parágrafo, de bloco a bloco – é obtido por meio de camadas superpostas de vozes. Nesse ponto é que se depreende, na leitura de Godard, o destaque dado para o entrelaçamento de fala e associação imagética, fundamental em Faulkner, quando recria/reprojeta o casal de amantes do livro (além do outro par masculino-feminino atuante no bloco "O velho"). Ao mesmo tempo, o diretor relaciona-os com uma problemática de voz/testemunho/confissão, acompanhada de menções à imagem – os rostos dos namorados, os espelhos, os *posters* de arte afixados nas paredes do quarto de hotel, as poses, as imitações/*gags*, os esgares –, incluindo, entre elas, a recorrência a um exemplar de *Palmeiras selvagens*, filmado como objeto de leitura para o espectador, no momento em que Patricia cita a frase final do romance (assiste-se à cena de uma citação literal).

Se ao cinema godardiano é atribuído um lugar incomum de fala, imputando-lhe a fama de cinema da "falação", de pura citação, o romancista norte-americano deve ser considerado, de acordo com Deleuze, "o maior 'luminista' da literatura", em atenção ao fato que, em sua obra,

> os enunciados traçam curvas fantásticas que passam por objetos discursivos e posições de sujeitos móveis (um mesmo nome para diversas pessoas, dois nomes para a mesma), e que se inscrevem num ser-linguagem, numa reunião de toda a língua que é a de Faulkner. Mas as descrições desenham um número equivalente de quadros que fazem surgir reflexos, clarões, cintilações [...] e que as distribuem num ser-luz, numa reunião de toda a luz... (Deleuze, 1988, p. 88)

É notável, em *Palmeiras selvagens*, a reiteração da própria imagem da luz comparecendo muito mais do que como metáfora, ao dispor-se como operação-chave da narrativa em suas variáveis. Desde o início do romance, o ato de narrar não se desvincula de uma mostragem – projeção explícita e continuada –, de um nível de visibilidade inseparável da linguagem: da fala ao escrito, da discursividade romanesca aos desalinhamentos trazidos pelos fluxos vocais tão característicos de Faulkner.

> A batida soou outra vez, ao mesmo tempo discreta e peremptória, enquanto o médico descia as escadas, o facho de luz lançando-se à sua frente pela escada manchada de marrom, iluminado o lambri macho e fêmea, manchado de marrom, do vestíbulo. (Faulkner, 1984, p. 7)

As gradações da luz nos romances faulknerianos, ou seja, o uso ativo da imagem – do plano das visibilidades, segundo a abordagem deleuziana – como operante do foco narrativo, criam sincronia com as diferentes utilizações da fala em *Acossado*. É por meio de Faulkner que o cinema godardiano passa a falar, uma vez que no romance está em pauta o núcleo ético-existencial de um mal-estar no tempo, do qual o filme se ocupa em todos os níveis. Com uma citação do romance, o filme viabiliza seu potencial discursivo, de modo a imprimir um sentido de especulação acerca da palavra, da visualidade, assim como do momento cultural da realização desse compósito de espetáculo, crítica e narrativa que é o cinema para Godard.

Quando se atenta para as considerações de Mikhail Bakhtin, o teórico do conceito de polifonia na história do gênero romanesco, de que esse é o mais mutável da literatura, o mais aberto às confluências discursivas geradas na diversidade e na multiplicidade da história, a aproximação entre Faulkner e Godard pode ser, também, apreendida. Especialmente, no que concerne ao caráter de arte inacabada, heterogenética, revelado pelo cinema desde seu início até o momento de crítica e invenção alcançado pelas produções do diretor de *Acossado*.

A luz irrompe – o plano-cinema – em Faulkner enquanto, no caso de Godard, o dado narrativo, tal como situa a citação de *Palmeiras selvagens*, passa a interromper o *raccord* das imagens sucessivas, encadeadas sob a ordem de um *plot* roteirístico e de uma ideia imobilizante de *espetáculo cinematográfico*. Passa a sinalizar as camadas textuais, discursivas, componentes do gênero polimórfico de arte, que é – e passa, assim, a se autoproblematizar –, o cinema a partir de Godard: misto de pintura e música, de livre encenação e gênero ordenado, administrado, a contar de uma concepção literária de narrativa.

Segundo Godard, o cinema engendra uma única e híbrida linguagem, *uma só história* (contendo todas as variações e versões), poderia ser dito, em extensão a uma das legendas-chave de *História(s) do cinema*. Do mesmo modo que toda a língua, na escrita de Faulkner, concebe uma intensificação da visualidade – *panorâmica* e *giroscopia* do *foco* –, que, por sua vez, o cinema (seguindo-se a conhecida experiência do romancista como roteirista em Hollywood) pôde viabilizar em sincronia com a formação da literatura moderna.

Esses elementos de troca entre os dois regimes semióticos, entre o romancista/roteirista Faulkner e o cineasta-autor Godard, têm um sentido de encruzilhada e, também, de mutação na história do cinema e da literatura, assim como na história da cultura, para lá da segunda metade do século XX. É quando se nota o tratamento dado à escrita e ao cinema, num mesmo nível de problematização, a partir de uma série de signos obsedantes, reiterativos, claramente endereçados a um momento de tensão na história (o código hegemonicamente econômico, em escala global, da realidade política consolidada pelo capitalismo após a Segunda Guerra Mundial). *À bout* – no acosso, à beira de tudo –, o cinema contém a eletricidade e a respiração entrecortadas pelo *ar do tempo* não mais como retrato e simples romance transposto a serviço da letra autoral, já codificada na biblioteca, na instância soberana do *logos* cultural a manter a proeminência do *escrito*. Filmar já é escrever, nesse instante, para Godard.

Como ele mesmo expressa, são necessários outra biblioteca e um ateliê para o romancista.

> Mas um romancista que precisa dispor de uma biblioteca – para saber o que se fez, para acolher outros livros, para não ler apenas seus próprios livros – e, ao mesmo tempo, de uma biblioteca que seja também uma máquina impressora, para poder saber o que é imprimir; e, para mim, um ateliê, um estúdio de cinema é ao mesmo tempo uma biblioteca e uma máquina impressora para um romancista. (Godard, 1989, p. 24)

No capítulo de abertura de *Introdução a uma verdadeira história do cinema*, na análise feita a respeito de *Acossado* em comparação com *Fallen Angel*, de Preminger, o diretor pensa na possibilidade de outro sentido de história, e recorre à arqueologia e à biologia como exemplos de um conhecimento não cronológico, centrado nos movimentos, nas simultaneidades e nos processos de mutação entre as artes. Ao cineasta importa rever e repassar filmes (os seus, incluídos), nesse primeiro projeto claramente historiográfico – uma prévia de *História(s) do cinema* –, tendo como foco a existência de "camadas geológicas, deslizamentos de terrenos culturais", e acrescenta que "para isso, efetivamente, são necessários meios de visão muito poderosos, mas adequados" (Godard, 1989, p. 11).

O crítico-realizador deixa assinalada a impossibilidade de ver aquilo que poder-se-ia chamar de *história do cinema*. Em atenção mesmo a abordagens reveladoras da dinâmica da história, colhidas em outros campos do saber, é que tal projeto só se materializa na série de vídeos concluída em 1998. Tal intento só alcança o escopo realmente plural das inter-relações do cinema com o século, as artes e os eventos político-culturais por meio da linguagem videográfica e seus modos próprios de recorte, simultaneidade e superposição. Entretanto, o livro publicado em 1980 já oferece a introdução a *História(s)*, seja por fornecer um material escrito significativo do transcurso de Godard pela crítica, pelo cinema, pela história cultural, enfim, desde a década de 1950, seja por formular uma espécie de montagem comparativista entre os seus e os outros filmes, difundida, mais tarde, pelo raio de conexões mais amplas, videografadas na série de imagens já citada.

> O plano era fazer uma espécie de pesquisa; de minha parte considerava alguns temas, como o que houve de principal no cinema, que se chama – mas o pessoal não sabe o que vem a ser isto – montagem. Esse aspecto precisa ficar oculto, pois é algo muito importante: consiste em relacionar as coisas entre si e fazer com que as pessoas vejam as coisas [...] Eis o que chamo de montagem... simplesmente uma comparação. É esse o poder extraordinário da imagem e do som que a acompanha, ou do som e da imagem que o acompanha. Ora, a geologia e a geografia disso estão contidas, a meu ver, na história do cinema, e isso permanece invisível. E acho que vou passar o resto de minha vida, ou de meu trabalho no cinema, tentando vê-lo, e antes de tudo vê-lo para mim; inclusive para ver onde eu mesmo me situo nos filmes que fiz. (Godard, 1989, p. 12)

Tomado pelo espírito de uma revisão (com o sentido aguçado de *repassar* filmes) crítica de *cinema* e *história*, fazendo-se sublinhar por uma intenção mapeadora, arqueológica e, também, genealógica, dentro de uma compreensão próxima à de Foucault, o livro de Godard confirma seu vínculo com uma experiência histórica matizada pelo dinamismo conceitual de várias diretrizes teóricas, à altura do objeto móvel-portátil cinematográfico. Em *Acossado* já está patenteada tal dimensão, podendo-se mesmo dizer que o filme se revela como uma das primeiras manifestações pós-modernas em arte (em sincronicidade com a exposição inaugural do *pop*, realizada por Warhol e Jaspers, em 1959, em Nova York). O filme deixa visível sua apropriação do *corpus* estético e cultural em vigor, já no interior de um universo técnico, que, curiosamente, materializa o trânsito entre linguagens e discursos os mais diversificados, reinstalando, por sua vez, o paradigma do *novo*, com a imediaticidade e a alta problematicidade da câmera que corre ao ar livre da cidade.

> Ela alugou aquela clarabóia, disse ele para si mesmo calmamente [...] Ela escolheu um lugar não para nos abrigar e sim para abrigar o nosso amor; não passou simplesmente de um homem para outro [...] talvez eu não esteja a abraçando, mas me agarrando a ela porque há algo em mim que não admite que não saiba nadar ou que não crê que possa fazê-lo. – É ótimo. Nada pode nos segurar *agora*. (Faulkner, 1984, p. 73, grifos no original)

Ao tomar William Faulkner como modelo de autor moderno, Godard enfatiza, ao mesmo tempo, o caráter remissivo de tal presença, entre outros ícones que se superpõem no decorrer da ação frenética pela qual Poiccard está possuído, e as imagens pictóricas de Renoir e de Picasso, por exemplo. Ou outra citação da literatura: *Portrait of the Artist as a Young Dog* (1940). Certamente pelo título, já paródico, de Dylan Thomas, inspirado em *Portrait of the Artist as a Young Man* (1916), de James Joyce, outro autor-chave do século moderno e pós-moderno há pouco transcorrido.

Tais procedimentos ocorrem no momento em que o cineasta vivencia a fase excepcional de consolidação e expansão alcançada pelo capitalismo, ao longo dos anos de 1950, um tempo no qual as mediações técnicas/tecnológicas instauram, nos territórios das artes, uma autoproblematização não apenas dirigida para o fato puro de linguagem criado pelo artista (realidade da ruptura e da recusa modernas em relação à uniformidade dos discursos e dos valores, mais e mais materializada em sistemas de informação). Condizente com a recomposição do espaço cultural tomado por orientações ideológicas crescentemente monopolizadoras, corporativistas, dos discursos autorais/artísticos, o filme de Godard se indaga, ao ritmo de um *thriller* e de uma conversação, de tirar o fôlego, sobre a dor de ser e estar na civilização da técnica, que o cinema bem autentifica. Tal "pique" indagativo será mantido pelo cineasta em todas as suas produções – filmar não se separa de pensar, interromper, relançar o fluxo das imagens de toda ordem capturável por uma câmera.

A afirmação dos corpos ativos e belos dos amantes, em *Acossado*, conta, ao mesmo tempo, com a *angst* (apreendida na América profunda de *Palmeiras selvagens*) que a velocidade dos carros roubados por Poiccard não fica sem registrar. O *boom* da indústria automobilística na França – já estudado por Kristin Ross, em consonância com a história (tendo no horizonte o movimento de descolonização que conduz à guerra da Argélia) e a cultura da época, com destaque para o surgimento de autores-diretores situados em torno da *Nouvelle Vague* – mostra-se como signo frontal do itinerário atualizador da *série noire*, mas encaminha, também, o cinema para uma atuação clara de confronto com o acabamento técnico e a narração de um empreendimento cinematográfico de qualidade feito no outro lado do Atlântico (meta de espetáculo de massa que o cinema francês persegue até hoje). Não se deve esquecer que Michel Poiccard é forjado pelo padrão do rapaz mau ao lado da lei, cunhado pela *detective story* do cinema (cf. Godard, 1989, p. 17). Seu perfil desponta, no entanto, para as direções da aventura e do amor sem qualquer vinculação da moralidade a outro horizonte senão aquele da satisfação imediata.

Tudo se mostra como paródia, apropriação, construção discursiva, nas imagens e nas falas do filme godardiano de estreia. A câmera mira a emergência dos corpos jovens e urbanos de Patricia/Poiccard – num toque sensual raro, ensaiado antes apenas pelo emblemático *Mônica e o desejo* (1953), de Ingmar Bergman, filme influente na geração de Godard –, no mesmo instante em que se vê afrontada pelos indícios de outro cinema, ao se abrir, a um só tempo, para o improviso e para a citação (passível de ser lida como re-situação dos códigos da literatura e das outras artes). O diretor considera possível tal perspectiva criadora a partir de "materiais que datam de longo tempo" (Godard, 1989, p. 17). O gesto de tudo dizer, filmar, no primeiro filme, observado por críticos como Luc Moullet, implica, por seu turno, pensar o cinema – uma retomada dos "procedimentos do cinema" como que "pela primeira vez" (Godard, 1998, p. 218). Tudo está em causa, desde a ideia de início (da história ou do cinema), e não deixa de se mover.

Experimentar o cinema e o lugar autoral/artístico, num tempo de imagens técnicas, capitalizadas, no decorrer da história do século, para espaços de inscrição administrados, dispostos em segmentos legíveis de codificação cultural (eis o que acaba por ocorrer com os repertórios da arte moderna). Experimentar, para fora do esquadro roteirístico, a escrita no *timing* fílmico. No limite da respiração, *à bout*. De um a outro circuito de arte. Do olho pontilhado de signos à fala convulsa que pergunta: "*Você já leu* O retrato do artista quando jovem cão, *de Dylan Thomas?*"

Para além da letra do texto, o cineasta realiza um tipo de citação indireta do autor galês. Referindo-se unicamente ao título narrativo de Thomas (diferentemente do que faz com o romance de Faulkner), por meio das indagações inquietantes de Patricia a Poiccard, Godard não deixa, contudo, de se ater ao sentido de formação, de aprendizado no tempo, constante do *Retrato do artista quando jovem cão.*

O misto de ficção e confissão elaborado pelo poeta-narrador traça o percurso do *artista jovem* em meio às linguagens e às técnicas do século XX. Esse é o foco de interesse do diretor, envolvido que está com a energia nova, a juventude pregnante (de todo visível nas figuras de Poiccard e Patricia) na criação de seu primeiro filme, e o debate acerca das artes e das imagens propiciadas pelo universo fílmico. As presenças da imprensa, do teatro de variedades e do cinema, como pontos nucleares da elaboração do retrato do personagem-artista concebido por Dylan Thomas, acabam por confirmar a pertinência da citação – concentrada, aparentemente, apenas no título – da narrativa.

> As hastes ondulosas dançavam no écran. [...] Entrei então numa Universidade americana e dancei com a filha do presidente. Afastei rapidamente o herói, chamado Lincoln, e foi o meu nome que a moça pronunciou estreitando a

sua sombra enquanto cantava o coro dos estudantes vestidos com roupas de banho e usando um boné de marinheiro e eu era o tipo dela, o seu rei; dei uma corrida contra Jack Oakie e depois fui carregado em triunfo pela multidão com a filha do presidente, enquanto o pano, iluminado por mil cores movediças, descia sobre o seu beijo que me deixou completamente estonteado, os olhos em fogo, no momento de abandonar o cinema para mergulhar nas luzes cruas da cidade, debaixo da chuva que recomeçara a cair. (Thomas, 1961, p. 175-176)

Artista dedicado às relações da palavra com a imagem, considerado mesmo um poeta do símbolo, da metáfora, Dylan Thomas foi, na verdade, formado pelo experimentalismo nesse campo, tal como se nota em seu diálogo com as vanguardas imagistas, vorticistas, do último século. Não é por acaso que Godard encontra nas complexas formulações imagéticas e plásticas desse autor literário – capaz de ler sua iniciação estético-existencial no século moderno das *avant-gardes* como a de um "*jovem cão*" – uma referência para a elaboração de seu filme de estreante, um projeto passível de ser compreendido como testemunhal no instante mesmo em que se mostra paródico, crítico, em face da assinatura pessoal, da fixação do *retrato*. Deve-se observar, no livro, a embriaguez e a errância no aprendizado do artista/autor, lado a lado a essa formação pelas linguagens e pelas imagens da arte e da cultura, como uma realidade coextensiva.

Desabava sobre a hora que ainda podia perder entre a multidão. Olhei as pessoas que estavam na fila diante do Empire, examinei os cartazes de Nuit de Paris e pensei nas longas pernas e nos rostos espantosos destas coristas que tinha visto passear nas ruas, no princípio da semana, debaixo do sol de Inverno. Lembrava-me de ter notado as suas bocas e guardara-as para a primeira página de *As Damas Cruéis*, que ainda não tinha começado a escrever. Lembravam cicatrizes escarlates [...] Durante toda a minha vida seria o amante de Lola de Kenway, Bas Courcey, Ramona Day. Até o termo fatal duma doença que esgotaria as minhas forças sem me fazer sofrer, elas seriam as minhas companheiras e quando eu pronunciasse as minhas últimas palavras longamente amadurecidas elas recordariam a minha juventude morta numa High Street para sempre perdida no passado, as noites em que as vitrinas ardiam e onde as canções retiniam nos bares enquanto as sereias do porto estavam sentadas nas lojas dos fritos com a carteira nos joelhos, cercadas de vapores, os brincos agitados por frêmitos que os faziam tilintar. (Thomas, 1961, p. 975-976)

Dylan Thomas oferece um dos últimos modelos de artista ao cineasta – posterior ao autor-ícone da novidade, da radicalidade literária de uma época, James Joyce –, no momento tardo-moderno por que atravessa. É disso que a concepção do quadro cinepoemático trata quando Patricia indaga a Poiccard, ao lado de um *poster*-retrato que exibe sua imagem, a simples questão/citação acerca de um título, da juventude e do artista. Confronto de imagens: ela sai de cena, enquanto o retrato é focalizado, como se fosse a perfeita extensão de si mesma naquele exato momento em que indaga a Poiccard, em *off*: "Você já leu (...) Dylan Thomas?" Composição de um quadro de cinema e decomposição do ser (favorecida pelo existencialismo ainda hegemônico no contexto francês e pela carga altamente indagativa constante do romance faulkneriano, em torno dos limites éticos e ontológicos de seus personagens, assediados pelo desejo e pela morte). É o que engrena a fala de Patricia, ao deixar expostos os intervalos e os enlaces entre ver/falar/atuar dentro de uma tela múltipla, fílmica.

A citação da narrativa de Thomas ocorre no momento em que um verdadeiro "racha" nas identidades dos amantes se revela em *Acossado*, simultaneamente ao ato de sua entrega. Torna explícitas a solidão de cada um (estrangeiros que são, e diferentes em seus interesses imediatos), a relação ameaçada pela inquietude da realização pessoal, os sinais do tempo e da cultura intervindo, enfim, na continuidade da aventura amorosa. O cerco formado em torno do mais novo criminoso já se anuncia por meio dos embates travados com a namorada, e se dá por todos os lados – o próprio Godard aparece no filme como figurante para delatá-lo, numa sequência em que Poiccard, já identificável pela divulgação de seu "retrato falado", passa por uma via pública. É por meio de Patricia que, enfim, a captura se efetiva, resultando na morte do seu amante.

O filme fornece o mapa em que se movem os personagens: o crime como atividade urbana ascendente; o lugar central da imprensa (a vendedora norte-americana do *New York Herald Tribune* tem um projeto jornalístico; o "cerco" feito a Poiccard se dá por uma sucessão de manchetes); a rede de *informação* nas sociedades contemporâneas; o desfrute irrefreável e efêmero dos afetos. Sim, Godard leu Dylan Thomas. Leem-se, também, as primeiras inscrições de diversos domínios da cultura apresentadas como referências cruciais, feitas no compasso, no flagrante dos corpos e dos atos de seus pequenos heróis. Outro cinema se enuncia, entretecido de literatura, só que, explicitamente, não romanesco, não roteirístico (no sentido de texto *acabado* antes de ser *filmado*).

É Godard, o crítico dos *Cahiers*, o jovem interessado, desde sempre, em escrever romances, quem acaba por situar a investigação e a invenção no cinema, ressonantes até hoje como um dos poucos cineastas inovadores, em incessante pesquisa, de tal modo que repercute para fora de seu campo específico, irrigando os debates atuais acerca das artes, da cultura, na História dos tempos de *história finita* (segundo a formulação precisa de Nancy), em lugar, simplesmente, do *fim da história*. Como pensar, por exemplo, os autores de literatura do século XX sem visualizá-los no *tableau* videográfico de *História(s) do cinema*?

É um momento novo que se desenvolve nos passos do casal de protagonistas pelas ruas da cosmópole parisiense, impactante não apenas para as jovens filmografias mundiais deflagradas no rastro da *Nouvelle Vague*, e muito por conta do cruzamento entre o *outsider* e a americana *com profissão*, promovido por esse filme-manifesto, interferente para além de uma escola, de um grupo restrito de cineastas (veja-se a contínua retomada de um ou outro motivo do filme por realizadores de épocas posteriores como Jim McBride, Jim Jarmusch, Leos Carax, Wong Kar-Wai, Aki Käurismaki, entre outros). Godard sublinha a situação-signo do estado das coisas da cultura e da época por meio do casal, apreendido até a dor da traição total (a delação por parte de Patricia). Concentra-se no chamado ao presente, realizando o percurso vitalista de Poiccard até o último momento – sopro mortal – de um amor intermediado pelos valores de uma civilização materialista.

Amor e morte cruzam a tela numa recriação livre dos motivos que unem os dois casais (as duas narrativas dispostas em blocos) de *Palmeiras selvagens*. O ponto de ligação entre o romance e o filme se encontra, exatamente, no ato que envolve dar ou não à "luz" a um ser humano (não à toa,

Patricia pensa, no decorrer do filme, em estar grávida de Poiccard). Tudo o que resulta em uma via inevitável de enfrentamento da dor de existir: o nascimento em meio a uma enchente, pelas mãos de um presidiário, ou o aborto como uma escolha irrecusável pela privação e pela morte, ainda que em nome da preservação da vontade, da liberdade.

Acossado captura um embate que abrange não apenas a ficção dos personagens, como também a atividade criativa e produtiva de realizar filmes. Assinala a autonomia com que reinventa o cinema, apresentando-se, por outro lado, como cenário de problematizações em torno de sua história e de sua inserção nos circuitos de projeção de imagens, na partilha de signos no tempo. Não fica sem se articular como um projeto de escrita, favorável que é ao questionamento da narratividade no cinema e à emergência de relações entre as artes e os diferentes universos de linguagem e imagem (manchetes, fotografias, ilustrações de revistas, reproduções de cartazes e *posters*). O cineasta se mantém aí, nessa encruzilhada, sem nada ceder em seu *front* crítico-fílmico, como se estivesse flagrando, num ato-limite, no sopro/acosso de um registro do presente, não apenas o ressurgimento, mas a insurgência do espaço fílmico como plural e aberto a debates seminais em torno de arte, linguagem e cultura. Como já pulsasse, em sua estreia, o que o diretor viria a definir depois como *História(s)*, dispondo numa dinâmica comparativa, passível de ser captada como topografia em movimento, o século e o cinema. *Uma só história*, na emergência do primeiro filme.

LE PETIT SOLDAT
LA CONDITION HUMAINE
LE CRÈVE-COEUR

Na mesma forma livre em que o texto literário se insere no filme de estreia, e ainda menos adstrito a entrechos narrativos (como ocorria à volta dos casais de *The Wild Palms*), *Le petit soldat* (1960) exibe o personagem

-protagonista em leitura (de um livro, sobretudo, *La condition humaine*, de 1933). Focado como referência central, frontal, do jovem militante, desertor da guerra da França com a Argélia e integrante, depois da fuga para Genebra, de um comando antiargelino, o título de André Malraux é mostrado na capa, de modo incisivo. Dá-se, entretanto, em contraponto com a apropriação nada literal feita do romance.

As citações godardianas se mostram como ressituações do literário e do cinematográfico. Não se formulam como sustentação culturalista, avalizadora do fato fílmico. Apresentam-se como ato, prática produtiva de linhas de ação e pensamento. Reconfiguram a narratividade, de forma não romanesca, embora partam de autores do gênero, como Malraux. Redistribuem os discursos, os signos da cultura, as ficções e os perfis humanos históricos, como aqueles extraídos de *La condition humaine*.

Centrado na insurreição de Shangai (1927), evento-matriz das lutas comunistas que deflagrariam a Revolução Chinesa, em 1949, o romance de Malraux se vale de uma dimensão documental, experimentada, de fato, pelo escritor que era jornalista político na Indochina, à época, e viajou até a China em 1931, recolhendo informações *in loco*. O caráter de reportagem conforma a narrativa, com capítulos e subcapítulos concebidos como um diário da revolução, favorecendo a emergência de um *discurso da história* inerente ao texto romanesco.

Malraux busca a autenticidade do testemunho, a captação do instante revolucionário propulsor da melhoria da condição humana, de modo a dimensionar o romance como peça de intervenção crítica e política, essencial a novas formas de expressão do conhecimento histórico. Dessa forma, *La condition humaine* obtém um novo estatuto de romance histórico, renovador que é da atuação do autor em relação à escrita, compreendida como investigação, reportagem e militância, em compasso com o foco dado às transformações sociopolíticas localizadas fora do âmbito local, ocidental, fundamentais à presença da humanidade do século XX em sua hora precisa.

No filme de Godard, a exemplaridade da ação histórica e a transparência testemunhal da ficção estão em causa. O cineasta toma uma perspectiva analítica, avaliadora, próxima de uma *posterioridade*, mesmo ao se situar no centro do embate (a guerra da Argélia), no cerne do acontecimento contemporâneo à realização de *Le petit soldat*.

As ações e as falas se mostram hipercodificadas. O filme faz emergir as conformações culturais do ativismo. O autor-diretor como que diagramatiza os discursos vigentes sobre a revolução, dando legendas, sublinhando as referências que norteiam os modelos políticos em jogo, na emergência pós-colonialista da Argélia. Entretanto, é a França que está submetida a um confronto, no pulsar da hora nervosa e contraditória em que se move o pequeno soldado Bruno Forestier. Mais do que o romance do tempo, o filme persegue e perfaz um diagrama narrativo e metadiscursivo das promessas de revolução decantadas pelas grandes civilizações modernas ocidentais, contidas em livros seminais, como o de André Malraux. O *outro*, advindo da moderna antropologia e da via alterna explorada pela filosofia existencialista, viabilizou uma tendência corrente, no último século, de romance-diário-viagem militante e etnológico, que se encontra aqui deslocada, no combate feito, de modo nada modelar, à realidade francesa e aos dualismos da consciência revolucionária à época.

Diante do espelho, Forestier procura, de acordo com suas próprias palavras, *cercar o pensamento*. Sua cabeça e as ideias ali em vigor, em hesitação, são delimitadas pelo quadro que o espelho propicia. São tomadas do exterior (não adianta auscultar-se diante do quadro-espelho, pois ali só os pensamentos se projetam). Não há interioridade devolvida pelo reflexo, apenas as ideias de si, vistas como que a partir de outro.

Da mesma forma, ele olha para o mural de fotos disposto em seu quarto, no correr da "voz *off* inquieta" (como bem observou Thierry Jousse, 1990, p. 114) com que vai escrevendo o diário e comentando instantâneos dos quatro cantos do mundo, fixados *como um pesadelo* (é o que anota e diz). Um *travelling* circular ronda os *posters* das lutas revolucionárias, passa pelo volume *La condition humaine*, e se acresce de trechos de canções exemplares, versos franceses combatentes e novos flagrantes visuais: Brigitte Bardot, um *boxeur* e Jean Seberg, no ápice do *look* que a consagrou em *À bout de souffle*. Godard também se mira.

O *travelling* agora apreende o olho de Forestier voltado para o mural. Outro giro da câmera inclui a frase inicial de *Les enfants humiliés* (1949), de Georges Bernanos: "Entramos na guerra, como na escola, na infância".

Outra enumeração visual, seguida da voz narrativa do romance-diário-da-revolução, faz-se pontuar, encerrando-se com o olhar do personagem em outro ângulo, no canto contrário da cama dividida com Veronica Dreyer (Anna Karina). *Travelling* – cerco e giro de ideias, imagens e vozes. "Reacendi o cigarro. Esta manhã sinto ter a alma de um garoto. Por *quê*? Talvez perguntar seja mais importante do que encontrar respostas".

Cinema da ação e da reflexão, *Le petit soldat* dá andamento a muitas das premissas observadas acerca de *À bout de souffle*. Indagação intermitente e crítica-diagrama dos textos e das imagens em vigor, em emergência, é o que cabe nas anotações, nas citações-situações trazidas pelas leituras e pelos monólogos de Forestier. Uma verdadeira antologia da França literária e combatente (ou o testemunho da literatura francesa durante as guerras e as revoluções do século, abrangendo as diferentes posições e produções de André Malraux, Georges Bernanos, Louis Aragon, Jean Cocteau, Albert Camus) assume um plano de importância paralelo àquele das ações, ou melhor dizendo, da ação-limite à qual o personagem se vê designado: trair um comando terrorista argelino, de modo que se libere, deixando o solo francês sem o risco da deportação, e, também, as lutas políticas em vigência, sem abandono, contudo, do poder de indagar acerca de um lado e outro dos *fronts*.

Sob o impacto de todas as contradições, o pequeno soldado, tal como o jovem criminoso do primeiro filme, depara-se dentro de um cerco, dessa vez formado pelas facções políticas em conflito. Em todo momento que está para atirar num dos agentes principais e intelectuais da revolução argelina, ele adia, perde o alvo. O cineasta realiza uma espécie de coreografia do assassinato de Palivoda, jogando com o corpo de Forestier e o revólver que ele porta feito uma senha, um código de passagem pelas forças ideológicas instituídas em torno da independência da Argélia, difícil, no entanto, de ser acionado. A irresolução de Forestier atesta a argúcia com que Godard capta as contradições da história, problematizando a simples adesão à esquerda ou à direita, dentro das alternativas viabilizadas no período da Guerra Fria.

O personagem se indispõe contra a guerra feita à Argélia, não conseguindo, contudo, emancipar-se do cerco que acaba por posicioná-lo ao lado da França. Em fuga do comando antiargelino, Forestier vê-se, também, pressionado pelas forças árabes revolucionárias, que se munem de um aparelho de repressão ativado sob a mesma lógica do terror e da tortura – com o doutrinamento ideológico, inclusive – enquadrados no interior do bloco político contrário, tal como se delimitavam os focos de insurgência, de independência, entre os anos de 1950 e de 1960.

O gesto combatente é mantido pelo protagonista, desprovido, porém, de um fácil direcionamento. Ele deplora, a despeito de sua deserção da guerra contra a Argélia, a inexistência de uma frente independente da geopolítica estabelecida depois de 1945, como antes ocorria com os levantes populares na China, na década de 1930, bem testemunhados por Malraux, quando o comunismo formava um dínamo plural de possibilidades, e não a organização unilateral, progressivamente descaracterizada de seu projeto de revolução político-econômica-cultural. Projeto, aliás, de todo um século, incluindo-se aquele progressista, também unidimensional, promovido pelo capitalismo em nome da condição humana democrática universal.

Enquanto operacionaliza via imagem-fala (recital de voz-*off*) uma súmula da literatura francesa do século XX, Godard se inquieta com a não emancipação dos povos pós-coloniais, limitados na criação de formas autônomas de comunismo, e de participação comunitária, fora do regimento *soviet*. Por outro lado, seu cinema é crítico do progressismo capitalista, que não efetiva a plenitude coletiva propagada pela democracia liberal.

"Em 1930, os jovens tinham revolução. André Malraux, Drieu de La Rochelle, Aragon tinham a guerra da Espanha. Hoje não tenho nenhuma guerra, além de nós mesmos, nossos rostos, nossa voz e nada mais (...)" (Forestier vai até o espelho) – o jovem diretor retira desse discurso-limite em torno da história a força indagativa, perquiridora de seu cinema.

Esse elo traçado com a literatura, a partir de embates históricos, não só projeta uma dimensão cultural à passagem – à breve *história* (diz o subtítulo de *Thomas l'imposteur*, de Cocteau, citado/comentado no filme) do *pequeno soldado*, o executante sem fé de ações eminentemente ideológicas. Possibilita, também, para o diretor uma livre enunciação. Recitação da literatura em momentos de alto confronto de uma diegese que não deixa de aludir às formas de cultura e poder, de crítica política e trabalho verbal/*poiesis* no interior da fala – e esta não para de compor com a imagem. No trem e nos automóveis, ou no embalo de uma corrida, numa contínua fuga, quase contígua à de Poiccard, é que as falas/citações/ recitais ocorrem.

Uma intermitência do pensamento, um compacto de incompletude e infinitude, muito próximas de Maurice Blanchot, quando este trata do *pensar contra si mesmo*, e da conversa que se instala, como que *ad infinitum*, em Godard (para horror de muitos dos seus detratores). Tudo se dá como continuidade desarticulada do correr da película, como produção de arte disposta ao crivo problematizador, não redutível a operações dialéticas (ou a simples versões do "literário"), e com propensão ao corte/recorte/ montagem das artes (imagens, sons, palavras) e dos discursos diversos da época.

Como se depreende do estudo de Blanchot, "No caminho de Nietzsche", integrante de *A parte do fogo*, o cinema do diretor sempre esteve próximo da filosofia como genealogia. Notável é o poder de manter a crítica, o discurso articulado como um cinepoema combatente capaz de reverberar as diversas formações de saber contidas no ato político. Em *O pequeno soldado*, pode-se reconhecer a gênese de *Terra em transe*, realizado em 1967 por Glauber Rocha, filme no qual se assinalam a militância e as cisões/adesões de Paulo Martins, o jornalista, poeta, político "fisiológico" e guerrilheiro.

Trata-se de um cinema que pensa o presente enquanto se sequenciam imagens articuladas como *atualidades*: esse era o seu projeto contradocumental, em extensão às cine-reportagens constantes das sessões de cinema, muito populares até os anos de 1970. Genealogias da cultura engendradas no interior de produções de arte, tal como oferece essa atividade nascida de uma pluralidade de formas, heterogenética por natureza, propiciada por um conjunto de técnicas e de linguagens dos mais diferentes universos discursivos.

Poesia e cinema dão contorno à reportagem do momento de impasse, do limite registrado no horizonte do herói narrativo. São os versos de Aragon, o poeta-militante das guerras, retirados de *Le crève-cœur* (1941), que não param de ressoar.

OH MÊS DAS FLORAÇÕES, MÊS DAS METAMORFOSES

Um verso básico, (re)citado como ocorria com aqueles de Mário Faustino, em *Terra em transe*, apresenta-se não apenas sob a forma encenada de uma *audição*, composta entre combate e poesia, mas como inscrição na tela – heráldica (diz "Brasão": "o monstro de aventura que eu amei"). Irrompe a legenda libertária de um cinema livre, teórico e interventor, em torno de homens finitos, apanhados *pela metade*, captados pela lógica do movimento/tempo cinematográfico, explicitamente referendados na hora presente com palavras, discursos, imagens. *O homem e sua hora* (poderia acrescentar um dos letreiros de *História(s) do cinema*).

Aragon e Faustino, Glauber e Godard, mostram-se muito próximos, como que dispostos num quadro plástico-poético, no qual a crítica da história, da cultura, também se apreende como intervenção em novas formas de pensar e viver a arte, como dado político ("a ética é a estética do futuro", Godard cita Lênin em *Le petit soldat*) que não se furta a traçar gêneses acerca dos repertórios, das imagens, sons e enunciados de uma época. Como diria Nancy (2000, p. 117), se lida com uma topografia, "geografia das ectopias multiplicadas – e não u-topia". *Corpus* reprojetados pelo cinema e seus novos *corpos*, no momento presente das mutações, por meio de uma conjugação matérica (estética e ética).

SINTO QUE O MÊS PRESENTE ME ASSASSINA

Ou como se vê e lê em outra poesia de Faustino – "Balada" –, inscrita na tela do filme glauberiano:

> Não conseguiu firmar o nobre pacto
> *Entre o cosmo sangrento e a alma pura*
> (.......................................)
> *Gladiador defunto, mas intacto*
> *(Tanta violência, mas tanta ternura)*
>
> (Faustino, 1966, p. 123)

Como o "pequeno soldado" godardiano, Paulo Martins ergue seu fuzil para um alvo indefinido, para o alto – misto de terra desértica e cosmo preto-branco-cinza borrado; totalidades esvaziadas –, sem descarregar a arma e a verve do combatente, antes de ser ferido por seus companheiros políticos, ao mesmo tempo os mais íntimos adversários. Assim como Forestier, antes de matar um líder da revolução argelina, não desengatilha o revólver, mantendo o combate em direções várias, indeterminadas (contra si, antes de tudo). Até abandonar, de vez, o campo de luta, numa fuga que encerra o filme quase que abruptamente, abrindo uma espécie de buraco (*fade-out*) na tela e na narrativa em *off*: uma desaparição no átimo da velocidade de um pedaço de homem em retirada, "morto" e livre ("defunto, mas intacto"), pequeno soldado outra vez desertado.

O cinepoema guerrilheiro, anunciado pelo filme de 1960, desdobra-se em *Terra em transe*, sob o mesmo andamento conflitivo da participação na história, tendo seus auges em *La chinoise* (1967), do próprio Godard e em outros feitos por ele, entre 1969-1972, declaradamente militantes, em conjunto com o grupo Dziga Vertov e, certamente, nas variantes de poesia cinematográfica e revolução concebidas por Rocha, reconhecidas como únicas e inovadoras, influentes mesmo no dito "primeiro mundo". Não à toa, o diretor brasileiro atua num desses trabalhos, *Vent d'est*, de 1969, que conta, também, com a presença de Daniel Cohn-Bendit.

Com os poemas de Aragon na cabeça e no horizonte da luta política ante o qual se investiga, à exaustão, o personagem de *Le petit soldat* constrói o vínculo da *poiesis* com o dispositivo crítico-genealógico de um cinema – de fato, de fala e ato – novo. O filme pensa e insere a criação de imagens no circuito de uma cultura, que não existe sem lidar com os instrumentais históricos e ideológicos de linguagem aderentes a toda "expressão de arte". Ao mesmo tempo, aponta para as *metamorfoses* de que trata o poema de Aragon, no campo não só espontâneo da criação natural ao homem e à hora (*"o mois des floraisons..."*), mas naquele que abrange técnica, política, existência e estética, no momento nada unilateral, não linear da história, percorrido pelas imagens godardianas.

Um *tempo de revolução*, já passível de crítica e esquadrinhado em planos de ação e intervenção indagativa (como efetiva *A Chinesa*, no contexto de 1968, favorável a debates e à ação imediata). Recitações e ressituações das artes e da cultura à altura do evento, no instante das transformações históricas. A partir de Aragon, a natureza se revela mutante. Existe para o humano como extensão da cultura, expandindo as raízes visíveis da revolução. Outra "humanidade" ou ética do futuro persegue a construção de voz-imagem, paralelamente à fuga "animal" de Forestier. Seu movimento é de desterritorialização da França, passando pela descolonização argelina, sendo atravessado por ela quando defronta suas forças dirigentes, no rumo de uma destinação contraditória, irresolvível.

THOMAS L'IMPOSTEUR
LES ENFANTS HUMILIÉS
L'ÉTRANGER
O HOMEM E SUA HORA

Em sincronia com a *ultracitação* trabalhada por Godard, cinema, literatura e história formam um verdadeiro *spatium* de circulações e redistribuições dos enunciados e das imagens, no qual a consciência do tempo se mostra, também, como pluralização das experiências criativa e política. O diretor enuncia, ao documentar, no interior da fala e no fluxo aparentemente sucessivo das imagens, o que há para ver e ler sobre guerra e revolução, depois de transcorrida a segunda metade do século XX: Malraux, Aragon, Cocteau.

Herói político-existencial compósito, Bruno Forestier conta, também, para sua configuração, com *Thomas l'imposteur*, combatente aguerrido em sua dimensão de *pequeno soldado* – adolescente órfão, uma das "crianças humilhadas" das grandes guerras do século que passou, para dizer em acordo com o *tonus* do diário (1939-1940) de Bernanos. Dimensão, aliás, acrescida do *falso*. Thomas se passa, por meio de uma coincidência de sobrenome, por um descendente "nobre" das guerras, tornando-se uma espécie de duplo do capitão Fontenoy e, assim, obtém seu passaporte pelos subterrâneos dos poderes que fomentam e controlam a guerra (no caso, aquela de 1914-1918).

O soldado Guillaume-Thomas de Fontenoy chega a ter seu primeiro nome emitido no filme pelo outro, Bruno, como um de seus preferidos, num dos recitais em que, além de falar, ele olha para o espectador e pensa no foco da câmera – erguida feito uma arma contra ele, segundo o depoimento do próprio diretor.

Um nome para se lembrar, como a palavra *taciturne*. A história de Guillaume Thomas, o impostor, é lida no automóvel pelo contato francês de Bruno Forestier em Genebra, um dos porta-vozes da organização antiargelina. Quando esse homem menciona o fim do personagem de Cocteau no romance, ou melhor, na *história* (como grifa o subtítulo), mostra-se inevitável uma comparação com o estado vivido naquele momento pelo jovem desertor francês, indeciso sobre a forma de melhor agir na guerra que corre ou – sob efeito da desconcertante impostura de Thomas, citado naquele momento – sobre a melhor forma de morrer.

> – Em que você está pensando?
> – Ia lhe dizer, mas mudei de ideia. (Pausa) Que livro é este?
> – *Thomas, L'imposteur*.
> – De Cocteau?
> – Sim. Ouça o final, é maravilhoso: "Guillaume voava, rolava, saltava como uma lebre. Como não ouvia os fuzis, parou. Olhou para trás, ofegante. Aí, sentiu um golpe de bastão no peito. Caiu... Ficou surdo, cego. 'Uma bala', disse a si mesmo. 'Estou perdido se não fingir que estou morto'. Mas, dentro dele, a ficção e o real formavam uma coisa só. Guillaume Thomas estava morto."
> – Gostaria de morrer assim.
> – Não se preocupe. Pode lhe acontecer em breve (diz o motorista do carro onde estão Bruno e o outro, interferindo na conversa).

Esse trecho transcrito do filme – trazendo outro texto, outra transcrição da *história* de Cocteau (não se trata de uma citação literal) – revela bem o tipo de inserção da literatura feita no cinema godardiano. Como uma nota – um apêndice bibliográfico da ficção desenrolada na tela –, mas, também, uma interferência de leitura que se faz cruzada com a conversa.

Um *insert* textual capaz de contextualizar o personagem e, por outro lado, dimensioná-lo para além do plano diegético imediato. O personagem se alça a uma rede de motivos relacionados à literatura na história recente do século, de modo a imprimir não apenas a interseção cinema/narrativa, mas a lógica ultraficcional que liga palavras – da conversa à leitura de livros – aos mais diferentes acontecimentos políticos e culturais.

O diretor monta um verdadeiro dispositivo supracitacional no qual os relatos e os versos existentes sobre as guerras/revoluções do último século armam um trânsito intermitente entre as formas de fabulação (incluída a distribuição de ritmo-imagem-pensamento da palavra no poema) e as atuações reais no domínio da história. A biblioteca/impressora conjuga-se como ateliê de montagens textuais e discursivas – tal como expõe o cineasta no início de *Introdução a uma verdadeira história do cinema* –, marcando a presença do diretor/autor de filmes, também como *produtor* de formas estéticas. Estes são, ao mesmo tempo, projetos de ativismo crítico, propiciadores de leituras ocorridas em planos simultâneos e interferentes, possíveis de transformar as ideias correntes sobre os universos da literatura e da cultura, assim como os limites da participação nos eventos de uma época (ou mesmo o entendimento do que venha a ser a história).

Sem dúvida, a ficcionalidade e o ilusionismo cinematográficos estão sempre em debate (como tantos já expuseram, por exemplo, Robert Stam), em Godard, só que para viabilizar uma abertura no campo da imaginação, da criação, enfim. Deixa-se apreender como produção simultaneamente crítica e fabuladora, engrenada a partir do repertório de imagens e escritos disponibilizados na história e nos acervos da cultura. A citação de literatura não contribui apenas para o anti-ilusionismo do cine Godard. Atua como outra forma de interseção, mesclada com empreendimento analítico-cartográfico e intervenção na história, ao debater os valores e as ideologias de uma época, as ficções de um dado tempo.

É grande, em Godard, a sensibilidade para captar a história contemporânea como um reservatório de palavras de ordem e narrativas do heroísmo, como "negócio", como complô, no qual emerge, segundo a abordagem de um Hobsbawm, a fusão entre política e economia (desde a Primeira Guerra Mundial dos Impérios Modernos). O realizador vai colher, não por acaso, por meio de Guillaume-Thomas, um pequeno e falso soldado, os bastidores de uma guerra com seus poderes já demarcados na órbita político-econômica.

Tornada fetiche/fantoche da máquina de guerra, uma espécie de coringa (*passe-partout* do social, diria Willi Bolle, sobre o *flâneur*), essa "criança humilhada" é estimulada a ascender (não só a "crescer", no sentido de *Bildung*) na conflagração imperial-mundial e, brevemente, perecer, sem total consciência de sua morte na História. Guillaume está no bojo das ficções imperiais da época e à *bout*, no limite da compreensão de si como construção juvenil, guerreira, eminentemente histórica, sob os ditames da nobreza, do militarismo e da política-economia vigentes, lançado nos *fronts* de sua "livre", utopicamente infindável, militância.

Até mesmo o fim de Guillaume-Thomas é falso (ele, que falseou a idade para se instalar no confronto contra as chamadas "Potências Centrais"). Não marca um combate de fé. Tão somente, afirma a crença na guerra como conquista de um posto nacional, social, abrigador da sua condição de órfão e de pequeno herói francês. A escolha de sua morte como ideal reforça, da parte de Forestier, o desejo de ser atingido por uma força exterior, extemporânea, que talvez venha a ser o acesso ao entendimento de que se tornam indissociáveis a morte e o auge da ficção de si – o percurso máximo alcançado pela *solidão na história*, a que faz referência um monólogo do *pequeno soldado*. O cinema pensa o combate no presente e reencena as narrativas de ser/morrer na História.

A narrativa (ou o plano do *narrativo* no cinema de Jean-Luc Godard) não referenda o já feito, está sempre por se fazer, ou melhor, está sempre se fazendo, em compasso com formas não catalogadas de existir e de atuar. *Le petit soldat* talvez formule o excesso de um autoembate, um combate interminável – infinito, nos termos de Blanchot – da narrativa com seu próprio percurso ficcional na sucessão, num instante-fragmento da História.

Não espelhamento ou a câmera-revólver posicionada contra o herói do cinema, enfrentada por ele, no momento em que sai do espelho e tenta se ver através do olhar do espectador. Forestier acaba incidindo no paradoxo humano do não poder se ver por inteiro a não ser vendo o outro ou a si como outro, e, sem dúvida, fazendo um rompimento com os limites especulares e os enquadramentos da narratividade no cinema, reguladores da visão.

Não é uma narrativa – a transposição de um e mais romances –, o que se lê e vê em Godard, mas o *narrativo*, posto em prática e estudo, na dimensão projecionista de um cinema-biblioteca-ateliê. Não se pode esquecer que a antologia da literatura francesa acerca das guerras de um século se amplifica como montagem, da forma como expõe o mural-diagrama da revolução e da ordem do mundo, afixado no quarto de Bruno Forestier, onde se perscruta o estado dos signos, das palavras e das coisas, para se dizer com Michel Foucault. Porém, não se trata de um trabalho concebível como o "museu do imaginário" proposto por André Malraux.

Em "O Museu, a Arte e o Tempo", Blanchot põe foco no novo projeto museológico exposto por Malraux em *Psicologia da arte*. Observa que a restituição das obras originais a um espaço ideal de cultuação e verdade essencial marca uma ideia de resgate do homem e da arte (ou do homem criador) na história universal.

> Esse Universo do Museu (mônada sem janela), que cria e suscita o artista até o infinito do tempo, perfeitamente suficiente, ordenado por si mesmo, orientado por sua visão única, animado pela duração das metamorfoses. (Blanchot, 1969, p. 32)

Espaço sagrado que o museu reserva à arte, em acordo com sua autonomia e, simultaneamente, com seu contágio pelas diferentes ordens históricas do mundo. Momento religioso do estético favorecido pelo culto à própria estranheza da arte, arrancada que é dos valores profanos, submetendo-se à sua verdade própria, ainda que não de todo manifesta no âmbito abrigador do acervo/arquivo.

> Nesse sentido, poder-se-ia dizer que os deuses não foram senão substitutos temporários, as máscaras sublimes – mas sem beleza – da potência artística, como foi, por um longo tempo, a dialética da história e suas metamorfoses, não podendo conquistar, no artista enfim reduzido a si, a consciência de sua autonomia e de sua solidão. O Pantocrator aguardava Picasso. (Blanchot, 1969, p. 32)

Em negação à demiurgia, ao espetáculo totalizador da criação de formas, na vasta história humana – *imagem de ouro do absoluto*, acentua o ensaio de Blanchot –, presentes no *museu do imaginário*, o próprio cinema godardiano se orienta, com todo o seu teor crítico, poético e historiográfico/arquivístico de livros/sons/discursos. Até mesmo se é observado o traço de *monumento* contido em *História(s) do cinema*.

Não interessa ao cineasta a reiteração de "fechos" dialéticos, aplainadores da negatividade e do inacabamento contidos nas noções de Homem/ História e da arte aí relacionadas. Godard lida com irrupções remissivas da história dos livros, das pinturas e dos filmes no fluxo narrativo (entre os quais, o livro-conceito *A condição humana*), só que trabalhando com desconjunções de sínteses já dadas sobre o cinema e a criatividade (termo que, aliás, confunde-se com o discurso evolucionista e resguardador do homem e de sua arte no decurso do tempo).

O cine Godard atua ao contrário da fixação do *homem e seu imaginário* ao abrigo museológico de uma reunião/seleção da arte. Os filmes do diretor diferem da exposição da "presença visível e da forma se afirmando puramente só ela" (Blanchot, 1969, p. 32). Enfatizam o poder de (re)citar, ressituar seus componentes, produzindo cortes móveis. A arte vive, já na origem, um desenraizamento – errância quanto à destinação – que a história não cobre. Não está em seu cerne tal resguardo. Como se vê/lê no cinema, a partir de Godard, deixa de haver a autonomia da arte como discurso monovalente – essencialista, autêntico que seja –, nem lhe ocorreria um atrelamento básico às expectativas hegemônicas do tempo (ou a simples oposição às leis do mercado, em torno de uma tão propalada *autoria*).

O imaginário não se apresenta como uma instância agregadora, quando se notam o mural-diagrama e o recital/antologia de *Le petit soldat*. Tudo começa pela noção de imagem. É o que importa ao trabalho do realizador – justo a imagem, concepção tão dinâmica e, a um só tempo, tão conformadora de uma visão, forjada em padrões do ideário cinematográfico até hoje monopolizador da indústria, da crítica e da criação. Uma imagem em busca de uma justeza, que não se sustenta em nada anterior ou interior, desprovida de qualquer causa para sua existência complexa e heterogênea. A não ser o ato com que se sonda, vazante exterior ao garantido pacto entre ver e ser visto. É essa capacidade de ver, não mais retida pela aventura ou transcendência da arte como reveladora do *fiat lux* essencial ao homem e à duração de suas projeções. O que se vê em Godard se mostra à distância da metáfora refletora do espelho ou da tela reprodutora de ficções ou documentações. Contraria a imagem como composição sintética, sem cesuras ou rachas entre ver, dizer, pensar, agir numa sala de cinema.

Curiosamente, é de Camus, citado de modo enfaticamente negativo pelo protagonista de seu segundo filme, que o diretor mais se aproxima, e não de Malraux, a quem presta reverência (e dá testemunho, na importante entrevista "Os livros e eu", de 1998) ao fixar o livro frontal, crucial de Forestier e do homem na história, tal como experimentada na primeira metade do século recém-findo. *Le petit soldat* encontra-se muito próximo dessa negatividade sem salvaguardas, sem síntese, condutora do livro emblemático que é *L'étranger*.

É justamente pela suspensão da moral que o filme godardiano retoma Camus, mantendo-se no fio tenso armado entre a busca da liberdade e as dimensões ideológicas de um ato-limite envolvendo a morte de um árabe. Encontra-se como Guillaume, o falso soldado-herói de *Thomas L'imposteur*, cada vez mais próximo dos zuavos[1] nos territórios ameaçados na Primeira Guerra Mundial, quando mais tenta se individualizar como porta-voz da nação francesa. Na verdade, Godard parte do núcleo básico da ficção de *O estrangeiro*, ressituando Camus por meio do andamento cético adotado no filme, como via integralmente indagativa da negação, crítica de lugares assegurados ao eu e à história. Diferente da *praxis* criativa da negação, o soldado godardiano deixa aflorado o jogo das contradições, e abraça seu crime político altamente condenável – abraça o *negativo* ao extremo – como o último ato do espetáculo ideológico vigente, fugindo (para o Rio de Janeiro), sem mais culpa, em direção a uma impossível liberdade que, ao final, descortina-se à maneira de um paradoxal decreto.

Forestier atravessa a fronteira da política como uma força anônima desgarrada da nação e da simples adesão a qualquer causa, a mais eman-

1. Zuavos são soldados da infantaria da Argélia, integrantes das tropas coloniais a serviço do exército francês, nos séculos XIX e XX.

cipatória que seja (vida furtiva, clandestina, não exemplar). Deixa-se levar pela dispersão do *estrangeiro* ou pela exterioridade em relação a um pertencimento já dado aos valores da cultura e ao que se entende como homem, como centro de uma verdade substancial. Não mais como abstração - personagem uno, representativo do humano -, e sim como fala e imagem metamorfoseadas numa superposição de feixes que expõe a palavra e a ação, a militância na história. Tudo sob a mira de uma arma que é o cinema pensando, projetando cenas contra si e suas opiniões de justeza intelectual ou de ajustamento a alguma ordem cultural, entre a "autoria" e o mercado de imagens e discursos.

Em *Le petit soldat* já se esboçam os quadros videográficos das *História(s) do cinema*. Godard pluraliza o plano cinematográfico, multiplicando os estratos das falas, no compasso de uma negatividade que não recusa a reprojeção das ideias de arte e cultura, quanto mais se lança a um combate desprovido de horizonte e apaziguamento. Por meio de uma nada modelar pequena passagem de vida, pronta para morrer na história.

VIVRE SA VIE
THE COLLECTED TALES
(EDGAR ALLAN POE)
CITY LIFE

No momento em que a atenção à construtividade narrativa se impõe como um dado conceitual norteador de seu quarto longa-metragem - *Viver a vida - um filme em doze quadros* (tal como consta do subtítulo) -, Godard se concentra numa formulação fragmentária, que se indispõe a sistematizar um fácil trânsito entre palavra e imagem, entre o *tableau* pictórico e o quadro fílmico. Não à toa, no conto "O retrato oval", de Poe, se encontra o núcleo de uma problematização a respeito da arte e da técnica, do registro da experiência e do enquadramento das formas, a partir do qual *Vivre sa vie* – ao citá-lo como referência-chave – vai instalar sua ficção e seu próprio raio de visão. Quando o diretor repensa esse filme, ao realizar as conferências que viriam a ser reunidas no livro *Introdução a uma verdadeira história do cinema*, é salientado seu constrangimento em fazer o que

> [...] os profissionais do cinema ou da vida chamam "contar uma história"; isto é, a partir da estaca zero, fazer um começo e depois chegar a um fim, coisa – não sei por quê – que os americanos fazem muito pouco, mas que se acredita que a fazem. Aos outros não se permite isso, mas um americano... todos os westerns... um cara chega de lugar nenhum, sabe-se lá de onde, empurra a porta de um bar... depois, no fim, desaparece – e é só isso. Bem, trata-se de um fragmento, mas, coisa estranha, é feito de tal modo que a gente acredita ter vivido uma história completa [...] Comecei a tomar apenas fragmentos [...] Então, pode-se encontrar uma história [...] e isso permitia tornar a fazer um pouco de pintura ou um pouco de música, onde efetivamente há ritmos, variações, fragmentos... aliás, em música se diz "*un morceau de musique*" [...] E, então, a gente fica mais ou menos livre da história e, ao contrário, a procura, busca um fio, um tema ou vários temas, ou alguma coisa... mas procura; e eu procurava... (Godard, 1989, p. 56)

Nesse depoimento, fica exposta a impressão de continuidade criada pelos filmes norte-americanos. Ao refutar tal procedimento, o diretor valora a condição fragmentária da narrativa cinematográfica como base para a elaboração de histórias não simplesmente contadas, não mais organizadas num encadeamento coeso, sucessivo, reprodutor da palavra contida no roteiro, no escrito baseado em livro de literatura. Cada quadro de *Viver a vida* potencializa a fragmentação em si. Põe em estudo a narrativa e seu modelo: uma mulher (Nana) em busca do usufruto integral do seu tempo, confrontada com o crescente andamento de degradação e extinção da vida que leva. Enfatiza-se, quadro a quadro, seu encaminhamento para a morte, simultaneamente mesclado com o sentido de afirmação vitalista contido no título. O morrer do personagem de *Viver a vida* se ressitua a cada quadro/bloco/fragmento, incitando o espectador a um pacto não mais ocultador da ficção e de sua nascente configuração, bem contrário à ilusão do *continuum* garantido pela prefixação de uma "história completa", sustentada pela organicidade das imagens que se seguem, sem aparência de corte.

Não se deve esquecer a pesquisa de Godard em documentos, em estudos sociológicos sobre a prostituição, como uma entre várias referências integrantes de um espaço simultaneamente imagético e verbal, articulado com livros, com a oralidade, com uma discursividade aberta ao debate filosófico (contando, inclusive, com a presença de Bruce Parain). O filme se desenvolve sob o impacto de todas as gradações advindas de um entendimento feito, de um quadro a outro, acerca da cultura, do poder e das linguagens que compõem a imagem do cinema no tempo de sua sucessão, de sua autonarratividade. Para isso, o foco é dado aos elementos que possam destacar um corpo feminino em movimento, sobretudo um rosto em *close*[2]. Mescla de vida (inspiração documental), registro cultural (sobreposição de linguagens, de referências discursivas) e ficção flagrados *em doze quadros*.

A história vem depois do fragmento (da fragmentação fotogramática inerente ao filme que se roda). Filme que corre em torno da face humana – imagens e quadros conduzem a um recorte de base/suporte, a uma moldura, tendo uma mulher em ação. Ou o *morrer* entre imagens de si e do todo aleatório, componente do quadro em movimento no qual se lê, também, uma pequena história de literatura, imagem e cinema.

"O retrato oval" aponta para um impacto – uma *impressão* da *imagem* na *literatura* – que é próprio da relação entre a técnica e a dimensão breve, cortante e especulativa do conto moderno. O efeito da reprodução fiel do modelo feminino contido no quadro mortal, mortífero, lê-se, em Poe, como a narrativa proveniente de um pequeno catálogo sobre a pintura exposta – o primeiro título do conto era, aliás, *Life in Death*. Por sua vez, deve-se observar que a narrativa já se molda num cenário que alude à tradição do gótico sedimentada por Ann Radcliffe, de modo a emoldurá-la dentro de uma pauta de alusões e superposições de imagens tomadas como efeitos, como reflexos merecedores de contemplação e de análise, e não como simples índices de uma ultraficção, de uma *sobrenaturalidade* desprovida

2. Aproximado ao de Falconetti, atriz da *Paixão de Joana d'Arc*, de Dreyer, filme assistido pela protagonista, e àquele da donzela, que é retrato e pintura, no conto de Poe (2001, p. 278-280).

de uma ambiência cultural e dos crivos intelectivo-experimentais próprios ao corte do conto, a partir de Poe (2001, p. 278-280).

> O castelo [...] era um desses monumentos ao mesmo tempo grandiosos e sombrios que por tanto tempo se ergueram carrancudos entre os Apeninos, tanto na realidade como na imaginação da Sra. Anne Radcliffe. [...] Tapeçarias pendiam das paredes, adornadas com vários e multiformes troféus de armas, de mistura com um número insólito de quadros de estilo bem moderno em molduras de ricos arabescos de ouro. Por esses quadros, que enchiam não só todas as paredes, mas ainda os numerosos ângulos que a esquisita arquitetura do castelo formava, meu delírio incipiente me fizera talvez tomar profundo interesse. [...] mandei Pedro fechar os pesados postigos da sala – pois já era noite –, acender as velas de um enorme candelabro que se achava à cabeceira de minha cama e abrir completamente as franjadas cortinas de veludo preto que envolviam o leito. Desejei que tudo isso fosse feito, a fim de que pudesse abandonar-me senão ao sono, pelo menos, alternativamente, à contemplação desses quadros e à leitura de um livrinho que encontrara sobre o travesseiro e que continha a crítica e a descrição das pinturas.

É como se o narrador enquadrasse os elementos picturais, essenciais a "The Oval Picture", enquanto imagem sobre a qual se torna necessário especular, por meio das cisões irreconciliáveis entre a ficção e o seu não espelhamento pela palavra alinhada, sequenciada por efeito de um puro e simples *fragmento de vida*. "Baudelaire disse: acabou a narração; porque Poe falara dos poemas instantâneos ligados por faixas verbais mortas" (Helder, 1987, p. 147). Eis o que assinala o grande poeta português Herberto Helder, ao pensar a relação entre literatura e cinema modernos, em *Photomaton & Vox*.

Juntamente com a impressão de vida na tela de *O retrato oval*, lê-se o próprio espírito de não reprodução que define a forma curta, aberta ao *timing* preciso da investigação e da invenção (sincrônica ao perfil técnico da moderna civilização norte-americana, no século XIX, de acordo com a estimulante abordagem de Mário A. Lancelotti, em *De Poe a Kafka*). Ao formato breve do conto é incorporado o efeito de uma sobrecodificação que se encapsula num impacto final, revelando-se como fecho que oculta a transparência da resolução de um enigma ficcional.

Por meio da forma curta e híbrida (a começar pela sua implicação com a imagem), obtida na contística de Poe, o diretor de *Viver a vida* acaba por encontrar uma referência para a sua *busca narrativa*, quando se observa o *instantâneo poemático* de um ato fabulativo que não narra a sucessão de uma vida, mas põe em estudo o sentido da ficção alinhada por imagens de morte e duração. Investe em outra temporalidade, em outro plano da imaginação no que envolve o movimento e o tempo das imagens, a contar do espaço conciso e experimental, eminentemente combinatório, resumido pelo gênero fragmentário que é o conto.

A Godard interessa, também, o atrelamento de base às noções de personagem, narrador e ficção, traçando uma correspondência com o que no campo da cinematografia se apresenta como imagem/conhecimento do mundo (contida na máxima godardiana "Não uma imagem justa, mas justo uma imagem", lançada pelo desafio moral/conceitual de cada tomada), ou, segundo a feliz formulação de Jean-Louis Schefer: *do mundo e do movimento das imagens*. Daí ser a narrativa em blocos o eixo da materialidade fotogramática do cinema, ao mesmo tempo em que se anuncia, especulativa e plasticamente, para o diretor, como *quadro* – o plano composto de música, movimento, palavra, imagem técnica e presença humana, sobre o qual ele veio criando e refletindo, com consciência cada vez mais aguçada desde *Viver a vida*.

Não por acaso, Schefer sinaliza, no estudo do poema-ensaio *Eureka*, de Poe, a existência de um fundo móvel, relativo ao universo, compreendido em sua aceleração. Sob a égide do movimento dão-se

> a mecânica das aparições e dos mistérios, as superimpressões da vida, as suspensões magnéticas, as desaparições das coisas. O conto fantástico era, até então, o único modo de tomar uma não-multiplicação do tempo sobre os fenômenos: o romance tinha pela primeira vez infestado o mundo do tempo íntimo do sujeito pensante; durações sem fim e que nenhuma ação não podia enquadrar nem reabsorver. (Schefer, 1997, p. 48)

Muito próximo dos rumos narrativos alcançados pelo conto, desde Poe até autores situados na matriz do que se convencionou denominar como pós-moderno, caso de Donald Barthelme, *Viver a vida* lida com a dimensão fragmentária de uma escrita entre imagens (e não a tradução romanceada das imagens), seguindo, a rigor, o caráter, a um só tempo, construído e heterogêneo do discurso fílmico. Tal como experimenta *City Life* (1968), o uso de fotografias, pinturas, grafismos, reproduções iconográficas diversas e *black frames*, no interior de peças curtas de ficção, demarca a lógica do *quadro*, legendada por *inserts* imagéticos, e não aquela de uma espacialidade intrinsecamente verbal, dentro de uma coesão entre *dizer* e *ver*. "Muitas vezes uma imagem não é, absolutamente, uma imagem, mas apenas uma idéia (...) As imagens se desgastam, se esfarrapam, se esvaziam" (Barthelme, 1975, p. 39).

Uma correspondência com a *busca narrativa* de Godard aí se nota, na medida em que Barthelme – na trilha aberta pelo contista de "O retrato oval" – dialoga com o universo heteroclítico das imagens para melhor submeter a um estudo a *moral* acionada pelo conto. Ele pontua a distância entre o que se diz e o que se deixa ver como impacto, como constructo da narrativa. A tela se esvazia, em Barthelme, justamente como um efeito, um impacto, como se seguisse Poe num contraponto estrito, ao comentar a angústia de um pintor diante do "zero" ou "branco" da criação. É o que pode se ler em seu conto "City Life": "E, naturalmente, toda a pintura – a arte inteira – foi-se para qualquer outro lugar, não está onde sua cabeça está..." (Barthelme, 1975, p. 145).

Tudo se dá a partir de mediações, das interrupções e dos cortes contrários à imediaticidade de um flagrante, de uma demonstração técnica do domínio narrativo do contista. Deve-se notar que, em *City Life*, cada texto contém uma sucessão de ficções à procura de seu sentido no tempo breve do relato, assim como no circuito de cruzamentos discursivos traçado pela narrativa em uma época já deflagradora de procedimentos mais afinados com a hipótese do *não saber* do que com a confirmação de uma prática específica, dentro de uma concepção unilateral de literatura e de escrita. É o que atesta Barthelme no ensaio intitulado justamente "Não-Saber":

> O não-saber é crucial para a arte, é o que permite a arte ser feita. Sem ser perscrutado o processo que o não-saber engendra, sem existir a possibilidade de se mover a mente para direções imprevistas, não haveria invenção. (Barthelme, 1997, p. 12)

Quando se observa o plano de uma elaboração prévia que já contenha a surpresa, o efeito final revelador, tal como teoriza Poe sobre a escrita moderna do conto, não se deve omitir o dado de que é a experiência de sua escrita a condição a partir da qual se engendra a concatenação entre princípio e fim (sendo este, *na verdade*, o seu enigma). O saber atribuído à prática do conto ocorre, em Poe, por meio do pacto com tal dimensão processual de narrativas analíticas e indagativas (o poeta Helder já sinalizava o caráter de montagem do "poema instantâneo", em Poe, construído sobre linhas de morte da narração).

Como bem apontou Stanley Cavell a respeito do escritor, sua ficção subsiste do que vem antes e depois da moralidade. O exame da ação, amparado na demonstração de assertivas, de pressupostos lógicos, constitui, no ver de Cavell, um trabalho narrativo sem salvaguarda de um conhecimento seguro. Pois se radica no erro, no horror e na surpresa revelados pela conclusão paradoxalmente mobilizante da forma curta, como ocorre em torno da *imagem de vida* transposta para o retrato oval, incapaz de resumir-se tão-somente como uma operação conclusiva do sentido. Não é a cópia perfeita que se sintetiza no quadro descrito pelo conto, mas tudo o que ultrapassa o consenso entre a visão da arte e a imagem de mundo a ela referendada como atribuição da cultura (um retrato e seu museu, um registro do tempo, de um modelo de vida). A moral da *impressão* está em causa na literatura de Poe.

A história vem depois do emolduramento (o efeito-conto) no qual se ajusta o relato minucioso, fidedigno, aparentemente embasado sobre evidências (com a utilização discursivamente modulável de *of course*, observa Cavell). Faz parte da cifragem do conto a ficcionalidade relativa aos enunciados lógicos, demonstrativos, elaborados por Poe. O conto se apresenta, pois, como o breve e calculado incurso no não saber que constitui o ato especulativo da escrita, vindo daí o interesse do diretor de cinema por essa imagem sobreposta, irresolúvel entre modelo e cópia, construída pelo "Retrato oval".

Por mais que o conto seja construção, mentação, a escrita de Poe sabia-se encriptar no diálogo com as outras artes e os universos filosófico e científico. Absorve, assim, a lógica de uma esfera criativa concebida na vertigem, na margem de uma especulação sensorial e intelectiva, que já lançava à literatura um empenho tanto crítico quanto inventivo de se indagar sobre sua forma de existir e se distribuir no campo do conhecimento como atividade circunscrita à imaginação. Ou da escrita imaginativa entre meios técnicos de *impressão* e *circulação* (a popularização da *short-story* como peça jornalística, ilustrada, acessível à multidão urbana, acelerada pela funcionalidade, pela tecnificação), entre o mercado e a cena sempre reconfigurada dos saberes disponibilizados em sua época.

A imagem viva que se estampa no "Retrato Oval", no quadro fatal da arte, tal como se emoldura no museu de reproduções (castelo gótico, catálogo de uma coleção), parece se atualizar no intervalo-imagem dos contos de Barthelme, especialmente naquele que dá título à coletânea aqui mencionada, "City Life".

Ramona emerge, ao fim do conto, como a face avessa à efígie cristã da Virgem. A personagem de Barthelme dimensiona, no espaço narrativo hibridamente composto de imagens em *City Life*, o tipo de paralelo traçado entre o rosto de Anna Karina e o de Falconetti como a virgem imolada no clássico de Dreyer – uma sequência que acaba se tornando o mais emblemático fotograma de *Viver a vida*. Nana vai ao cinema e chora, em compasso com o martírio da heroína mística, com a cerimônia de imagens contidas em filmes que se duplicam, desencadeando desdobramentos que vão da aura de Joana d'Arc à face-fotograma da prostituta e espectadora.

A protagonista do conto que dá título ao livro de Barthelme contraria a centralidade do rosto e sua reprodutibilidade em imagem única. Mostra-se como uma nova mulher sincronizada com tudo o que a excede e não a revela como unidade, mas enquanto ponto confluente de olhares, foco de uma entrega sem medidas ao presente, à terra, à vida na cidade, sob o risco de uma afirmação impossível, sacrificial, feita à sua própria imagem.

> Sobre mim, os olhares deles têm caído. A força geradora foi, talvez, o olhar fundido de todos eles. Dos milhões de grupos rastejando sobre a superfície da cidade, seus desejosos olhos vacilantes me escolheram. A pupila alargou-se para receber mais luz: mais eu. Eles começaram a dançar pequenas danças de insinuação e medo. Essas danças constituem um convite de inequívoca significação – um convite que, se aceito, nos leva por muitas estradas enlameadas abaixo. Eu aceitei. (Barthelme, 1975, p. 147)

O debate de Barthelme, presente nos ensaios e nas entrevistas integrantes do volume *Não-Saber*, assim como no *corpus* das muitas coletâneas de contos que publicou em torno das possibilidades criativas da escrita após o ponto de enfrentamento das ideias de modernidade e de revolução provocado pelas ficções de Joyce – título, aliás, de seu importante artigo "Depois de Joyce" –, mostram uma convergência com os quadros/capítulos de *Viver a vida*: O relato não romanesco de toda uma vida – uma passagem da pobre amante parisiense, colhida nas canções populares e na cena habitacional da cidade (o pequeno quarto da *concierge* ou aqueles dos hotéis baratos de encontro). Como se fosse um fragmento de instante apreendido por um conto. A vida, como se fosse o segundo que move o mais elementar, o mais primitivo e mudo filme de cinema. Lê-se no último bloco:

> 12
> Ainda o jovem homem – O Retrato Oval –
> Raoul revende Nana

Como vai se tornando frequente, desde o primeiro filme godardiano, a *leitura frontal* de livros de literatura (*The Wild Palms*, de Faulkner, em *À bout de souffle*, e *La condition humaine*, de Malraux, em *Le petit soldat*) marca aqui sua presença, só que dessa vez se entranhando no corpo do texto, num contraponto ao corpo prostituído de Nana, focalizado em contiguidade à transmissão oral de trechos do conto de Poe. As capas dos livros se viram para nós. Quem está com *Œuvres complètes*, de Poe – na tradução de Charles Baudelaire –, nas mãos, é Paul, o jovem e fiel freguês, que, ao longo da leitura de "O retrato oval" vai estreitando seus elos amorosos com a mulher, a ponto de combinarem um projeto de vida em comum, ao fim da sequência ocorrida num quarto de hotel, um pouco antes do assassinato da protagonista de *Viver a vida*, um crime decorrente do conflito entre gigolôs sobre sua "revenda".

São criados vários comentários visuais durante a leitura de "O retrato oval". Desde a abertura do plano, no qual o rosto de Paul e o livro emergem da escuridão do *fade-in* (olhos baixos, quase fechados do leitor) até as pontuações elaboradas entre a transmissão do texto em *off* e o trabalho da câmera, da encenação em torno do rosto de Nana. Especialmente nos momentos em que ela dá as costas ao amante/leitor e à plateia, e naquele em que a bela máscara da atriz Anna Karina se perfila ao lado de um cromo de cinema que estampa a emblemática face de Liz Taylor – *fatal beleza*, dirão mais tarde *História(s) do cinema*. Pensar nos *inserts* reprodutivos, paroxísticos do *pop*, observáveis em Warhol, torna-se inevitável, mas não se pode esquecer que tal prática acontece, simultaneamente, no cinema, com Godard, desde *À bout de souffle*, tendo-se em vista os enquadramentos plástico-narrativos que pensam a reprodução e a vida das imagens em circulação, no tempo presente, no mais elementar fragmento de cinema.

A leitura do conto não se faz com a voz de Paul. É silenciosa, em *off contínuo*. A imagem de cinema que a acompanha, num andamento cruzado, não o é, no entanto. Faz contrastar, sob um acompanhamento musical, as palavras de Poe (ditas por um locutor invisível), lendo-as para melhor marcar os diversos níveis que constituem o registro direto das imagens.

Godard torna visível o recorte do fluxo temporal sobre o qual atua a máquina cinematográfica, reportando-se a uma tradição de *literatura de cidade* captada pela notação breve e problematizadora do espaço plástico, imagético, já encampado pelo narrativo: o conto-experimento (*City Life* reconfigura tal vertente despontada com as criações de Poe), o pequeno poema em prosa (Aloysius Bertrand, Charles Baudelaire), as *iluminuras/projeções de luz/iluminações* rimbaudianas, antecipando a hibridez tomada pela produção contemporânea do gênero. A história entre imagens de uma vida na cidade – Nana, Paris – rompe o vínculo com a superfície reprodutiva de vida que é o cinema, entendida como um acordo entre a ficção e o espectador, entre dizer e ver, entre o entretenimento e o traço memorial, mortal, das sequências correntes.

Compor um transcurso de vida – o diretor torna clara sua ligação com as questões do documental (a matéria sociológica que inspira a realização do filme e faz com que registre Paris como cenário reincidente da modernidade, da prostituição, dos diversos tráficos) e da ficção enquadrada em capítulos. No interior do quadro, do *take* de cada fragmento/capítulo do romance breve de Nana, Godard articula, de fato, uma nova moral. Deixa pronunciar o modo como o mais pessoal dos filmes (esse feito com sua mulher Anna Karina, protagonista, modelo do quadro cinematográfico) se encontra autoimplicado com uma história incapaz de narrar unicamente o plano frontal de uma ficção, mas a impressão do tempo na película como um registro metamórfico de palavra, movimento de imagens e de uma sucessividade que repensa a moralidade, o ponto de vista existente entre intervalos e cortes de imagens.

O cinema provoca um debate – não à toa, convocando Parain como um de seus interlocutores (depois de Barthes ter recusado o convite, temeroso de se ver exposto como integrante da "mitologia" cinematográfica) – a respeito das imagens reveladoras da *vida em transcurso* – a dimensão do *presente* rediscutida, ampliada, mais tarde, em *Elogio do amor*. Ou, talvez, a imagem no cinema, em *Viver a vida*, potencializa Godard como autor que, também, é produtor de filmes e de ficções legíveis como *cortes móveis – deslizamento de territórios: histórias, geografias, topografias* (Godard, 1989, p. 11) de imagem, palavra e narração no decurso de modernidades e séculos.

O cineasta pensa o quadro, cada um deles, como indagação central. Pensa, entre quadros, o registro da imagem de uma mulher em trabalho de vida/morte – sua própria mulher (como se dá em "O retrato oval" entre o pintor e a modelo/esposa) – como uma questão amplificada em vários planos.

O mesmo se observa a respeito do espaço do conto, em *City Life*, que também se reparte nessa dimensão expositiva e crítica das inscrições de palavra e imagem no corpo sucessivo do enunciado da ficção, no interior de cada *sentença*. Não por acaso, se intitula "A sentença", um dos contos mais incisivos da perquirição travada por Barthelme acerca do saber e dos valores promovidos pela escrita de literatura, muitas vezes adquirindo cada frase o sentido de *legenda* entre quadros e outras reproduções perpassadas por intervalos/interrupções, microcortes no interior do relato breve.

Nesse momento – o percurso godardiano nos anos de 1960 – em que se move, de um filme para outro, uma prática de cinema muito particular e influente, capaz de se articular como projeto de escrita, pode-se perceber que o cineasta se encontra numa *busca narrativa* partilhada, também, pelas produções ficcionais e investigações críticas de Donald Barthelme. Não se pode esquecer que o autor de *City Life* e *Não-Saber* encontra-se envolvido com a concepção do conto como peça plástica-performativa. Em *Depois de Joyce*, ele afirma que a criação de literatura vem tornando-se mais a construção de um objeto "do que um texto ou um comentário sobre o mundo" (Barthelme, 1997, p. 3-4).

Barthelme modula imagens no plano do conto, enquanto Godard, o cineasta, faz de *Viver a vida* um projeto, antes de tudo, narrativo, acerca do quadro/capítulo literário subsistente no *modo de montar* a sucessão fotogramática do filme. O cinema se mostra dentro de uma problemática de impressão/expressão que atravessa a sua história como algo inerente à mais simples e imediata sequência. Não por acaso, as imagens se fixam em *Viver a vida* compactuadas com o efêmero, com o ritmo do corpo de uma mulher (que é sua por *agora*), como se travassem contato com a dinâmica puramente material do correr da película.

LE MÉPRIS
ODISSEIA
ODES (HÖLDERLIN)

Na passagem de um filme um para o outro, entendido, cada um deles, como produção e escrita de imagens, o diretor vai tornando mais crítica e, também, mais amplificada, a relação entre cinema e diegese, entre o empreendimento industrial da filmagem e a remissão a páginas da literatura. Dessa vez, *O desprezo* (1963) envolve um produtor renomado (Ponti), um grande estúdio (*Cinecittà*) e atores estelares (Bardot e Palance). Não à toa, a narrativa-matriz da qual parte Godard é a *Odisseia*, de Homero, acrescida ao *plot* extraído de um romance do século XX, *Il Disprezzo*, de Moravia. Saído do trabalho quase artesanal realizado no pequeno e independente *Viver a vida*, o cineasta refaz as bases em que se orientam suas criações ao lançar-se numa empresa de alta produção – e de "alta narratividade" –, que pretende realizar, a um só tempo, um espetáculo e o debate sobre os valores da civilização ocidental moderna.

O desprezo suscita em Godard a possibilidade de pensar o cinema em grandes dimensões, sejam de produção, sejam de autoria, tal como atesta o filme rodado dentro do filme, que recria a narrativa heroica de Ulisses, apreendida na origem da literatura. *Il disprezzo*, de Moravia, só é tomado pelo entrecho básico que envolve o desprezo de uma mulher por um homem, situando-se no contexto de um cenário atual (a natureza da turística Capri em dissenso com a crise conjugal, o mal-estar existencial). "O romance de Moravia é um romance de bolso vulgar e bonito, cheio de sentimentos clássicos e desusados, a despeito da modernidade das situações" (Godard, 1998, v. 1, p. 248).

Só interessa ao filme o que o livro gera em termos de uma reavaliação do gênero *romance*, considerado a partir do revés da conjugação entre mulher e homem, justamente em oposição ao casal clássico, exemplar, da epopeia homérica. Como é declarado em entrevistas feitas quando do lançamento de *O desprezo*, há a intenção, por parte de Godard, de fazer acirrar a desarmonia entre o *epos* e a *entourage* técnica que cerca o casal Camille (Bardot) e Paul (Michel Piccoli), escritor obscuro, contratado para escrever os diálogos finais de *Odisseia*, filmada por um cineasta verdadeiro, Fritz Lang.

Nessa trama tudo se cruza entre a realidade do cinema e o desprezo aos gestos humanos mais sedimentados. Tudo o que diz respeito à vida afetiva do roteirista e de sua esposa loura, estonteantemente cinematográfica, logo seduzida pelo produtor norte-americano de *Odisseia*, um feito internacional assinado por Jérémy Prokosch (Jack Palance), entre outros cheques emitidos por ele. O romance contemporâneo e o cinema criam uma inter-relação que se estende à formação de um mapa de motivos, tendo como horizonte o marco grego, a abertura marítima a uma ideia de aventura, presentificada no decorrer do filme.

Reencenar Homero significa reencontrar Lang, este que se apresenta, para Godard, como o núcleo moral de *O desprezo* – "um sábio, um bom, antes de deixar o cinema" (Godard, 1998, vol. 2, p. 244). O diretor de *Metropolis* está próximo da perspectiva narradora, quando são considerados seus primeiros títulos, inspirados na mitologia teutônica (*Os Nibelungos*), assim como outros rodados na Alemanha e nos Estados Unidos, forjadores de ícones, figuras fílmicas impactantes como *Dr. Mabuse* e *M*, além dos heróis expressionistas transladados para a *detective story* dos USA. Mas, muito por conta de seu ingresso em embates históricos decisivos, que se estendem à prática do cinema no século, Lang se torna peça fundamental da anti-Odisseia *O desprezo* – ele só pôde existir em fuga das forças nazistas, que o requisitaram a se tornar cineasta oficial. Só Lang pode atuar como ele mesmo, num filme que revê o cinema e sua(s) história(s), em 1963.

A busca de um empenho produtivo que se constitua em um saber próprio ao cinema enquanto investigação e invenção de valores, a contar do repertório artístico-cultural do Ocidente, significa, também, lidar com os sinais da ruptura entre homem e história, desde o modelo épico incorporado ao filme, desde a ideia de origem. Não sem razão, Hölderlin é citado por Fritz Lang. Justamente o poeta que, anunciando a modernidade, compõe odes sobre o desterro do humano ante as forças divinatórias, provenientes do legado helênico, retrabalhadas por ele no espaço da natureza, tendo em mira, porém, a mutação dos regimes de escrita e de recepção social à existência da poesia. E, ao mesmo tempo, convoca uma "apreensão histórica singular, tão singular como a natureza suplantada" (Rodrigues, 1994, p. 26), como diz Antonio Medina Rodrigues (1994, p. 26-27), em um estudo fundamental sobre o poeta.

> A partir daí a poesia não mais terá no mito "pronto" o seu começo e o seu fim. Agora, o mito terá sempre de se fazer e de se autodeglutir, como se a história, começando num presente qualquer, pedisse também a imolação do mito. A história humana estará definitivamente incorporada nessa poesia, porém não mais como herança ou tradição. Pois não é a clássica luminosidade olímpica o que Hölderlin busca, mas a sombra que existe por trás da convicção dessa luz, o reinício de tudo a cada convulsão [...] lançar-nos numa historicidade natural e antepredicativa.

Lang se mostra atento para tal foco, quando se refere à ode "Vocação de poeta", de Hölderlin, especialmente ao que está contido nos versos finais:

> Mas sem medo fica, quando é preciso, o homem
> Sozinho ante Deus, a candura o protege,
> E não são precisas armas nem manhas
> Até que a falta de Deus o venha ajudar.
> (Hölderlin, 1959, p. 153)

A relação advinda do insulamento humano frente à ideia de absoluto – ideia matricial, divinatória, de origem –, marcada pela falta, pela ausência, fomenta-se na poética de Hölderlin por meio de um pacto com a natureza e uma *história nova*, como pensa Medina Rodrigues. Ou uma nova relação com a história, pois tudo incide na temporalidade do instante, de uma emissão sem mediador, a não ser o flagrante que a dicção poética declina em torno de um eu multiforme, ora reconciliado, ora em impasse com suas variantes, suas figurações impensáveis e extremadas. Hölderlin invoca os mitos – gregos e cristãos – para melhor sublinhar em seus versos o *pathos* da modernidade.

Por meio de um registro direto da realidade, imerso na *historicidade natural* e *antepredicativa* apontada pelo filósofo brasileiro, o diretor fictício da nova *Odisseia* vai rastrear na poética de Hölderlin a atualização de uma aliança com o sagrado e a origem. Ele chega a rever as três versões do poeta para o último verso da ode citada e enfatiza a estranheza oferecida pela solução final – *a salvação pela ausência* –, que deixa assinaladas a inexistência de Deus e, ao mesmo tempo, a inevitabilidade de um vínculo com um plano imaterial, invisível. "Não foi Deus que criou o homem, e sim o homem que criou os deuses", poderia dizer uma das sentenças que o saber de Lang expressa no decorrer dos filmes *Odisseia* e *O desprezo*, mantidos num elo cruzado.

A DIVINA COMÉDIA
POEMAS (BRECHT)
O CEGO E A DANÇARINA

Por um lado, o produtor Prokosch extrai de sua bíblia de citações – uma caderneta na qual converte todas as formas de conhecimento à lógica do mercado e ao senso comum atribuído à categoria *público espectador* – a evidência de um verismo que tenta se imprimir na versão moderna do clássico de Homero. Por outro, o diretor Lang (ele mesmo) engendra uma noção diferente de realidade, pensada, sobretudo, como a realidade das imagens, que se materializa por meio de uma rede de narrativas e poemas.

Contrariando a tese mercadológica de Prokosch, interessada numa versão de Penélope traidora, atrativa à curiosidade do público pelo possível destronamento da figura clássica de fidelidade conjugal, a presença de Lang (um diretor real) viabiliza uma fiação ficcional, apresentada de forma breve e incisiva, numa dimensão aforismática, colhida em versos e vários relatos (os místicos, envolvendo Ramakrishna; os contos árabes, como aquele sobre o tapete e o burro). Há citações de poemas, como "Hollywood", de Bertolt Brecht (escrito na década de 1940), sobre a venda de si no comércio cinematográfico e o seu lucro sobre os próprios produtos artísticos (tudo o que se descortina no mundo material, aberto paralelamente à deflagração do nazismo na terra natal). No caso brechtiano, trata-se de uma letra de música composta por Kurt Weil, a registrar a experiência de artistas e escritores como B. B. (Brecht) num filme de B. B. (Brigitte Bardot), tal como brinca o outro alemão, o diretor *fake* de *Odisseia* Hollywood. Assim, Brecht imprime ironia em sua relação com a escrita ao mesmo tempo em que Lang roda a megaprodução da narrativa da origem, a assinar o confronto com seu tempo, com a história das grandes guerras (como pensa Hobsbawm acerca do século XX) e o império das imagens.

Godard como que arma um círculo de leitura ao redor de Lang. Exercendo sua atividade mnemônica de narrador, o diretor se lembra, também, de uma passagem de *A divina comédia*, e Paul, o roteirista, completa a sequência, identificando a autoria dos trechos recitados, acrescentando outros (não se pode esquecer da Itália – Cinnecitá –, onde estão). O cineasta de *O desprezo* concebe o plano entre o diretor e o roteirista como um *travelling* verbal (a palavra passa de um a outro, no interior de um mesmo plano/recital), de modo a reforçar o aspecto de oralidade contido nas inserções de literatura em seu filme. Nesse filme especialmente, em que se frisam o testemunho e a recorrência ao que Auerbach define, em *Odisseia*, como a *palavra* primordial, aquela que funda e faz significar os atos humanos (veja-se o clássico ensaio "A cicatriz de Ulisses", em *Mimesis*). Isso ocorre a partir de poemas fundantes, como o de Dante em relação ao códice metafísico cristão:

Lang recorda:

Quem através de muitos perigos, alcançou o oeste,
Não esconde este fracasso perceptível, em sua compreensão
Onde restam experiências de um mundo desabitado
Detrás do sol

Você deve pensar na origem,
Você não nasceu para existir,
Mas para aprender,
Para perseguir a sabedoria e a virtude

Paul, o roteirista, pontua:

As estrelas já estavam brilhando.
[...]
De repente o que sentíamos não é
Mais igual,
Nossa alegria se tornou tristeza
Até que o mar se fechasse sobre nós

Dentro da rede poemático-ficcional construída por *O desprezo*, a moralidade possível diz respeito a atuar para ser, para conhecer (não obstante a antecedência cósmica, a oclusão do mar, com que se deparam os versos de *A divina comédia*). O substrato mítico é recorrido ao mesmo tempo em que o filme afirma o espaço da atualidade e da produção, exatamente em Cinnecitá (versão-Europa de Hollywood), no instante em que lida com a distância entre a palavra, os paradigmas narrativos e o movimento das imagens. O diretor testemunha:

> Eu mantive o motivo principal e simplesmente transformei alguns detalhes, partindo do princípio de que aquilo que se filma é automaticamente diferente do que está escrito, do que é original. Não é necessário tornar isso diferente, ao adaptar, tendo-se em vista a tela, só é preciso filmar, tal qual: simplesmente filmar o que estava escrito, com alguns detalhes a mais, porque se o cinema não fosse, logo de início, o filme, não existiria. Méliès

é o maior, mas sem Lumière, o cinema permaneceria na obscuridade total. (Godard, 1998, p. 248-249)

O cinema crítico, reafirmado em *O desprezo*, pensa e pratica o encontro com as grandes referências, no que envolve, também, a genealogia das imagens do cinematógrafo. Interessa-lhe menos o ingresso à *féerie* da imaginação concebida por Méliès, como a sucessão espetacular de transmutações operadas pela máquina de filmar, do que a dinâmica entre a captação direta e a ficção contida nessa projeção própria do cinema. É em Lumière que a descoberta contínua da *linguagem* no decurso da *filmagem* se faz notar desde o início, como um ato de experimentação incapaz de encantar o caráter de registro presente em cada evento captado, a despeito do grau de ficcionalidade potencializado em cada uma dessas projeções: *A partida de trem* é uma realidade e um filme, documentam e narram os irmãos Lumière.

Lumière é retomado a partir do cinema de ficção não em nome de uma veracidade testemunhal, a não ser a que diz respeito ao caráter fílmico, característico de uma linguagem que não se nega como projeção a um olhar público, alheio, não se descartando da mediação da imagem e de seu funcionamento na sucessão. Cada filme conta sua própria história, a narrativa de sua filmagem e produção (dirá Godard depois).

Se, por um lado, evidencia-se o recorte do texto de Moravia, de modo a tornar mais longos os núcleos principais do romance, eliminando-se, com isso, certos seguimentos temporais, o diretor assim o faz não para apreender uma fluência aclimatada a uma ideia técnica da *linguagem do cinema*. Moravia quer, na verdade, estender as durações de *Il disprezzo*, refazendo a ordem e o atrelamento da narrativa ao romanesco (*a seus sentimentos clássicos e desusados*). Para ele, importa o cruzamento propiciado por um drama de infidelidade conjugal com outros planos de narratividade, observáveis na moral heroica do *epos*, nos aforismas retirados de relatos ancestrais e da epopeia religiosa de Dante (como a definiu Carpeaux), assim como de poemas alemães modernos – no extremo que vai de Hölderlin a Brecht –, todos ditos por um homem de cinema, Fritz Lang, situado entre duas equipes (a do filme *O desprezo* e aquela, ficcional, de *Odisseia*).

Godard pensa sua poética fílmica como se as motivações basilares da escrita encontrassem sua atualização no cinema. Assim, acaba por incidir, simultaneamente, na história da literatura e da cultura, pelo modo como lê a formação do gênero narrativo, na Grécia, e a recepção moderna de tal legado, em Hölderlin. É o que pontua Lang, numa intervenção reveladora do percurso de ambos (dele e de Godard) na arte do século XX (a envolver na abrangência máxima de um testemunho ao vivo, com o corpo presente de um narrador/projecionista, um lastro de indagações que parte da *poiesis* para a produção de imagens técnicas).

Todas as grandes citações proferidas por Lang – tendo as anotações recitadas por Prokosch como contraponto – indicam o esvaziamento de uma lógica anterior a cada palavra, a cada plano filmado, seja por uma razão estética, seja pela própria existência, tomada, então, por uma possível ética. Tratam do desafio de um contato com a fratura do todo-orgânico espetáculo produzido em consenso com uma tradução padronizada, sintetizadora, entre narrar, ver e falar numa sala de cinema.

A epopeia revela-se como a busca de uma moralidade (no sentido, inclusive, narrativo das *moralidades*), mas se efetiva sem confirmação de um pacto prévio, civilizatório, entre vivente e *logos*, como se lia em Homero.

> *O desprezo* me aparece como a história de náufragos do mundo ocidental, de resgatados do naufrágio da modernidade, que se aproximam da imagem dos heróis de Verne e Stevenson, numa ilha deserta e misteriosa, cujo mistério é inexoravelmente a ausência de mistério, quer dizer, a verdade. (Godard, 1998, p. 249)

É de um modo próximo de Godard que Blanchot apreende a *Odisseia*, a contar da disposição para o risco, para o encontro com um ponto vazio, desértico, do qual se irradiam o cume e o cerne da aventura de Ulisses. Ao se concentrar no episódio do canto das sereias, o ensaísta de *O livro por vir* sinaliza para a ausência de horizonte épico, sem mais salvaguarda da ficção literária, restituidora do herói à ordem do cosmos e da civilização. Blanchot desentranha desse momento iminente de deriva, de desvio, o nascimento da literatura, menos atrelado à lógica reiterativa do raconto, da tradição romanesca, do que ao desbravamento próprio do que conceitua como *narrativa,* relato feito na gradação da descoberta, do acontecimento que é o ato de escrever.

A partir de Camille (Brigitte Bardot), o filme *O desprezo* engrena sua própria narrativa, apartada do modelo de superprodução épica, proposto por Prokosch. Seduzida por ele, tendo todo o consentimento do marido para viver um *affair*, como se fizesse parte do negócio, do comércio de imagens em torno da *Odisseia*, a loura provocadora perpetuada por B. B. passa surpreendentemente a rechaçar seu companheiro, o roteirista entregue até a alma à escrita das cenas finais do grande último filme feito (como declara o produtor Prokosch).

Depois de resistir, ao máximo, às tentações do empresário norte-americano, fiel que é ao marido, Camille se rende, sem felicidade, sem sabedoria, como uma anti-Penélope barateada por Paul, um avesso de Odisseu, empenhado na réstia de épica constituída pelo megacinema. A loura se despe diante do marido, após o contato físico com Prokosh, e se lança às águas (azuis, mais do que nunca, a modelarem o corpo de Brigitte) do Mediterrâneo. E, assim, ela se distancia, até desaparecer.

> A Loura e eu, tudo lembrando um ensolarado anêmico. Não é que eu não gostasse dela nem ela não gostasse de mim. Gostávamos sim. Mas havia uma solidão que nos abatia um pouco. Um remorso por não conseguirmos ainda. O quê? Conseguirmos a decisão do sim. (Noll, 1980, p. 132)

Réstias de Épica – em torno de uma Loura, o conto "O cego e a dançarina", de João Gilberto Noll, se atém à dinâmica do olhar e do movimento como dado central da escrita de ficção.

Os pontos de encontro e de confronto entre o cinema e o referencial literário, entre autoria e produção, tal como operam as imagens de *O desprezo*, têm sua atualidade narrativa nesse livro de contos, que é bem uma espécie de marco da ficção brasileira contemporânea, *O cego e a dançarina* (1980), se não for o caso de se dizer que a coletânea é reveladora da contemporaneidade no campo da narrativa nacional, afinada que está com um momento de passagem na história – a preparação da chamada "abertura democrática" na conjuntura ditatorial brasileira. O livro traz um sentido de revisão da história recente e, também, de prospecção, dentro de uma ótica nada linear.

Ao mesmo tempo em que Noll revisita situações ficcionais, figuras e signos que povoaram a literatura da época ditatorial, ele sinaliza para uma hiper-inscrição de discursos e imagens reconhecíveis na história e na cultura, já muito distante do caráter de reportagem-denúncia e de testemunho presentes nos narradores típicos dos anos de 1970. Não se abstém, em seus relatos, de uma referencialidade contínua, capaz de plasmar uma estética passível de ser reconhecida como tipificante da "pós-modernidade" (um procedimento, aliás, desbravado duas décadas antes por José Agrippino de Paula, um autor surgido em sincronia com a instauração do cinema godardiano. Em *Panamérica Epopéia*, de 1967, já despontava outra loura, nomeadamente, Marylin Monroe). Mas, para além dos possíveis estilos e práticas já imobilizados dentro de uma categoria a partir da datação *post*, os contos do escritor gaúcho possibilitam um foco múltiplo sobre um momento de transformação – a história recente, não só do Brasil, em sua (des)continuidade do sentido de *história*, remontando a problemáticas que se configuram dentro do mapa proposto pelas teorias do *contemporâneo*.

A alta taxa referencial, crítico-paródica, das ficções e dos enunciados da história propicia o ingresso numa órbita realmente nova de ficcionalidade, a começar do primeiro conto "Alguma coisa urgentemente", que se modela na figura de um pai, um militante envolvido na *luta armada*. Em agonia, esse pai heroico, histórico, não consegue ultrapassar o silêncio sobre sua atividade política, deixando de favorecer, com isso, a transmissão do conhecimento ao filho sobre os impasses políticos na vida cotidiana e suas possíveis transformações. O projeto paterno, além de não vingar, pesa sobre o filho como uma razão inabordável, a denunciar a má consciência sobre a sua posição ideológica, observável na postura impositiva de uma atuação que se resguarda como segredo. Ao filho é legada tão-somente a iminência de um ato sem programa, sublinhado pelo imperativo *alguma coisa urgentemente*. É quando o pai agoniza, sem que seja revelado por que morre, sendo transferida ao filho unicamente a convivência com tal crise da ação/revolução no *instante*.

É no tempo de agora que o livro de Noll constrói sua primeira fábula. Tempo de passagem sob os signos de finitude de certa ideia de história, agônica que é, em *O cego e a dançarina*. A narrativa como origem (segredo paterno, crise da anterioridade e exemplaridade da palavra) comparece em "Alguma coisa urgentemente", traçando, por sua vez, uma experiência com o tempo-limite da forma *conto*, no cume do ato, de uma transição flagrada como crítica e criação das formas de narração e testemunho do tempo.

O interessante é que, em seu primeiro livro de contos, Noll repensa a História no mesmo plano em que se indaga sobre o poder testemunhal da palavra e da ação *agora*, no momento do ato fabulativo, compreendendo uma moral das imagens, uma ressignificação conceitual da literatura. Isso requer que o estatuto do ficcional se reconfigure, ao voltar-se para os extremos de uma ação/atuação, não se limitando mais à primazia dos eventos reais, históricos, a serem recriados na pauta da narração.

> [...] sinto que dedilho na máquina não as teclas, mas palavras insuspeitadas até ali, coisa que se parece mais com a música do que com a comunicação verbal, e tanto isso é verdade que muitas vezes tenho a sensação nítida de estar dizendo em andantino, em presto, em adágio. Por isso de uns tempos para cá o cinema tem me seduzido tanto, pois ele não seria uma espécie de pele naturalista sem vôos musicais (embora tantos filmes neguem isso)? Queria olhar e registrar com uma câmera a mulher que dança e o adolescente que vê... (Noll, 1980, p. 133)

O narrador trava, em torno da Loura, objeto fugidio de seu desejo, a mesma busca que incita o adolescente, entre a visão e a cegueira, diante da dançarina. Alternando a reflexão sobre o conto que está sendo construído e a ação na qual participa como personagem, o narrador de "O cego e a dançarina" está em causa e em cena. Tal problematização se dá, simultaneamente, à presença de um dispositivo musical-cinematográfico instalado no cerne das ficções breves do autor. Como será constante nos romances escritos por Noll, *O cego e a dançarina* situa, concentradamente no conto homônimo, uma poética da narrativa que se vale dos códigos das outras artes – como se dá com o ritmo da música, pensado pelo escritor como favorável à criação de atritos, de andamentos desatrelados da sequência ordenada, historicizante, da ficção novelesca (é o que ele teoriza no breve ensaio "Ritmo", produzido para a *Folha de S. Paulo*). É, certamente, o que sucede com o cinema, entendido por Noll como uma esfera extensiva à produção de narrativas.

> A Loura continua sacudindo os cabelos ao sol da varanda, e o cisne de cimento quase alçando vôo sobre a pedra de um laguinho artificial e seco parece admirar a Loura que já começava a escovar lentamente os longos cabelos. Ela me vê e pensa que sorri. Não disse no começo que precisaria abdicar das palavras em pássaros para queeu pudesse relatar um fato cruento? Pois bem: ele aconteceu nesse momento em que a Loura me vê e pensa que sorri, sinto uma explosão abrupta de frio úmido nas costas, trago a mão para trás e apalpo uma gosma repelente que agora vejo ser vermelha e escura. (Noll, 1980, p. 135)

No momento em que se libera de uma postura unilateral em relação à história e reavalia a narrativa, a sociedade, a paternidade e a origem, o contista de *O cego e a dançarina* investe naquela imediaticidade procurada por Lang e Godard entre viver, narrar e filmar. Um empenho de escrita, não apenas capaz de retomar os *fatos cruentos*, a que se referem o conto-título (a violência cotidiana, a miséria crônica brasileira), muito longe de um efeito reprodutivo. Cria, também, atos, especulações ficcionais a partir de um núcleo básico: um personagem ou voz narrativa em movimento, em deambulação. Daí a recorrência, da parte de Noll, ao poder de apresentação do cinema, como um plano muito frequente: uma trilha/estrada que põe em estudo o narrativo e seu atuante/personagem. A ficção é flagrada, seja na brevidade do conto ou do romance cada vez mais minimizado, em atenção concentrada sobre a ação (sua moral, seus impasses, seu gesto não repetível, não reprodutível como uma fórmula, um simples *plot*). Ação que dura o tempo da sondagem de um personagem em caminhada, não se alinhando ao roteiro homérico (fundante da tradição novelesca ocidental), mas tendente à provocação de uma moralidade cruzada, hiper-referencializada, lançada sempre à dimensão da busca.

Le Mépris encerra sua tragédia, no momento em que a nova *Odisseia* se mostra em processo, registrando, num plano único, Ulisses, de retorno à terra natal, como um lugar de celebração e aventura por vir. É o que anuncia o final do filme: um mar aberto, em toda a extensão da tela do cinema, fora, entretanto, do périplo já formado, histórico, civilizacional.

Sejam no cinema de Godard, sejam nas formas breves de ficção (o conto e o romance, em Noll, com a exceção do texto-fluxo que é *A fúria do corpo*), imagem e palavra instalam um novo corte a partir de "renarrações" (como diria Benjamin). Existe entre os relatos de *origem* e as imagens do instante, um ato remapeador da história e da cultura que investe no risco de uma concepção sobre o tempo presente: uma questão urgente de vida e arte, "agora mesmo", ao alcance dos corpos – à altura do plano em que se descerra a pele naturalista da Loura/Bardot. Visível e vital, uma questão da vida da arte é lançada como um dado emergente, pós-épico, dotado de uma sinuosa moral.

BANDE À PART
LE ROMAN INACHEVÉ
DER STIMMENIMITATOR

Em *Bando à parte* (1964), "tudo o que se diz é citação", como escreveu Thomas Bernhard em *Caminhar*. Ou melhor, a narratividade do filme se desencadeia como uma moral fabulativa favorável à descoberta, à liberdade de seus protagonistas, quanto mais superpõe à ação a anterioridade de textos, imagens e vozes da cultura. Nesse ponto, o filme difere de *O desprezo* por não fazer uso do espaço do espetáculo cinematográfico e de um círculo de leituras e narrações literárias de modo a instaurar um contraponto próprio. Tudo é *fake* desde o início. De volta a uma produção de orçamento baixo, o diretor parece pôr em movimento um resto de filme *noir*, como se já reciclasse o automóvel de *Acossado* e a itinerância, antes perseguida por Michel Poiccard, dessa vez com três *outsiders* (lembrando-se aqui o título ganho nos Estados Unidos, *Band of Outsiders*). Tudo é *imitação de vozes*, para dizer, de novo, com Bernhard.

Da voz *off* de um narrador, operada como um *efeito de romance*, até a leitura de um poema de Aragon, feita, também em *off*, por Odile (Anna Karina), *Bande à part* orquestra vocalizações diversas. Mesmo se seus personagens soam como títeres desprovidos de psicologia, estes são guiados, no entanto, pela vontade de atuar, por rompantes de corpo, saltos, danças. Godard já se coloca a questão de ter criado uma narratividade não exclusiva apenas ao plano do cinema. A voz cria uma coextensão de repertórios, de ressonâncias organizadas numa *dicção*. O que pode narrar um projeto fílmico de ficção que se funda, ao mesmo tempo, por uma alta taxa de referencialidade?

O diretor joga com as muitas variantes de uma possível "questão" e está sempre a fazer uma espécie de mapa do *estado dos signos no tempo* (como diz Foucault em "Linguagem e literatura"), sempre retraçado, relançado, de um filme a outro. Além de produzir um comentário sobre o projeto que está sendo rodado, realiza uma reportagem, quando não um ensaio sobre o fazer cinema como linguagem, arte e técnica, sob o crivo de uma interminável reconfiguração da ideia e do ato fílmicos.

Seu sétimo longa-metragem incorpora a narratividade como jogo. O tempo inteiro, os personagens propõem pequenas charadas, "questões" e, também, anedotas, mentiras, provas. Testam, entre si, seus limites, sua capacidade de mutação, enfrentando os contornos impalpáveis de seres fictivos, discursivos, ante as possibilidades da amizade, do amor, do crime e da morte. Serge Toubiana (1990, p. 115) foi no ponto, ao sublinhar "um golpe a ser feito/um filme a ser feito", como revelador da dinâmica de *Bande à part*.

Em sincronia com a literatura contemporânea (caso de autores como Barthelme e Noll), o filme em pauta aposta na ficcionalidade desentranhada dos ditames da palavra e da prosa, favorecendo os *atritos com o instante* (em acordo com Noll) e a moral breve acerca de um universo preexistente de signos. Entre essas experiências se incluem aquelas referentes às muitas instâncias do *narrativo*, consideradas para além do espaço literário (tal como sucede com *O imitador de vozes*, coletânea de microficções publicadas por Thomas Bernhard em 1978).

A fala não surge como uma simples emissão de pessoalidade. Entre os impulsos, as pulsões e os códigos culturais, os agentes/atuantes de *Bande à part* participam de sequências liberadoras dos pesos da identidade e da antecedência de um significado sobre seus gestos, suas falas. Em consonância com as construções ficcionais em tempo breve criadas por Bernhard, sempre engendradas para o exame de uma lógica conjugável com atitudes extremas, desregradas, os personagens brincam e se arriscam a partir do que pode ser esboçado como seus "perfis psicológicos", sempre submetidos a funções e suas consequentes disfunções – a *jeune fille*, educada em língua e literatura inglesas, é, também, integrante de um bando criminal, ao mesmo tempo em que se mostra como uma mulher em busca de companhia e expansão (Odile está o tempo inteiro a fingir-se, entre o modelo de boa-moça fiel à Madame e o chamado à aventura).

O mesmo ocorre com a história curta pelas mãos de Bernhard. Mostra-se inteligível como uma combinatória de prosa protocolar (uma tradição que vem de Kafka no estilo e no corte fragmentário de muitas de suas microficções), de ensaio, de *fait-divers*, de diferentes discursos e registros verbais/não verbais articulados à maneira de espetáculos burlescos com suas "tiradas" e contínuas "mascaradas". Todos esses "pequenos" textos tocam na *provocação* (usando-se aqui o subtítulo de seu romance *Árvores abatidas*) que é o jogo paralógico da "imaginação literária", funcionando como uma discussão à volta da moral, do sentido da ficção, a partir da inexistência de uma *voz original*.

> E de fato o imitador de vozes imitou na Kahlenberg vozes inteiramente diferentes daquelas apresentadas na Sociedade Cirúrgica, algumas mais, outras menos famosas. Pudemos inclusive fazer pedidos, aos quais o imitador de vozes atendeu com a maior solicitude. Quando, porém, no final, sugerimos que imitasse sua própria voz, ele disse que aquilo não sabia fazer. (Bernhard, 2009, p. 11-12)

A moral do imitador é tirar força dessa não voz original ou de sua disponibilidade para a incorporação das vozes sempre alheias, incansavelmente repertoriadas e dubladas em seu próprio espetáculo de ficcionalização. Imitar comparece como o ato de dobrar/dublar, dar legenda e corpo a uma incompletude central de ser (tal qual a voz de outro). Falar: pôr-se na cena da palavra e de seu imitador.

Incursionar na dimensão vocal do cinema, não compreendida como ilustrativa – e complementar da imagem –, eis o que aponta o cinema para Godard como realizador, e como um dado a mais, que se conjuga, cria o enquadramento da emissão verbal, sempre em recomposição, em montagem. Em imitação explícita de suas fontes, de seus focos de referência.

No compasso crítico e mediático da voz e da moral narrativas, a vertente do conto tomada a partir de Kafka (caso de Bernhard), ao longo do século XX, vem desatrelando o plano verbal de um nível imparcial e indistinto de discursividade, de modo a tornar parte essencial da ficção os estratos enunciativos. Tais textos lidam com uma cultura logocêntrica, orientada sempre à autoexposição como parte não destrinchável dos corpos estranhos, exorbitantes, formados em coletâneas como *Um médico rural* e *O imitador de vozes*.

O eixo da ficção passa a ser esse destronamento da voz central (ponto de vista narrativo). É o que se observa tanto nos "romances" minimizados de Bernhard – de uma forma muito próxima de Noll e do que entende Blanchot como *narrativa*, em detrimento do modelo romanesco – quanto nos contos, elaborados como uma câmara de experimentação da lógica modal, moral, do *raconto* em tempo breve.

Tudo se dá em atenção à dinâmica do instante, fundamental ao gênero conto e ao cinema não administrativo construído por Godard de um a outro filme. O autoexame do narrar não se faz sem o engendramento de um flagrante de ação sempre mobilizador. Compõe um verdadeiro *spatium* de circulação de signos do narrativo e que fazem a força do paradoxo, da aporia dos heróis híbridos de fala e corpos divergentes.

> Odile quer e não quer o roubo na casa de Madame, onde trabalha. Aparentemente, Madame morre, ao se asfixiar dentro de um guarda-roupa durante o assalto do trio. No caminho da fuga, Arthur retorna à cena do crime, para checar se Madame está mesmo morta, mas é ele quem acaba morrendo. (Diz a voz narradora, em off: 'Como o herói de um épico, ele teve um presságio terrificante')

A ficção revela ser menos *imitação* do que *methexis*, dizendo respeito (como pensa o filósofo Jean-Luc Nancy) ao saber da forma, à linguagem de excesso ou de adequação a um estilo, e não a uma ideia de real (coisa ou objeto), tornada visível pela palavra recriadora, literária (Nancy, 2003, p. 25). *Falar não é ver*, diz um ensaio escrito de modo dialógico por Blanchot, integrante do título essencial que é *L'entretien infini*. Falar não é encontrar um arremedo da voz original a se projetar como imagem de *si*. Nesse sentido, Godard encontra sincronia com a linguagem impura do cinema, eminentemente híbrida: quanto mais flagrante e documentada a partir do que se entende como real.

A ficção materializa um campo de forças, uma rede de componentes verbais e visuais. Cada vez mais, desapropria a imitação, quanto mais se dá por escrito. Ou melhor, se *exscreve* (seguindo-se Nancy, em *Exscription*). "*To be or not tou be contre votre poitrine it iz ze question*" (lê-se na folha de papel assinada por Arthur, durante seu curso de inglês, que é, também, ponto de encontro amoroso e de reunião criminal).

Não à toa, a aula, em *Bande à part*, apresenta-se como o lugar onde o bando malcomportado se forma; lugar de aprendizado da escrita e da voz. Didatismo e destruição.

Didatismo para melhor operar a detonação da lógica corrente, cumulativa de atitudes conduzidas a um sentido primicial ou finalista. Ou a destituição da sucessividade imitativa da ação (imperativo de uma razão *por demais* humana distribuída no tempo). "Nosso espetáculo" recita o texto da professora em função expositiva. O aluno contrarrepete: "Como se diz, em inglês, um grande filme de um bilhão de dólares?"

"Novecentas e noventa e oito vezes", penúltimo conto da coletânea de Bernhard, traça, no limiar de uma escola – sobre a ponte de Floridsdorf –, a prática infratora de um estudante. Tomado por uma "fobia incalculável da escola", o jovem aluno se extenua, numa operação matemática feita sob o andamento de seus passos, sem nunca encaminhar-se à sala de aula.

> Para tentar esquecer o medo, pusera-se a contar os passos daquele seu vaivém pela ponte de Floridsdorf, mas acabara desistindo da contagem, que ultrapassara suas forças. Contudo, havia pelo menos conseguido contar e guardar quantas vezes atravessara a ponte em uma e, também, na outra direção. Exatas novecentas e noventa e oito vezes. Os pais foram buscar o rapaz de dezesseis anos, que, esgotado, tinha sido conduzido por funcionários até um posto policial no Am Spitz, bem no centro de Floridsdorf. O que será dele, não é possível dizer. (Bernhard, 2009, p. 157)

Por meio da *hiper-repetição* – tal como Marjorie Perloff estuda as criações do autor austríaco, no livro em que relaciona a filosofia de Wittgenstein com a literatura e as outras artes, desde a modernidade (*A escada de Wittgenstein*) –, o escritor efetua uma espécie de lógica paroxística a contar do cerne de conceituação e concisão, fundamental às formas curtas. Como se dá em seus textos mais longos, em suas *narrativas,* Bernhard recorre a um entrecho básico de ação, de modo a produzir variações que se estendem até gerar a repetição dessa célula em que disseca, de modo exaustivo, o impasse do acontecimento gerador e expansivo da ficção. Tal como ocorre com o desejo de destruição do comedimento intelectual, da atividade artística conformada a círculos culturais, em *Árvores abatidas;* a dissolução do pacto e do *pathos* familiares, em *Extinção.*

Situando-se entre a linguagem que descreve e a ação que se apresenta, a narração exterioriza seus componentes como um questionamento sem fim, sem solução, sobre os atos obsedantes e impensados dos personagens e de suas vozes nem sempre sincrônicas. Confrontados com tribunais, teatros, museus, escolas, com os códigos jornalísticos (nos quais se formalizam as seções criminais cotidianas) e aqueles claramente literários, os agentes da fábula performam ações desconcertantes, violentas, ao mesmo tempo em que se enredam nos limiares discursivos da ficcionalidade que os torna legíveis.

Em "A preocupação do pai de família", de Kafka, Odradek (entidade indeterminável, sempre no *limiar* das casas familiares) já podia fornecer o antimodelo antropomórfico de personagem, abalando, assim, a organização e o futuro de um pai/narrador desafiado em sua obstinada preservação da continuidade de ser e narrar. É nesse veio que a contística de Bernhard se alinha, indiciando outro corte, outra história das formas curtas, quando se pensa no diálogo de Godard com as matrizes do gênero, caso de Edgar Poe, em *Viver a vida.*

Se ensinar é repetir (seleção exemplar para fins didáticos de fixação de uma matéria), *hiper-repetir* se apresenta como a atividade de citar e situar, liberando o conhecimento e o acontecimento essenciais às formas curtas, fragmentárias, dispostas em novas espécies de livro, em outras práticas de escrita e aprendizagem. Não surpreende que Odradek, em sua iterativa permanência pelo inacabamento – figura compósita de retrós de linha e réstia humana – seja o paradigma de uma prática entendida por Enrique Vila-Matas como *literatura portátil* – extensiva ao domínio das artes plásticas e da filosofia –, assinalada que é pelo nomadismo de *ação* e *sentido* em relação a um modelo fixo, por obra de um saber próprio ao dínamo de instantaneidade e disjunção que é o conto, depois de Kafka.

O tipo de narratividade operado pela coletânea kafkiana *Um médico rural* e por *O imitador de vozes* conflui com a declarada literariedade de um cinema não romanesco por parte de Godard. O diretor lida com o fragmento, a incisão aforismática das formas curtas, a citação-situação. Tanto é assim que a rememoração de um poema-canção de Aragon, bem exemplificado no livro-título de um novo gênero – *O romance inacabado* (1956) –, interrompe o ritmo do *projeto de ação* do *bando à parte* para dar conta de um breve instante de contemplação no metrô.

Os versos característicos de uma *poética do cotidiano* plasmada no decorrer das guerras do século, nas quais Aragon militou, abrindo um *front* contíguo ao da escrita, são recitados e cantados por Odile dentro de um vagão de metrô, inscrevendo-se, assim, outra forma de narrativa (uma espécie de *clip* de poesia) no interior do filme, traçada em sincronia com os corpos dos passageiros, dos passantes urbanos. Godard redimensiona essa sequência quando pensa o presente em *Elogio do amor* (2001) e se atenta para a inexistência de um conhecimento revelador do instante que passa dentro da multidão. A volta a Poe aqui se torna nítida, como se fosse registrada uma história secreta, no *subway* – uma história plural das artes que só o cinema pudesse contar/montar no espaço urbano a partir do referencial desenhado pelo autor de "O homem da multidão". Uma história das formas curtas, em movimento descontínuo, portáteis como um novo livro e uma imagem dotada de voz e canto, sem que soe como uma operação dual de causa-efeito entre o que se vê e o que se ouve, puramente remissiva ao que se chama *cinema*.

CITAÇÃO-SITUAÇÃO

Feito de fragmentos de ficções e dicções, *Bando à parte* encontra, de modo sempre surpreendente, sua vitalidade, perceptível na constante entrega à ação dos personagens (mesmo com o fim do trio e do projeto criminal do bando), por meio de um verdadeiro corpo a corpo com a cultura e seus focos de discursividade. Isso ocorre por meio da minorização, da miniaturização do narrativo em jogos, charadas, aforismos, poemas-*clips*-portáteis, em interrupção do fio contínuo de um *thriller* (a ponto de silenciar a trilha sonora do filme, numa sequência).

Assim, efetiva-se um modo investigativo, sempre *em partida, em viagem*,[3] de fazer arte. Como se o cinema recompusesse sua própria imagem por meio da reiteração/hiper-repetição da fala (do tom didático da aula ao ritmo da *performance* poética) tão típica de Godard, desde sempre e mais do que nunca, agora, a partir de modulações da voz. *Imitações* (como aquelas feitas a partir do tema de *Parapluies de Cherbourg*, de Jacques Demy), *citações* realizadas como *situações* de som e palavra não integradas a imagens reiteradoras, duplicadoras da vida imediata (tudo o que se oferece como *visão* numa sala de projeção).

ALPHAVILLE
THE BIG SLEEP
CAPITALE DE LA DOULEUR
OTRAS INQUISICIONES
THE INTUITIONIST

A citação não comparece como um simples *referendum*, como uma avalização artístico-cultural das imagens que se sucedem na filmografia godardiana. Ao contrário, virtualiza um campo, um *corpus* de possibilidades criativas, como se vê em *Alphaville* (1965), tendo como ponto de partida um gênero de interesse comum à literatura e ao cinema, caso da *ficção científica*, que é tomada por Godard como uma grande e heterogênea citação, plena de dados conceituais e recursos estéticos os mais variados.

3. Não se pode esquecer, em *Árvores abatidas*, a autonegação final, a liberação do movimento do iconoclasta narrador, assentado na casa burguesa da arte, em Áustria. O personagem se liberta do prisma unilateralmente negativo, adotado ao longo da narrativa, debandando-se pela Viena da madrugada (celebração de outros corpo e cidade).

Antes de tudo, é do interesse do diretor especular sobre imagens e ficções do *futuro* – um tempo posterior, indeterminado, mas desentranhado das tensões do presente e do repertório técnico/tecnológico em vigor, como pode se observar em muitas das ficções de *antecipação* legadas por livros e filmes. O mais importante, em *Alphaville*, mostra-se como a elaboração de uma *sci-fi* a partir de uma produção pequena, que descarta efeitos e adereços, concentrada no ingresso à imaginação *progressiva*, potencializado no tempo de agora. Tem razão Joel Magny (1990, p. 117), quando considera esse filme ser "perdido no cosmos" (tal como *Week-End* se autoconcebe, por meio de uma legenda, um subtítulo) uma "ficção científica, quer dizer, um filme impensável hoje, mas que existe por ter sido produzido antes. Uma outra definição de ficção científica."

A força de *Alphaville* não se imprime por forjar um *efeito de futuro*. Isso é visível desde sua abertura, quando apresenta o investigador Lemmy Caution, chegando à cidade galáctica, dentro de uma indumentária *noir*. Caution surge como um herói aderente a um filme antecipatório, ao empreender uma missão exploratória no tempo, como se aguarda rotineiramente nas plateias devotadas a tal gênero, mas situa-se como um corpo estranho, deslocado, claramente endereçável à vida presente. Desse modo, observam-se as presenças paralelas de elementos extraídos da vida e da cultura modernas (como, por exemplo, a silhueta de *private-eye* traçada em torno de Caution) e de outros projetados numa ambiência futurista.

A leitura de *O sono eterno* (1939), de Raymond Chandler, feita pelo detetive durante sua estada em Alphaville, dá a pista de uma investigação inspirada em Philipp Marlowe, que penetra nos meandros de um crime, realçando tudo o que não consta de uma ocorrência de rotina e concebe hipóteses lançadas em desdobramentos incessantes, em contínuo ocultamento (assassinato/sombra/*sono profundo*) dos motivos da infração mais imediata. Só assim pode ser considerada qualquer conclusão, melhor entendida como *explanação* de dados narrativos, *incursão* pela rede composta por família, sexualidade e poder político-econômico, em formulação crescente, dissolvendo sua provável resolução pela simples pauta policial.

É por isso que muitos críticos contemporâneos definem Marlowe como um *herói cognitivo* – tal como frisa Kristin Ross (1992) –, em vez de seu perfil ser delineado como moralizante, incólume ao contágio da corrupção dos subpoderes legitimados na esfera do crime mais simples. Sua integridade de personagem alude menos a um plano prévio de caracterização modal de investigador do que sua adesão a uma multiplicidade de variantes, por meio das quais é formado, em sua observação simultaneamente imparcial e vertiginosa de probabilidades/potencialidades.

A Godard importa o romance policial moderno como molde de um percurso no tempo e no espaço – uma cidade denominada Alphaville, situada a 9.000 km da luz, sob o controle central de Alpha 60, máquina/cérebro/voz de um complexo arquitetônico, civilizacional, que o detetive cartografa, munido de um revólver e de uma máquina fotográfica "ultrapassada", segundo os habitantes da cidade-galáxia Alpha. Misto de agente secreto e repórter de um "jornal de informações", o *Fígaro Pravda* (fusão paródica dos dois blocos geopolíticos ocidentais, no período da Guerra Fria), Lemmy Caution atende a um interesse de mescla. É o que se observa na combinação feita entre memória do cinema – o gênero *noir*; a *sci-fi*; o expressionismo e o futurismo das metrópoles trabalhados por Lang; a recorrência ao vampirismo do clássico de Murnau, *Nosferatu*, atribuível às operações do Dr. Von Braun; o universo da planificação e da paranoia, colhido em *O processo*, de Welles – e *atualidades* (projeto documental cumprido em *História(s) do cinema* e, de um modo polivalente, em seus filmes de *ficção*). A existência do Museu Cinerama de Alphaville revela o arquivamento de qualquer *revival* e das infindáveis atualizações das "jornadas nas estrelas".

Godard mantém-se na iminência de um cinema em experimentação a partir dos repertórios de imagens e narrativas já registrados sobre o passado e sobre o que-está-por-vir. Evita-se, em *Alphaville*, a constituição de uma trama e tese originais, de uma visão prospectiva, pois essa dimensão se articula, para o cineasta, como captação dos signos e dos sinais em emergência, numa temporalidade cruzada, jamais tomada de modo absoluto, totalizador, no erguimento de uma projeção/antecipação. Como será mais tarde expresso em *Elogio do Amor*, inexiste um conhecimento da vida presente, feito à dimensão de suas potencialidades. Esse parece ser o sentido da ida a Alphaville, uma vez que a respeito das imagens do futuro só pode se esquadrinhar a interseção de pontos dispostos ao infinito de uma virtualidade simultânea ao *atual* – de acordo com Deleuze (1996).

Alphaville – Operação de ida e volta. Não por outra razão, a poesia, exemplificada pela leitura de *Capital da Dor* (1926), de Éluard, mostra ser a prova, a materialização de Lemmy Caution como detetive. Por meio do reaprendizado da palavra e da memória, a contar do livro – outro livro lido, mostrado através da capa, por fora (como acontecia de modo iterativo com *O sono eterno*) e, também, por dentro –, o personagem realiza sua missão intergaláctica. A câmera se fixa no corpo do poema "Nudez da verdade" e vai extraindo, a partir dos versos do texto, uma série de outros, integrantes de *Capital da dor*. Traçam-se coordenadas de recitação e memorização, capazes de atualizar a existência de Natacha Von Braun (objeto do desejo de Caution) para além do padrão hegemônico contido nos códigos funcionais estocados por Alpha 60, cérebro eletrônico da Cidade-Central de Informações.

A inserção da voz poética engrena o movimento da parte final do filme. As emissões monolíticas de Alpha 60 passam a ser contrapostas às leituras do livro de Éluard e às ações da dupla Lemmy-Natacha daí desencadeadas. A literatura revitaliza, redimensiona os corpos (e o *corpus*) dos agentes da ficção-científica. É como se a poética do cotidiano, disposta em *Capital da dor* à maneira de uma aprendizagem dos afetos e da história, numa época devastada pela lógica imperial, intransitiva, do século das guerras (o livro foi editado em 1926), gerasse, em *Alphaville*, a dinâmica da imaginação imediata, a libertação dos potenciais, das potências, no encontro dos indivíduos com seu tempo, com seu momento.

O autor de *Capital da dor* traz em seu percurso as forças novas, as dicções criadoras de arte e do homem no século anunciadamente moderno (Éluard sempre se encontrou em diálogo com as vanguardas estéticas e políticas), assim como o desencanto político e o impasse na produção de uma poesia intimamente relacionada com a história em seus rumos nada lineares. "O desespero não tem asas,/O amor não mais (...) Mas sou tão vivo quanto meu amor e meu desespero" (Éluard, 1966, p. 72), afirma "Nudez da verdade". A retração do horizonte utópico já testemunhada pelos versos de Éluard, na primeira metade do século XX, não fragiliza o poder que a construção contraditória da poesia mantém, concebida como livre enunciação, linguagem ritmada, pensada e imantada por imagens que se disseminam por meio do *canto* da própria linguagem em celebração (e não da voz de um autor), como base da existência cotidiana (de acordo com a análise feita por Mandiargues acerca de Éluard) em todas as suas declinações problemáticas, combativas.

Éluard comparece como exemplo de poeta para o cineasta, no momento em que promove sua "jornada pelo futuro", já atestando, na abertura do filme, a perda da oralidade em uma civilização "por demais" complexa, regulada pela voz disciplinadora, unidimensional, de Alpha 60. O diretor faz ressoar a dicção da poesia em seu filme, em sincronia com o plano de livre enunciação trazido por essa arte que tem a linguagem implicada em ritmo, em voz (*afflatus*). Isso se dá por força da intervenção do instante, da diferença (evidenciável de um a outro ciclo de poemas), modulada em *Capital da dor* como a própria suma de Éluard, uma trajetória da escrita enquanto formação pela história de uma época, em total desajuste com a planificação de um controle sobre o tempo, da maneira como estabiliza a sociedade de *Alphaville*.

A contar de seu filme prospectivo – o que poderia conduzir à exploração de imagens ainda "não vistas" –, o diretor, curiosamente, dá maior consistência a um cinema, também, produzido por palavras e sons: da entonação monovalente de Alpha 60, distorcida em sua autorreferencialidade maquinal, ao narrador Godard, sob efeito de uma voz espectral (*post-mortem* e depois da "morte da história"), em *História(s) do cinema*. Imagens em movimento de *tonus*, dicções em estado de visionarismo.

ALPHA 60 – O QUE TRANSFORMA A NOITE EM LUZ? LEMMY CAUTION – A POESIA

Em *Alphaville*, o cinema-poesia, segundo Godard, adquire um contorno mais nítido para além das circunstâncias que envolveram o debate entre *cinema de poesia* e *cinema de prosa*, nos anos de 1960, em torno das teorias de Pasolini e de Rohmer. A contar dos versos repertoriados pelo diretor (aos quais se unem alguns fragmentos de Borges, quando da passagem de Caution pelos labirintos da engrenagem maquinal da Cidade), é criada uma verdadeira ambiência poética – conjugação de enunciações a circuito de imagem.

Conduzido por uma noção mais próxima do ritmo ou do que chamará posteriormente de *música das imagens*, esse cinema não absorve a crença na cultura imagética contemporânea operando apenas a reprodução, a enfatização de um estado espetacular das coisas, em expansão até os domínios de Alpha 60. Godard parece frisar o fato de que qualquer prospecção no campo da visualidade não se faz sem a incursão pelo plano verbal, pelo *logos* da onipresença informática, apropriado por um sistema monovalente e central. Som/palavra são inseridos, decupados e tornados partes indissociáveis da *máquina semiótica* (usando-se aqui o termo empregado por Félix Guattari em *Caosmose*) que é o cinema. Uma criação mais próxima de uma *heteroglossia*, estudada por Donna Haraway no seu já clássico manifesto-*cyborg* (1980), do que uma cultura ou culto à conquista de uma especificidade técnica na projeção de imagens (das telas aos microvisores).

É justamente esse transcurso entremeado de fontes diferentes de vozes – o plano da reportagem/aventura em Alphaville, enunciada em *off* por Caution; as emissões pontuais de Alpha 60 e os *inserts* poemáticos – que efetivam o *transporte*, a passagem pelas imagens-luz da distante galáxia (o futuro). As imagens são um composto que descentraliza sua imediata fixação figurativa. O filme não deixa de ser montado em todo o tempo de sua sucessão fotogramática, sinalizando a contiguidade de outros signos (visuais/não visuais), dados como circuitos integrantes de cada plano (sequências, em diferentes velocidades recortam, refratam, fractam a imagem).

Pode-se evidenciar nas versões *cut-ups* de ficção científica realizadas por Burroughs – mais precisamente *The Ticket that Exploded* e *Nova Express* –, essa mesma disposição investigativa em torno dos recursos informáticos e imagéticos viabilizados pela tecnologia. A literatura parece abrir aqui, como num contraponto aos filmes de Godard, o veio da *imaginação visiva* – pensada como uma das propostas-chave sobre o novo milênio por Italo Calvino (1990). As experiências entre palavra e imagem são praticadas como liberação do código linguístico e, também, como disjunção extrema, orientada para uma redistribuição dos usos correntes da literatura, da ideia de livro, assim como dos diversos registros discursivos e dos códigos monopolizadores da cultura visual, onipresentes no território norte-americano, antes mesmo de qualquer acesso à "leitura".

Deleuze prefere conceituar as criações de Burroughs como *pick-ups*. Pois não se trata exclusivamente de um recorte (*cut-up*), de uma pura dissociação do narrativo em proveito do aleatório e da indeterminação. Especialmente quando se nota que o escritor se apropria das máquinas em diferentes níveis, em busca não apenas de uma desmontagem, mas da formação de uma nova razão extensiva "*às constelações de universos referenciais incorpóreos cujas combinatórias e criatividade são infinitas*" (Guattari, 1992, p. 53). Abertura do campo conexional ou o que chamam o filósofo e o esquizoanalista de *consistência diagramática* da *máquina abstrata*, para além dos desempenhos funcionais, operacionais, na relação entre a escrita e a rede de dados configurada pelas tecnoesferas.

O lastro deixado pelos experimentos de Burroughs no contexto da literatura norte-americana mais recente se evidencia nos desbravamentos do *cyberspace*, tal como pratica William Gibson, o autor do exponencial *Neuromancer* (1984). As "conquistas espaciais" possibilitadas pelas ficções de Burroughs, por meio da teia informacional construída pelos procedimentos *pick-ups* da narração, desenham-se em Gibson como um plano nocional autônomo. Este já se situa numa era ultratecnológica, que instala seus próprios códices de ficcionalidade a investigadores/cosmonautas como Case, em *Neuromancer*, um duplo de *cowboy* e replicante, procedente de vários livros e filmes – como o detetive/repórter/agente secreto Lemmy Caution – mesclados com a *imaginação progressiva*, típica do século passado.

Por um lado, o universo que se descortina nas *cyberficções* de Gibson contempla, como estuda David Tomas (*in* Benedikt, 1994, p. 41), "mediações entre o humano e o pós-humano, entre espaços analógicos e digitais". Tudo sugere não apenas a existência de uma "cultura paralela convencional", mas "um operador metasocial original, inventivo e com um potencial criativo".

Observa-se, contudo, a delimitação de imagens do *pós-mundo* no âmbito de uma ficção científica, com suas nomenclaturas e noções particulares, endereçadas a épocas imaginadas com suas máquinas de visão e expressão. Assim, os relatos de Gibson são constituídos no interior de um conceito/constructo circunscrito enquanto gênero e articulação discursiva, a despeito de propiciarem, muitas vezes, uma verdadeira *poiesis* das mediações entre os corpos e o cosmo infológico. Por isso mesmo chamam a atenção os desdobramentos de tal sintonia (e sinfonia) conectiva com os espaços da narrativa, em romances como *A intuicionista* (1999), de Colson Whitehead.

No romance de estreia de Whitehead, o *transporte vertical* oferecido por uma corporação de elevadores redimensiona as projeções de espaço e tempo, de modo a ser criado um universo fronteiriço, "paralelo", sem que se determine uma época precisa, não havendo a menor menção a uma ficção do futuro. A *sci-fi* se descaracteriza pela via de uma trajetória inusitada, extraída de um maquinismo *old wave* (sitiado e sedentário) como o dos elevadores. O que favorece a ficcionalização no fulcro de uma temporalidade virtual-real, feita no decorrer de uma investigação/inspeção, plena da voltagem cartográfica observável em detetives como Marlowe, Case e Lemmy Caution, dessa vez sob o andamento de uma *elevator agent*, uma mulher negra chamada Lila Mae Watson.

Como é expresso desde o início de *A intuicionista*, a dimensão do desastre com a qual Lila Mae se defronta a induz "aos intrínsecos circuitos da inspeção" (Whitehead, 2001, p. 21). A simples dicotomia entre os operadores integrantes do Empiricismo e aqueles do Intuicionismo não soluciona as constantes falhas do transporte, a queda dos elevadores na espécie de "buraco negro" em que se alojam os códigos da cidade e do controle, combinados ao infinito. O empenho da agente em se desfazer da culpa que lhe é imputada pela colisão e pelo caos no sistema de transporte vertical é outra forma de descobrir o funcionamento potencial da *caixa preta*/livro de operações (*The Theoretical Elevators*).

Whitehead põe em estudo os contrastes entre a imaginação regressiva, distópica, e o progressismo presente nos polos modernidade/cidade (formulado como centro civilizacional) – tornando visíveis os *ups* e *downs* do dispositivo mecânico dos elevadores. Mostrado como uma comunidade urbana vertical, o universo em que transitam os Inspetores de Elevador torna-se um meio de acesso a informações em rede, envolvendo territorialidade e etnia (a presença expressiva e discriminada dos negros no espaço de uma megaurbe). A especulação sobre o desastre não expõe apenas o tráfico dos poderes, a organização criminal constituída em torno da corporação de transportes. Intensifica a prática intuicionista – entendida como ponto-limite do conhecimento existente sobre os elevadores –, já fora da letra dos livros encriptados, mantidos à distância pelo mentor James Fulton.

Só assim, infiltrando-se (trata-se de uma *incursão* pelos subterrâneos de uma casa/cidade/caixa-preta/cripta, como ocorre com Marlowe e os outros detetives), ramificando-se na passagem dos corpos pelos maquinismos, entre a velocidade dos acessos e a materialização dos processos, Lila Mae pode refazer as cifragens de uma existência regida pela órbita dos transportes (Cidade Vertical). Para fora de um domínio dicotômico de pensamento, dotado do poder de incriminar a primeira inspetora negra do Departamento.

Em correspondência com o espectro plurifabulativo perseguido por Whitehead, inclusive no que se refere à esfera da tecnociência, tomada aqui como uma dinâmica nocional, poética, para além do padrão "progressivo" de ficção, importa ser assinalado o trajeto ou o traço espacial (observado por Kristin Ross sobre os detetives na contemporaneidade), em lugar do "acabamento" de uma ficção do futuro. Daí a importância do *incurso* de Lila Mae pelo interior das cápsulas de transportes verticais como uma dimensão conexa, contígua à sua circulação pelo espaço urbano, cartografando, simultaneamente, sua memória de mulher negra (afetos, *insights*, imagens encadeadas como um conhecimento gradativo, *por vir*).

Entrada e saída por portais de acesso criptografados, nos quais se reproduz um sistema monoglóssico, unificador do saber como antecedência, como remissão ao livro (a "chave" do *crash elevator* se encontra por escrito, grafada pelo mentor do Intuicionismo), assim como à mecânica dualista de ocultamento/desvelamento do sentido. Como diz Burroughs (1994, p. 19) na abertura de *A revolução eletrônica*: "No princípio era a palavra e a palavra era Deus e desde então tem permanecido um mistério (...) No princípio da história escrita".

Não por acaso, Alpha 60 se confronta com seus poderes de estocagem e comunicação, mostrando-se dependente das inquirições de Lemmy Caution até o ponto de descentralizar e dissolver a emissão de sua voz, toda pautada no alinhamento à monovalência, à precedência de uma lógica nominativa, verbal. Curiosamente, o *referendum*, a citação, tão definidora de Godard, agem num andamento próximo de escritores de *ficção virtual* – sem mais o limite de gênero constituído pela *sci-fi* –, como Burroughs e Whitehead. Para esses autores, os conceitos existentes sobre arte e saber científico surgem como um engendramento descontínuo da escrita como narrativa de antecipação, favorecendo associações inexploradas entre imagem/palavra, numa translação das visões do futuro para os planos do corpo (Burroughs), do território (o urbano e o percurso étnico, em Whitehead), dos afetos e da vida cotidiana (Godard).

Filmes como *Alphaville*, narrativas como *A intuicionista*, erguem redes: sucessões em circuitos, coextensões de espaço-tempo, e não linhas, labirínticas que sejam, sempre encaminhadas a tramas recorrentes aos poderes centrais em controle, em segredo. Aqui, a imaginação se libera e toca as bordas do que Nietzsche entendia como genealogia dos valores correntes, dados abstratamente como duradouros. Ativa a busca de um campo amplo de fabulação e ação feitas na sincronia – sem divisão entre a intuição e a mutação das máquinas – de um alcance imediato do que o filósofo chamou de *homem integral*, muito além da palavra de ordem *pós-humana*, presente nas ficções prospectivas.

PIERROT LE FOU
PAUL ET VIRGINIE
OBRA-VIDA DE RIMBAUD
GUIGNOL'S BAND
BABILAQUES

A relação que *Pierrot le fou* (1965) traça, de imediato, com a literatura se dá por meio da citação contínua de títulos e versos de Arthur Rimbaud, assim como por meio do uso recorrente de letras, de grafismos diversos, da escrita mesmo, feitos em sincronia com o poeta de *Voyelles*, por parte do protagonista Pierrot/Ferdinand (no nome de batismo do personagem, lê-se uma homenagem a Louis-Ferdinand Céline, o polêmico e consagrado autor de *Voyage au bout de la nuit*, de 1932).

Desde sua abertura, na exibição dos créditos, o filme estreita um vínculo com a palavra escrita, em todos os seus matizes de inscrição/impressão. Por outro lado, partilha-se um intenso diálogo com as artes visuais, ao qual muitos dos estudiosos de *Pierrot* se referem. A partir dos elos criados com Renoir, vindos com o sobrenome da protagonista Marianne, reproduções de telas de pintores como Picasso e Modigliani comparecem entre as cenas e as legendas de que Godard se utiliza à exaustão. Quando não é o caso de angulações dos rostos dos atores buscarem a refeitura do *close* cinematográfico tendo como base retratos pictóricos. Isso envolve até obras cubistas, como se vê na festejada sequência em que Marianne aciona uma tesoura por toda extensão da tela do cinema, frente a frente com os espectadores, tendo ao fundo uma mulher pintada por Picasso. Já ocorria no quarto de Patrícia, em *Acossado* – um filme, aliás, bem próximo de *Pierrot le fou* – tal correlação pictural entre face humana e figura plástica.

Uma longa citação de Velázquez, colhida em *Histoire de l'art*, de Élie Faure, é lida, em *off*, desde o início. Localiza-se, então, de modo mais nítido o empenho investigativo de Godard em seu 10º longa-metragem, especialmente no trecho em que Pierrot/Ferdinand destaca no livro de Faure o que há de espacialização na pintura entre uma e outra coisa – picturismo da noite, dos espaços abertos e do silêncio. "O cinema é o que está entre as coisas, não são as coisas", poder-se-iam resumir os usos reiterados da plasticidade e da escrita em *Pierrot*.

Precisamente, na captação do que entende Faure como "palpitações de cor" formando uma "sinfonia do silêncio", na obra de Velázquez, é que reside o interesse do diretor na utilização intensificada de grafismo e escrita, pintura e palavra. Já na abertura do filme, um jogo vocálico-cromático (concentrado em torno do vermelho e do azul) com as letras integrantes dos créditos não fica sem endereçar à poética de Rimbaud, especialmente o que se relaciona com o *leitmotiv* combinatório experimentado (numa expansão das *Correspondances* baudelairianas) no texto “Alquimia do Verbo”.

Para além do contorno cromático, cada grafema do primeiro filme em Techniscope de Godard imprime a dinâmica do deslocamento e da mescla, mais próxima de uma sintonia semioestética. Não apenas em *Alquimia* e no poema das “Vogais” o cineasta estabelece uma leitura de Rimbaud, mas em toda *Une saison en enfer*. O título do livro é reiterado como se compusesse uma das seções – uma das estações – do trajeto deambulatório de Pierrot. De *Uma estação no inferno* não fica sem se apreender uma escrita em partida para as novas disposições do corpo, feita no compasso das mutações culturais, comportamentais, que formam, também, o texto de poesia e o lugar do poeta nos tão anunciados e problematizados tempos modernos, tal como sublinha a prosa poemática rimbaudiana.

Vê-se no filme godardiano o contrário de uma plasticidade de fundo, feita em harmonia com o quadro cinematográfico. *Senso* (1954), de Luchino Visconti, é o exemplo utilizado por Jean-Louis Leutrat para criar uma contraposição ao trabalho desenvolvido em *Pierrot*, que extrapola a medida da fusão entre o repertório cromático (inspirado em afrescos no filme viscontiano) e o cinematismo, colhido por Godard em um amplo e heterogenético arco de referências imagéticas. O cineasta suíço dá ênfase à tela como ponto de convergência de informações plásticas e gráficas para além da harmonia e da moldura representativas. Toma-a como superfície, um verdadeiro *spatium* topológico aberto a comentários visuais e sonoros, propenso a superposições e ampliações do espectro pictórico.

Seu sentido de composição se exercita sem interesse por nenhum tipo de ajuste da cor ao signo, da cena às dimensões da pintura, como sucede pela moldagem das dimensões humanas àquelas dos afrescos, tal como busca Visconti em seu cinema. Por meio de *explosões de cor* em detrimento das articulações arquitetônicas do quadro com as proporções das figuras, o filme concebe modos de ver, ler e ouvir entre diferentes regimes semióticos. Não à toa, Leutrat sublinha o caráter de descentralização, extraído da pintura e da poesia modernas (como se o cineasta desse atualidade, uma nova dimensão de historicidade, aos postulados da “Alquimia do verbo”).

> Não há mais um ponto privilegiado, e, sim, séries que afirmam seu diferencial por si mesmas [...] O centro é um ponto de vista sobre as coisas, mas as coisas e os seres contêm muitos pontos de vista. Godard diz "dirigir é antes e acima de tudo tomar humildemente o lado das coisas" [*le parti des choses*]. (Leutrat, 2000, p. 71)

Pode-se dizer que o cinema de Godard, à altura de *Pierrot*, valoriza a performatividade dos atos que envolvem o par amoroso formado pelo protagonista e Marianne como índice de uma concepção espacial no que diz respeito ao uso de cor, grafismo e movimento: filmar significa atuar sobre os elementos que constituem cada plano (da palavra à sua dimensão gráfica, da cor ao seu filtro cenoplástico, do silêncio à música, do roteiro aos corpos dos atuantes). Algo que soa como a especulação tanto sobre as sedimentações quanto em torno do vazio produzido pelas designações, pelos códigos da linguagem escrita, assim como aqueles da imagem, diante de um catálogo infinito de coisas-abstrações-objetos, do universo, enfim, aberto às possibilidades vivenciais descortinadas a cada ação, a cada passo do par Pierrot-Marianne.

A produção assinada por Dino De Laurentiis, definida pelo uso do Techniscope e por um roteiro minucioso, não detém o impulso estilhaçador com que o quadro fílmico é decomposto em atenção a uma postura não ilustrativa, a uma referencialidade não simplesmente segmentadora das artes e da cultura. Ainda que Godard siga à risca todo o plano roteirístico proposto – tal como testemunha Alain Bergala, em seu livro centrado no estudo das filmagens godardianas nos anos de 1960 –, quando do contrato feito para a realização do longa-metragem, filmá-lo conduz o projeto menos a um reconhecimento do que a uma metamorfose no campo das linguagens experimentadas sob a grife produtora Dino De Laurentiis em Techniscope.

No ato dessa precisa produção, reveladora do significado de um filme (como pensa Godard sobre o que se ouve e vê de cada título assinado por ele), notável é o favorecimento do uso da cor em todo seu potencial de filtragem (como, também, o escopo das dimensões da tela, de seu espaço mais pleno, mais ampliado). É o que conduz o diretor para um sentido refigurador da imagem em suas variantes plásticas, gráficas, em todas as suas fontes e utilizações (da grande arte à publicidade mais explícita).

Da mesma forma, o uso reiterado da escrita por parte de Pierrot (diário e romance, conjuntamente) demonstra ainda mais o caráter de uma escrita por sobre outra (a roteirística), sem que se oculte esse dado no cinema, depois do filme formulado em termos roteirísticos. Sem que seja privilegiada uma visualidade orgânica, harmônica, a estilizar um conflito essencial. Pois em *Pierrot le fou* tal dimensão não se desgarra da escrita e precisa ser mostrada, como tal, ao infinito buscado pelo casal até a explosão final, sob a récita de "L'éternité", de Rimbaud, na extensão da tela propiciada pelo Techniscope De Laurentiis.

O espaço plástico-gráfico-poético das formas e das artes, que se desencadeia a partir de um padrão técnico do escopo fílmico, favorece ao cineasta, e não apenas a revisão das possibilidades criativas no cinema. No momento mesmo em que indicia tal espaço um sentido de gênese, de investigação, em detrimento de uma adequação à monumentalidade do espetáculo, de um entretenimento reconhecível, no filme godardiano são lançadas as matrizes de um cinema radicalmente novo. De imediato, sua questão central se embasa na busca e numa outra concepção de historicidade (seja em relação ao cinema, seja no que diz respeito às questões emergentes da vida imediata).

Por um instante, *Pierrot le fou* pode ser associado a uma marca de época por conta da linha de fuga traçada em direção à natureza, algo que se reforça por obra da citação literal do casal idílico *Paul et Virginie*, protagonistas do romance homônimo (1788), de Bernardin de Saint-Pierre. Observa-se, no entanto, nesse filme de 1965, um caráter antecipatório dos gestos contraculturais que celebrariam muitas das tensões político-existenciais no findar daquela década, assim como um vetor crítico a acompanhar indiscernivelmente os passos e os atos mais extremos de Pierrot, munido unicamente de seu caderno de escrita e do jogo de presença-ausência estabelecido por Marianne. No interior mesmo do *locus* natural, Godard deflagra um mal-estar, uma impossibilidade de pouso/repouso, decisivos para manter em suspensão os conflitos entre civilização e natureza (desdobráveis naqueles existentes entre erotismo e morte, estética e política).

No filme se plasma a sintonia de uma historicidade já anunciada por Rimbaud quando da irrupção da Comuna de Paris (1871) – período em que ele cria *Uma estação no inferno*, "Bateau ivre" e "A Carta do Visionário". Desenhava-se, então, no horizonte do poeta e da poesia, a emergência de uma virada não só política, mas social e cultural, decisiva para os confrontos e as mutações que definiriam os rumos da modernidade ocidental, sob a perspectiva do século XIX a caminho de seu fim. Rimbaud podia perceber, então, um momento renovador, na ordem econômica da história até ali conhecida, rumo à posse da vida presente em todos os planos de materialidade, em todas as dimensões simbólicas e experienciais. Como atesta a célebre "Carta do Visionário", composta no decorrer dos eventos revolucionários que conduziram à tomada de Paris (por 71 dias) por trabalhadores e membros politizados da pequena burguesia, um *trabalho novo* se configurava nos diferentes níveis (da individualidade à vida coletiva num entrelace de possibilidades criativas, políticas, sexuais, espirituais, unindo sabedoria à ação, poderiam resumir a Carta e a Comuna para o poeta).

Interessante é ver a indisposição do protagonista de Godard – seu Pierrot solar (lembrando-se aqui, em contraposição, o personagem da ópera de Schoenberg) –, pulsante de inquietude frente a uma sociedade complexa, refigurada após a Segunda Guerra Mundial na acepção cumulativa e intransitiva do consumo, da espetacularização do capital, com todo o seu poder de monopólio, homogeneidade e segregação sociocultural. O jovem cineasta não só capturava uma inquietação relacionada aos limites do cinema (ou suas expansões escópicas, em termos da grife De Laurentiis), mas à história contemporânea.

Tal senso de impermanência, até a exasperação do autossacrifício, acompanha os atos e os gestos de Pierrot, fazendo com que ele os exteriorize em todas as gradações de sentido, com uma crescente amplificação problemática, sem fáceis resoluções. Tanto é assim que o filme fornece até hoje o perfil de um cinema independente (depois de todas as vanguardas e acepções autônomas, até a cena mais recente do *mumble movement* produzido pelos realizadores nova-iorquinos dos anos de 2000, caso de Bujalwsky, Swanberg e Katz), justamente por seu traço de inadequação a um desempenho funcional na história e a um lugar conformador dentro da produção cinematográfica.

Em relação à obra-vida de Rimbaud (tal como a definiu Alain Borer), Godard vai captar no poeta a voltagem de um poder indagativo e confrontador que põe em xeque a criação literária ante as dimensões expansionistas da modernidade capitalista. Deixa-lhe, o autor francês, um raro rastro de enfrentamentos ainda em pauta, no momento em que a civilização ocidental se sedimenta, nos anos de 1960, num molde unidimensional, restritivo às forças integrais do humano. Em termos de um verdadeiro embate, pulsa no interior da filmagem de *Pierrot le fou* a antecipação de uma série de confrontações que tomariam corpo no ano-chave de 1968.

Cinema de iminências, não de registros históricos. Em certo momento, Pierrot constata, numa confissão a Marianne, que "entre o queria e o ia, passa-se uma vida". Em atenção a tal impasse, a tal indecidibilidade, o filme desenrola uma dimensão testemunhal por ordem das anotações no caderno (diário e romance do protagonista) e por conta de um movimento que não deixa de revisitar a poética rimbaudiana na mais nova declinação de urgência. Partida (como confirma um texto de *Iluminações*) rumo à emergência de uma sinfonia composta de visões, sons e atos modulados por passos, pelas marcas de um investimento corporal por inteiro. A presentidade – o sentido de historicidade – que, então, imprime-se na tela godardiana, atende a um chamado de frente: uma história por vir, entendida como evento (segundo Jean-Luc Nancy, em "A história finita"), formulada a partir da aleatoriedade e da partida, em vez da história ao fundo (afresco de um realismo crítico, circunscrito à ideia de verdade e metafísica).

A dimensão civilizacional, tal como apreendida por Pierrot/Ferdinand, nutre-se de uma refiguração que a pauta, o plano pontuado por diversas inserções semióticas, reservam à escrita no caderno. Ali está o espaço das amplificações e aberturas por meio das quais outro escopo é buscado dentro da linha de produção favorecida pelo contrato com Dino De Laurentiis. Ao mesmo tempo, grafa-se, na escrita feita em compasso com a aventura, uma aceleração de motivos e atitudes que aponta para o ingresso em outra acepção de existir no tempo – construtividade e subjetivação na história à altura da monumentalidade do cinema administrativo e espetacular, mantenedor de um estado de coisas gestado pela máquina de produção de imagens.

Muito curiosamente, lê-se e assiste-se em *Pierrot le fou* um vínculo antecedente com a poética de Rimbaud (formada pela experiência histórica da Comuna de Paris), apontado, contudo, para processos transformadores que eclodiriam três anos depois do filme – precisamente em 1968 –, mas já em plena pulsação nos desvios e derivas tomados pelo casal Pierrot-Marianne. Por outro lado, o lastro deixado pelo filme se propaga na experiência da jovem geração que o assistiu quando da sua estreia. Um exemplo marcante de tal recepção, no campo da escrita de poesia, está no diálogo promovido por Waly Salomão com o filme de Godard.

Pode-se observar na poética de Waly o toque decisivo do cinema de Godard, evidenciado num primeiro instante, na homenagem que presta a *Pierrot* nas páginas da revista *Navilouca* (de título acentuadamente rimbaudiano, notável na menção a "Bateau ivre"). Deve-se pôr em destaque essa publicação, que reúne muitas das tendências experimentais desembocadas na primeira metade da década de 1970, entre a vanguarda concretista e o surgimento dos chamados "poetas marginais", aos quais Salomão se encontra imediatamente aproximado pelo dado de geração. Na parte que lhe é reservada nessa revista-chave da arte e da cultura brasileiras durante o período ditatorial, o poeta de *Me segura que eu vou dar um troço* (1972) reproduz um fotograma do par amoroso godardiano, acompanhado de duas legendas.

Como se vê na página de Waly, em *Navilouca*, a dimensão referencializadora do seu trabalho poético se estampa em igual proporção de um sentido de montagem, capaz de lidar com amplo material iconográfico (fotogramas, fotos, desenhos, grafismos diversos, cartões-postais, logotipos de quadrinhos, diferentes formas de *objets trouvés*). Literatura e imagem comparecem em doses simultâneas de inscrição e *presentação*, nas quais o dado do registro do manancial heteroclítico de algo chamado *cultura* (*cultura da imagem*, como frisam Godard e Salomão) se assinala, ao mesmo tempo, com uma marca heterogeneamente combinatória.

Em torno do fotograma godardiano, o poeta de *Algaravias* imprime na parte superior a homenagem explicitada a "*le plus beau film du cinéma*", relacionando-o com o título literário-cinematográfico padrão de aventura, *O último dos Moicanos*. Na parte inferior, os elos entre *Pierrot*, o filme-moicano, *Paul et Virginie* e uma anotação de época, referendando o decisivo verão em Arembepe (1972), fornecem a trilha poemática e cultural em que se movia o jovem poeta baiano depois da passagem do longa-metragem de Godard pelo Techniscope de todo o mundo ocidental.

Outro sentido de aventura, associado à historicidade, deflagra-se como experiência integral a contar da crítica extrema aos valores progressivos de uma sociedade limitada pelo dualismo das forças políticas em vigência e pelo contorno teleológico de uma emancipação coletiva feita em detrimento da subjetividade, da individuação em seus múltiplos e concretos enfrentamentos. O lastro das conquistas de 1968 se deixa ver no compósito iconográfico-textual de Waly Salomão, em um período histórico sinalizado pela postura contracultural, por meio da qual o desencanto com os rumos políticos em quaisquer diretrizes ideológicas faz emergir uma pauta de atitudes relacionadas à *experiência*, aos signos do corpo e do movimento, à valoração do *aqui e agora* na política e na vida, sem mais divisas.

Toma figura uma contraposição radical ao projeto coletivista, lançado ao futuro, seja feito em nome do progresso da vida capital, seja a favor da militância em defesa da revolução materialista histórica. Muito vivamente, desenha-se, nas amplas páginas diagramadas na revista *Navilouca*, um elo forte com os suportes novos oferecidos à escrita, no instante mesmo em que a consciência de outra época atua sobre tal posicionamento escritural. Fica favorecido, assim, o intercâmbio com todas as frentes do conhecimento, da criação e da vida em comum (caso do cinema crítico e performativo da história, como se vê, ouve-se e se lê na produção de Jean-Luc Godard).

Quando se capta, na criação mais recente de Waly Salomão – como, por exemplo, em *Algaravias* (1996) –, a sintonia de uma poética no interior da cultura global – conjuntura que atua no eixo de seu trabalho dos anos de 1990 e de 2000 –, mostra-se importante mapear sua formação a partir da década de 1970. Desde sua gênese, a escrita de Waly lida com um repertório heterodoxo de referências explicitadas, reiteradas, tendo em mira inserções nada previsíveis nos planos da história e da cultura. A contingência contracultural presente e frisada nos textos de *Navilouca* só faz intensificar a rede de relações nada espontaneístas do pacto feito com a natureza, estratégia na qual estaria embutida a simples recusa da civilização industrial. É, aliás, na natureza que Pierrot alcança o ponto de autoexplosão.

A consciência de um pertencimento plurivalente a determinado momento histórico exibe seu andamento na abrangência favorecida pelas amplas páginas de *Navilouca*, compatíveis com desenhos, fotos/fotogramas e diferentes inscrições. É o que se lê desde a referência a *Jana e Joel* (1899) – romance praieiro de Xavier Marques (autor baiano como Waly) sobre a vida de pescadores, que tem seus nomes rabiscados na areia de Arembepe –, uma obra recriada de *Paul et Virginie*, até recorrências, comuns a Godard, como *Palmeiras Bravas* (título de um dos postais praianos) e outras subentendidas em *Pierrot*, caso de *Emílio* (Rousseau), incluindo-se, também, menções ao romance europeu, com seus traços históricos e *de formação* (Honoré de Balzac, Stendhal, Charles Dickens, Thomas Mann).

Como ocorre com o cinema de Godard, extrai-se da História um largo espectro referencial, ao qual se soma um nítido corte de montagem na forma de operar texto e imagem, tendo como atividade central a escrita de um diário (um amplo e extravasado *Diário de bordo*, como concebe o autor brasileiro). O Caderno de Pierrot fornece para Waly, no extremo da experiência com a palavra, não apenas o movimento das imagens, mas o que faz o corpo com tudo o que escapa à tela – à página corrente de poesia para Waly – e aos regimentos (centramentos) do visível.

O Waly Salomão de *Navilouca* se revela próximo de um modo nietzschiano de conceber a história, em sua implicação essencial com a finitude e o jogo multiplicador do sentido, num dimensionamento que os versos de "A fábrica do poema" (publicado em *Algaravias*) torna patente com a imagem das máscaras sobre máscaras em desmontagem e desfile. O momento vivido plenamente pelo poeta tomado por *Pierrot le fou* no verão hippie, pós-tropicalista, em Arembepe, escapa ao simples registro da data. Mostra, sim, um ser captado em todas as suas variáveis, situado em uma época precisa a despeito da ideia formada de si e do tempo – decurso de vida. Capaz de tomar nota enquanto vive. Para Waly, apresenta-se uma forma de grafar e compor imagens, possível de modular a *escrita* como *plano*.

A pauta do diário se efetiva como uma espécie portátil de quadro cinematográfico. Esboço do futuro do livro (algo que aponta para uma arqueologia, mas se refinando enquanto técnica, antes do *notebook*). Ao mesmo tempo em que é objeto – do plástico ao móvel, ao fílmico.

Essencial se mostra ressaltar nas páginas de *Navilouca* os componentes iniciais de uma importante criação de Waly, realizada ao longo da década de 1970: seus cadernos, exibidos, finalmente, em exposição – *Babilaques – Alguns cristais clivados* (com curadoria do artista visual Luciano Figueiredo) –, nos anos de 2007 e de 2008 (no Rio de Janeiro e em São Paulo, respectivamente), depois da morte do poeta em 2003. Esse trabalho construtivo, centrado no grafismo e na mobilidade das páginas de cadernos (escritos e desenhados para depois serem fotografados em lugares públicos e privados, em diferentes cidades como Salvador, Nova York, Rio de Janeiro) reúne vertentes de linguagem em prospecção e em sincronia com o que vão, também, tornando-se o cinema (e aquele de Godard), a literatura, a arte, enfim, no bojo das transformações culturais de um milênio a outro. Tudo a contar da homenagem de um jovem poeta à matriz de filme independente legada por *Pierrot le fou* (de Jean Eustache, pertencente à geração imediatamente posterior à *Nouvelle Vague*, a um nome atual como Joe Swanberg, o cineasta de *Kiss on the Mouth*, filmado em 2004, depois de todas as vagas, todos os formatos possíveis hoje ao cinema).

Cadernos escritos e desenhados, dispostos para fotos sobre toalhas, canos de borracha, pedras, peças de madeira como raquetes e pranchas, folhas de palmeira, panos e roupas – os *Babilaques* já contêm o jogo entre palavra e imagem, presente em seu filme *Alpha Alfavela Ville* (1972), rodado em Super-8 juntamente com o afamado cronista-humorista José Simão (companheiro de geração).

Na esfera da produção de si mesmo – Por um novo catálogo de tipos. Entre a voz *off* de Waly a enunciar um longo texto giratório, repetido sem trégua, e o registro bruto do cotidiano nos morros cariocas, o *mix* de documentário e pauta sonora poética, que é *Alpha Alfavela Ville*, não só confirma sua formulação godardiana (dessa vez, colhida em *Alphaville*, por meio da regressão paródica do futuro com base na cidade paralela, marginal, que é a favela no seio do espaço urbano do Rio). Atesta, por outro lado, o vínculo forte com a combinação de construtividade e brutalismo (especialmente, aquele fornecido pelas formas populares, marginais de existência e moradia) trabalhada pela arte cenoplástica de Hélio Oiticica, uma referência para o autor em experiências de vida, arte e política nas décadas de 1960-70.

Da mesma forma que Frank O'Hara promovia um diálogo incessante de sua poética com os artistas plásticos nova-iorquinos com os quais convivia, refletindo e escrevendo sobre eles (além de realizar eventos na área, na condição de membro do MoMa e ensaísta), Waly segue uma trilha aproximada – um poeta entre pintores (ele mesmo cita em entrevistas, breves artigos e outras intervenções a definição que dá título ao livro de Marjorie Perloff sobre o autor de *Second Avenue*). Um título do próprio O'Hara poderia resumir tal consonância – *Standing Still and Walking in New York*. Em observação e na órbita veloz, pedestre. Da nota ao fato. Em qualquer direção de conceitualidade e imersão conjuntas no que envolve escrita, tempo presente e ato (partida, ao modo de Rimbaud). Notável é, em Waly, a captação do vínculo entre existência, arte e caminhada – algo exemplar no poeta norte-americano e, também, no cineasta de *Pierrot le fou*. Partida para os sons e imagens novos, como ocorre em Rimbaud. Nesse sentido, mostra-se imprescindível ver a textualidade superposta de Pierrot – marcada por diversos grafismos, alinhamentos e dimensões tópicas – ser traduzida pelos *Babilaques* não somente no que envolve sua forma plástica e escritural, mas no que toca ao caráter motor, contingencial, da caminhada, favorável à notação orbitada em diferentes lugares. Ao mesmo tempo, o trabalho conjunto de escrita e montagem se deixa exibir, pondo-se em mostra – *standing still* –, como ocorre nos vínculos entre literatura, artes visuais e vida na cidade para O'Hara, um autor que pensa e pratica uma *escrita da ação*, algo que ocorre por meio da convivência com, por exemplo, Jack Pollock, sobre quem realizou alguns ensaios críticos. Numa tradução de Waly, leríamos uma *walk writing* sendo praticada, dos cadernos-babilaques aos seus livros de poesia editados a partir de 1996 (desde *Algaravias*, mais precisamente).

Observando-se as ligações da *action-writing* – pauta/caderno em extensão ao Techniscope operado por Godard – desenvolvida pelos textos e pela figura de *Pierrot le fou* em alta atividade e autoindagação, não surpreende a presença da literatura de Céline no *corpus* do filme. Curioso é notar que a leitura direta de um longo trecho de *Guignol's Band*, feita por

Pierrot e Marianne, não só sublinha a ligação extremada entre Ferdinand e Virginie (numa apropriação paródica do contorno idílico tomado pelo par *Paul et Virginie*), em um novo desdobramento de casais literários célebres, porém, ocorre para enfatizar o caráter desaurificado, pedestre, da dupla integrante de um romance centrado na Primeira Guerra Mundial, pleno das marcas de uma escrita voltada para a rua, para o fluxo descontínuo da História, que se capta na multidão dos habitantes anônimos e desfigurados em relação a um projeto integrado do homem tomado em coletividade. *Banda Guignol* formada à parte, no flagrante, porém, dos confrontos centrais de uma época, levados a um ponto máximo de contato e convivência pela literatura de Céline, que é colhida no espaço urbano, no movimento nada unidimensional do século da guerra e da técnica, da ideia de revolução (essencial ao cineasta) concebida em seu auge e, também, em seu estertor.

O jovem Godard encerra um ciclo romanesco anti-heroico iniciado com *Acossado*. Desdobrando o pequeno soldado Forestier e a prostituta Nana rumo à morte, no correr da "morte em trabalho" característica do cinema, Godard se encontra embebido das voltagens de risco da História. Aciona em volta do homem-dinamite Pierrot/Ferdinand uma linha de fuga traçada ao ponto-limite do desastre e da desmaterialização. Como se os carros roubados de Poiccard, sob a tentação da aventura, no filme de estreia, fossem conduzidos por Pierrot a um ponto voluntário e abismal de chegada.

O cineasta deixa por escrito o extracampo da produção em Techniscope. Notas - atos - pautas pontuais tomados sob o compasso da experiência em todo seu paroxismo, entre a natureza e as coisas do consumo pós-industrial, no eixo das mutações radicais de uma época, a começar da chamada "vida subjetiva".

"Tudo o que ocorre entre...", sinfonia da arte no plural, em correspondência com uma realidade que se amplia no vórtice da orbitação de vida-morte, como se fosse seguida – das viagens de automóvel ao puro percurso dos passos – uma única tomada. No fulgor do instante pleno, tal como trilham Pierrot, seu cineasta e seus interlocutores, seja no cinema (de Wim Wenders a Carlos Reichenbach, de Jean Eustache a Joe Swanberg), seja nas outras artes (os escritos, babilaques e Super-8 de W.

Salomão), o risco de toda uma vida (entre as coisas e seus sentidos) se mostra implicada na criação de um só filme: extremado périplo entre automóveis possantes e caminhadas marcadamente pedestres.

WEEK-END LES CHANTS DE MALDOROR CANCER

Filme da desintegração e do desastre – "perdido no caos" (diz, à maneira de subtítulo, uma das legendas de abertura) –, *Week-End* (1967) conduz a um confronto máximo a emergência das revoluções, típicas dos anos de 1960, com o modelo neocapitalista de sociedade (*sociedade de consumo*, na acepção da época), sedimentado de modo cada vez mais hegemônico em todo o mundo, a partir de então. Godard capta uma *paisagem* ou um *panorama* de transformações históricas: as táticas guerrilheiras deflagradas em várias partes do chamado "terceiro mundo", assim como as rebeliões comportamentais, as estratégias radicais de descentralização dos poderes vigentes no Ocidente. Além disso, submete, até a suspensão do movimento (evidente no "engarrafamento" automobilístico que pontua o filme), os valores trazidos pela chamada *sociedade do espetáculo* com suas promessas de prazer pessoal e usufruto dos bens simbólicos em circulação, nos termos propostos por Guy Debord.

Dos automóveis roubados por Poiccard, em *Acossado*, celebradores de uma liberdade que se inaugura sobre toda vigilância, no acosso (no limite da respiração), à impossibilidade coletiva do tráfego, em *Week-End*, vê-se o percurso de muitos signos. Do raiar da *Nouvelle Vague* até a formação de um cinema que Godard já imprime, sem mais a circunstância de uma geração, como uma realidade investigativa da arte, imprescindível, situada num *take* em que a criação e a crítica se superpõem, o *corte* histórico e o mapeamento da cultura (tendo a literatura como referência central). O próprio automóvel, no correr do tempo e nos planos compostos pelo cineasta durante toda uma década, parece autonarrar seu caráter icônico de mercadoria e de máquina-movimento, assim como a história da velocidade e da modernidade do cinema de Godard, feito com os sentidos aguçados de entrega e conquista em relação à vida presente.

O diretor faz ver o impasse formado entre revolução pós-industrial e as revoluções do corpo, do *agora*, desejantes de autonomia total dos modelos de política e revolução experimentados na história recente do século. Assistido hoje, *Week-End* se enuncia como uma prévia do que seria a ausência contemporânea de alternativa ao padrão político-econômico constituído pela coevolução de tecnologia, ciência e capital, como um *modus-vivendi* universal (Best & Kellner, 2000). O cinema godardiano vai se encaminhando para uma espécie de encruzilhada entre o risco extremo do combate (a "fase militante" a se instaurar, junto ao grupo Dziga Vertov, entre 1969-72) e uma abordagem empenhada em pôr em xeque as imagens da história, assim como as ficções do cinema e da literatura, como se verá, de modo cada vez mais nítido, nos anos subsequentes, à maneira de um projeto, ao mesmo tempo, fabulativo e genealógico.

Vale a pena atentar para os polos da legenda – *Perder/perder-se* e *cosmos* –, importantes para se entender o que vem na sequência dos próximos planos, a começar do que o diretor concebe como o mais "longo *travelling* da história do cinema", um ir e vir à tona de um engarrafamento colossal de fim de semana. *Panorâmica* e *Travelling Contínuo* pelas vias transversais da linha reta rumo ao lazer inalcançável.

Tudo vem do *crash* – Godard filma quilômetros de engarrafamento e cria uma cosmogonia: vozes/buzinas, personagens extemporâneos (Saint-Simon, Emily Brontë, *Alice In Wonderland*), egressos da literatura e de trajetórias indeterminadas, ocorridas em cenários híbridos de campo e metrópole, na contracorrente dos trajetos narrativos que filmam um padrão ficcional de velocidade, de agilidade (*action* e *road movies*), como índice da "linguagem do cinema".

Tudo vem de uma situação de radical imobilidade, desdobrada em *travellings* que o diretor adota como forma de focar a diversidade de coordenadas espaço-temporais, obtidas a partir da impossibilidade da ação mecânica, sucessiva do automóvel. Impossibilidade, também, de certo cinema temático, organizador do *crash* e do *caos*, como modelo monopolizador de *entretenimento* e *cultura* (o cinema das bem intencionadas "verdades" em nome da narrativa, do "romance" das imagens e suas paisagens, quando não do desfrute do gênero catástrofe). Tudo ao contrário das promessas reconhecíveis de prazer ou de lazer, como aquele de um *week-end* reivindicado pelos espectadores que "não gostam" de Godard.

O cineasta utiliza o espaço oferecido pela tela cinematográfica, exatamente o que chama de *superfície plana* (em *História(s)*) – um plano/retângulo no qual tudo pode caber, à extensão interminável dos carros "engarrafados". Godard não toma a tela/superfície como *fundo* de um estado histórico de coisas onde a metáfora do imobilismo da civilização do progresso prontamente se alojaria. Não se atém a uma ideia generalizada sobre a crescente padronização econômica dos valores modernos, de modo a ser transposta em imagens: da liberdade de automação rumo ao lazer (um desejo igual ao de todos) até o inferno da repetição e da inércia.

Week-End descortina uma experiência entre automóveis e máquinas de filmar, posicionados na amplitude e na variedade de um espaço aberto (paisagens em viagem). Como pensa Jean-Luc Nancy (2003, p. 25), em *No fundo das imagens*: "Não uma ideia (*idea, eidolon*), que é uma forma inteligível, mas uma força que força a forma a tocar em si mesma".

O filme compõe um campo de forças intensificado na *forma-travelling* com que Godard incorpora e desborda o *week-end* como "engarrafamento" – plano recorrente e ininterrupto, como se a dinâmica coletiva do caos também engendrasse uma visão e uma estética, jogando com o *fundo* e o *fora* desse limite. A tela é ocupada enquanto superfície/extensão de automóveis em fila (plano de imobilidade, que se propaga em variações contínuas e extremadas). As imagens não transparecem, exprimindo a visão elaborada de um diretor, traduzida numa simples operação técnica, por meio de um ajuste de forma entre desordem e modo de filmar. Segundo a formulação de Nancy (2003, p. 25): "'Seu dentro' não é outro senão seu 'diante': seu teor ontológico é superfície, ex-posição..."

Na tela não se segue, entretanto, a busca de sentido original a ser resgatado pela viagem humana em direção à natureza, à base da vida social (o contrato, segundo Rousseau, encenado e parodiado pelo próprio filme) – seja pelo lazer pequeno-burguês, seja pela *contracultura* partilhada por ativistas comportamentais e militantes da luta armada. Não há destinação. Não há fundo, nem pano de fundo.

Week-End nada promete, senão um transcurso errático, uma viagem feita por meio do bloqueio do tráfico, do que decorre a partir do intervalo de tempo incidido no espaço, na sucessão de automóveis parados, virados, incendiados. O cinema realiza o próprio enfrentamento operacional das perspectivas concebidas como olhar comum, compactuável sobre o "caos da vida moderna" (sempre à beira de um apocalipse ou de um salvacionismo, à salvaguarda uma palavra de ordem).

O que seria o fundo, o todo subjacente às imagens, apresenta-se como superfície plana trabalhada na duração de planos sem cortes, focados sobre o imobilismo. Diferentes personagens, letreiros, vozes, pistas sonoras (da intensificação da buzina a uma récita pianística de Mozart) se encontram no epicentro de um movimento em saturação, extrapolado de uma ordem primicial ou englobadora. Como se jamais conduzissem, por meio dos circuitos de *travellings* – em compasso com as vias secundárias, os desvios da rodovia interditada –, à "capitalização definitiva do sentido em 'verdade'", segundo os termos da *Estética do Caos* (2000, p. 333), concebida pelo escritor Mehdi Belhaj Kacem.

Nada se ordena fora do interesse, segundo o diretor, em filmar e dizer os "*monstros*" produzidos pela civilização, na contracorrente de uma "visão" política organizada – "Para *Week-End*, é mais interessante (...) não dizer o político" (Godard, 1989, p. 240) –, de que são exemplo *Z* e *All the President's Men* (de acordo com as referências do próprio cineasta em *Introdução a uma verdadeira história do cinema*). Não à toa, ele relaciona, nesse livro, *Week-End* com *Drácula* (1931), de Tod Browning; *Alemanha Ano Zero* (1947), de Roberto Rossellini, com *Os pássaros* (1963), de Alfred Hitchcock, filmes de contágio, em proliferação, em mostração/*monstruação* de signos histórico-culturais em estado de choque no que envolve totalidades, abrangendo o arco regressivo da barbárie, como parte integrante da ideia de *progressão*.

O diretor sublinha, porém, o vitalismo que advém do contato/contrato feito com o mundo, um meio ambiente concebido e controlado por imagens e palavras preexistentes (os "signos entre nós" como diz um dos subtítulos de *História(s) do cinema*). Qualquer mutação necessita de tal reconhecimento prévio do poder que mantém a existência como codificação e circulação de linguagens: da arte ao ato imediato, radical, da política. A revolução é uma palavra do caos e da ordem da hora (parece pensar Godard enquanto filma).

Em "*L'histoire finie*", Jean-Luc Nancy já concebia a emergência da história como conhecimento por vir, tendo por base sua finitude, um campo comum de problemas e impasses, não reportado a um saber prévio a ser confirmado no desenrolar contínuo e autoiterativo da temporalidade. Não por acaso, o repertório sempre remissivo das imagens godardianas é recorrido, em *Week-End*, como um quadro explícito de conflagração histórico-cultural dos muitos signos que o povoam. A visibilidade do *estado das coisas*, registrada na amplitude de uma tela fílmica, está em causa desde o início. Ou como diz o filósofo de *Au fond des images*, toda paisagem conta com seu *despaisamento*, "é sempre suspensão de uma paisagem..." (Nancy, 2003, p. 118).

É assim que se vê/lê Week-End pondo em suspenso um ciclo de prospecções da história, envolvendo, também, a história das imagens em movimento. Intervém na concepção de *panorama* e no plano direto da *paisagem*, mostrando-se como uma produção em registro e sondagem incessantes. O fundo das imagens se esvazia enquanto reserva de um saber técnico unicista e totalizador, não se reportando mais ao conjunto de uma figuração acabada, que só o olhar do cinema poderia restituir.

O cinema se faz agora sob um andamento de combate, mas, também, de recepção, simultânea a um momento de irrupção e ruptura que se apreende a um só tempo na esfera de um filme e na história. Ao alcance da mão que filma, produz, escreve e constrói imagens de uma plasticidade convulsa, amplificada a cada *take*, em sua diversidade de registros.

O jovem cineasta parece apenas se orientar por um projeto de comunicação próximo do atrito, do choque, do toque conduzido por olho/câmera/mão em cada plano. O próprio modo de incluir *Os cantos de Maldoror* (1869), de Lautréamont, como referência literária básica, dá-se, em uma das sequências, como um recurso tátil – mão que guarda uma rã e se mostra a uma voz, em *off*. Um abrir-fechar do gesto de ver e dizer a *experiência da metamorfose* – como analisa Blanchot (1949, p. 135) a concepção do livro

–, em lugar da emissão da verdade contingente da revolução, no instante em que os humanos, de todas as facções, entredevoram-se.

> Quando seu pé escorrega numa rã, você sente aversão. Mas quando roça o corpo humano, a pele dos seus dedos se fende como as escamas de um bloco de mica quebrado a golpes de martelo.
>
> É?
>
> E assim como o coração do tubarão morto há uma hora, ainda palpita, nossos intestinos agitam muito tempo depois do amor.
>
> – Por quê? Não entendo.
>
> – Porque o homem inspira horror ao seu semelhante. Pode ser que eu esteja enganado, mas pode ser, também, que eu diga a verdade. Eu concebo uma doença pior do que os olhos inchados por longas meditações sobre o caráter estranho do humano. Mas ainda procuro.

A presença incisiva de *Os Cantos de Maldoror*, de Lautréamont, ao longo de *Week-End* (aludidos, recriados, no trecho acima citado), quase cem anos depois de sua publicação, está em conjunção com as declarações do diretor quando da realização do filme:

> Estou mais perto do grito que do canto [...] Mostrar com clareza uma mistura é algo muito difícil, e é esse o cinema que sempre tentei fazer [...] tento ser mais claro nessa confusão mostrando... efetivamente, interessando-me pelos momentos de mistura. (Godard, 1989, p. 238)

Encontra-se tal amostragem/mostração implicada com o que Mehdi Belhaj Kacem define como *monstruação*, ou seja, a indissociabilidade da comunicação de todo signo com os elementos de sua mistura, indicando mais uma "metamorfose dinâmica ou energética" – tal como observa Jean-Luc Nancy (2003, p. 48), em análise de sua *Estética do Caos* – do que o aparente ideal de clareza, de todo modo impuro, compósito, em sua formulação de transparência (ideário da comunicabilidade embasado, fundamentado em algum *fundo*). Na visão de Nancy, as formas não se separam da deformação, de sua transformação. Todos os signos compreendem, pois, uma *força metamórfica*, ou, como pensa o próprio diretor sobre o filme:

> [...] estou interessado pelo momento em que a imagem ou o quadro, isto é, a forma, vai nos encerrar, ou ajudar a nos libertar, ou a nos manter em forma, no sentido em que os esportistas dizem "estar em forma". (Godard, 1998, p. 240)

Week-End não cria uma imagem do *caos* na *história* por meio do tráfego interrompido. Não reitera uma metáfora e nem traça um "quadro" excessivo de algo que esteja ausente (como uma dimensão abstrata do horror moderno) da tela cinematográfica, preenchida que é como o quadro de uma extensão que a delimita e, no mesmo ato, excede-a. Atua na história, sem desinstalar seu olho-câmera frontal, desde a panorâmica-*travelling* do desastre ou mesmo da abertura do filme, concentrada na confissão psicanalítica de uma burguesa parisiense, um pouco antes do ante-gozo-clímax, *week-end* e fim de um certo mundo infenso à contaminação.

Mesmo o uso do *travelling* não acaba por se constituir como virtuosismo, como didatismo da forma a ser esclarecida pela saturação, pelo paroxismo. A câmera varia o movimento ininterrupto da filmagem, como um gesto combinatório de mão, olho e máquina, produzindo cortes, recortes, sulcos na paisagem retilínea da rodovia: abre verdadeiras trilhas por localidades, nas margens, em florestas, pontuadas por vozes, sons de música e trechos em *off* extraídos de *Os cantos de Maldoror.*

A câmera godardiana penetra no interior da natureza, ao abandonar a rodovia depois do desastre, sob o som executado ao vivo de uma bateria e da prosa poemática de Lautréamont dita em *off.* "Eu te saúdo, velho Oceano..." Esse refrão, pertencente ao fragmento extraído do "Canto Primeiro" de *Maldoror*, enuncia-se simultaneamente ao andamento da forma-*travelling*, feita à deriva dos passos do personagem de Juliet Berto. Mostra ser essa última alternativa de viagem, de retomada das origens – um possível fundo, uma reserva do humano –, mais outra encenação da vida culturalizada em ameaça, na medida em que se apresenta como antídoto ao "engarrafamento" coletivo, presa de um jogo dualista completamente situado no horizonte do evento catastrófico.

O texto de Lautréamont acirra a crítica. Denuncia o corte entre os valores da civilização humana e o acesso às suas imagens de mundo, como, por exemplo, a natureza. Acaba por propiciar o retorno nunca fundado do homem às suas próprias ideias pré-formadas: de si e de tudo que lhe é exterior e profundo (corpo, terra, meio ambiente, sociedade), antes mesmo de qualquer contato, do menor movimento.

> Mais uma vez quero te saudar e deixar meu adeus. Não tenho força para prosseguir, pois sinto que é chegado o momento de voltar junto aos homens de aspecto brutal

A câmera sobe por trás do baterista, trazendo à tela a brancura do lago, flagrante metonímico, não reprodutor do oceano de Maldoror. Depois, fixa-se e não se ouve mais som.

> Mas façamos um grande esforço e cumpramos nosso destino sobre esta terra. Eu te saúdo, velho Oceano.

A câmera deixa ver a imagem do lago acima do baterista e do itinerário errante de Berto com um fuzil, sem uso, nas mãos. Focaliza a camada branca, formada pelo lago e um sulco azul sobre as águas, à esquerda, em extensão à frase dita na ritmia do *travelling*, "sobre toda tua superfície sublime tuas vagas... tua imagem de infinito", até cessar o movimento, encerrando a sequência.

A linha do caos tomada por *Week-End* não se estabiliza de modo a ilustrar uma passagem do tempo, um transcurso ficcional. Não recobre, não organiza o fundo – a forma se toca, em aberto, e se potencializa a partir da disponibilidade dos signos em emergência, em erosão. É num limite cultural que o filme se situa, dispondo-se, porém, como *superfície semiótica* (Kacem, 2000, p. 43), tal como propicia a experimentação exaustiva do *travelling*, numa implicação de espaço-tempo exacerbado de um uso técnico, funcional. Observa-se o trajeto de uma câmera aderente à condução de uma narrativa, mesmo paroxística como essa, de finitude e extremado toque.

Os signos não são unilaterais. Não conduzem por efeito da mensagem/comunicabilidade à transparência de um referente e de um pronto destinatário. Existem, desde sua gênese, por transformação, por contiguidade, por contágio. Por propagação como o lazer-*crash* ou a ulceração do desenvolvimento humano que se alastra feito estado emergente, monstruoso, no rito de passagem adolescente. É o que Kacem narra, em *Cancer*. Nesse romance-ensaio, o escritor francês adota o compasso do crescimento de um adolescente, como se atualizasse o estado potencial, informado, das figuras/figurações humanas presentes no livro de Lautréamont, a começar do jovem Maldoror. Pode-se notar, aliás, nos *Cantos*, um princípio coextensivo de reconhecimento e transfiguração ocorrido a partir de representações/reproduções extraídas dos romances de formação, da literatura gótica e da retórica subjetivante do romantismo (e mesmo do folhetim, com suas exacerbações afetivas e estilísticas, como estuda Michel Nathan [1992]).

Em *Cancer*, Kacem, escritor recém-saído da adolescência, já podia *agenciar o informe*, numa espécie de materialização ficcional do que viria a teorizar em *Estética do caos*. A narrativa se centra menos na *persona* do que sobre um corpo em formação, sem "evoluir" desse ponto de transição, sempre nascente. Sem dar a "ele" um fim. Corpo e *corpúsculos imateriais* se desenrolam no interior de parágrafos contínuos, indiscerníveis entre ficção e ensaio, configurando linhas-plataformas de pensamento, ação e narratividade no tempo, sempre em devir, do adolescente que não cresce. Não se encerra no código de formação, de educação, como se lê a desestabilização do percurso romanesco, em Lautréamont.

> Híbrido, não? O bolor se reparte sobre o pavimento e se une laje por laje, cada um tão glacial quanto sua vizinha. Isto se crê humano, isto se descobre animal e depois disso o bolor se finaliza. (Kacem, 1994, p. 96)

Em sincronia com os corpos em formação na literatura moderna, tal como suscitam *Os cantos de Maldoror*, e na disjunção contemporânea de *Cancer*, Godard documenta e ficcionaliza um *estado de coisas* histórico-cultural em insurgência, em combate. Sem, contudo, deixar de manter-se no fulcro do evento-revolução disseminado em diferenciadas gradações, já antes da data-chave – maio de 1968 – e para além desse marco temporal.

Posicionando-se entre a emergência da civilização do espetáculo e o irrompimento das revoluções balizadas pela afirmação *hic et nunc*, em detrimento da luta histórica progressiva, característica das políticas totalizadoras, projetadas para o futuro, *Week-End* apresenta essa marca heterogênea de conflito e passagem, experimentada à exaustão. Encerra, assim, uma espécie de ciclo, certa prática de cinema (ele partiria desse ponto para o cine militante), convergente com a criação de imagens e de sons na história em convulsão, que o filme flagra. Como se já inaugurasse um programa intensivo, mas sempre descontínuo, de invenção da arte e de intervenção histórico-política, à medida que a própria atividade cinematográfica sofre a transformação audiovisual proveniente do controle e da profusão de imagens-signos de uma sociedade, a um só tempo, planetária e homogeneizadora, tal como *Week-End* captura.

Sem ordenar-se pela circunstância da história e do cinema, Godard parece, antes de tudo, indagar-se, no momento mesmo em que empreende, sem interrupção, filmes. Seja pela via combatente, imediata, visível no período em que conjuga a elaboração de imagens com a militância política, junto ao grupo Dziga Vertov e a Jean-Pierre Gorin; seja pela retomada, após essa experiência, do campo problemático, mas também pluralizado em estratégias/técnicas/linguagens, que acaba por se tornar a realização de cinema.

Em conjunção com o vídeo e a concepção crescente de *escritas cinemáticas* (uma poética dos signos da visibilidade e da narratividade), a produção godardiana se afirma sob o foco de um projeto de genealogia das imagens (figuras em movimento, procedentes de diversos domínios semióticos), mais e mais assimilado como experiência plurivalente, entendido como *História(s) do cinema*. A partir de *Week-End*, torna-se mais visiva (iterativa forma-*travelling*) a dispersão de uma ideia central, monovalente, acerca de arte e história (em fusão e/ou cisão).

O diretor faz e pensa o cinema, concebendo-o nas direções multiplicadas por um desalinhamento (ou uma produção de linhas superpostas, *caóides*, diria Guattari) que a história e a história dessa arte/técnica apontam, no limite de sua finitude e de sua celebração integral, a cada filme, a cada momento do tempo. Tal como registra e quer Jean-Luc Godard, no decurso de uma nova encruzilhada (que é, também, do cinema e do século), sem lugar para uma ideia monolítica de autoria, para o acabamento da obra. A contar desse filme "perdido no cosmos", sincrônico com as narrativas de antiformação. Ou a formação, a contar de um trajeto de textos que vai de *Maldoror* até *Cancer*, apreendido, exatamente, por seu potencial heterodoxo de mostragem e mutação.

2 ESCRITAS CINEMÁTICAS

SAUVE QUI PEUT (LA VIE)

"É a segunda vez que tenho o sentimento de ter minha vida diante de mim, minha segunda vida no cinema..." (Godard, 1998, p. 449). O depoimento de Godard sobre a realização do filme, em 1979, alude, também, a uma segunda vida do cinema, de sua história, a contar do surgimento do vídeo. Anuncia-se, assim, um recomeço do cinema, a partir da relação mais estreita com a fotografia, a pintura e a literatura, oferecida pela linguagem videográfica eminentemente híbrida, concebida como *passagem* entre imagens, entre linguagens. Esse é o pensamento de Raymond Bellour a respeito de *Salve-se quem puder...* e de outras produções godardianas a partir desse filme.

Após sua chamada "fase militante", à margem do cinema corrente, encaminhada num sentido pedagógico, ao mesmo tempo testemunhal, da "verdade política" (como bem sublinha Alain Bergala), Godard adota outro dispositivo audiovisual e imprime novos focos em sua filmografia. Descortina uma poética confluente com outra formulação do político, desenvolvida como investigação sobre um cotidiano mediado por imagens, no qual o cinema se reconfigura, revigorando não apenas o registro, mas, também, a análise das possibilidades enunciativas e ficcionais da vida presente (da vida material, como poderia completar Marguerite Duras).

É o que se vê, de modos variados, desde *Numéro Deux* (1975), uma espécie de filme-manifesto da técnica, e, também, da ética trazidas com a imagem eletrônica, até *atualidades* televisivas da importância de *Six Fois Deux* (1976) e *France Tour Détour Deux Enfants* (1978). Ao retornar à produção de um longa-metragem de ficção, o diretor sinaliza para a emergência de um cinema que "não será mais feito como antes", como bem compreende Bergala. Um cinema "o mais possível dentro de casa, retomando pelas mãos (no sentido próprio) tudo o que vem a ser talvez a cadeia-cinema, e sempre tendo uma segunda equipe de vídeo" (Bergala, 2003, p. 66).

A "verdade política", experimentada como militância, descentraliza-se, não se pautando em um programa, mas em estratégias incessantes no que envolve a relação com a imagem e os poderes que a legitimam. A começar pelo produtor de sequências fílmicas: o autor e sua história, sua segunda ou terceira vida.

> É minha segunda vida no cinema... ou talvez a terceira; a primeira é quando eu nada fazia, rondava, buscava; a segunda, é a partir de *Acossado* até os anos 1968-1970, e depois houve o refluxo, ou o fluxo, não sei como dizer; e a terceira, é agora [...] viver o cinema mais do que fazer o cinema da sua vida [...] não faço diferença entre os filmes e a vida. (Godard, 1998, p. 449)

Trata-se mesmo de uma questão de vida/morte da imagem (na imagem) relançada com o uso do vídeo, indissociável do cinema feito por Godard a partir de então. Reportando-se ao final de *Salve-se quem puder (a vida)*, Bellour (1997, p. 118) deixa evidenciado que Paul Godard, o cineasta do filme, "deve morrer na imagem para que (Jean-Luc) Godard renasça no cinema". Morte e metamorfose do cinema, transformado por outro tempo da imagem, por outra matéria. Uma "mutação plástica", uma "refiguração", que o desatrelam do "realismo da representação":

> fim de o "cinema é a vida", garantido pelo caráter natural do movimento; recusa do agora demasiadamente simples "isso é o cinema" (o cinema não é a vida), álibi invertido do natural construído sobre o código do movimento: apelo a um *Salve-se quem puder (a vida)*, trabalhando a imagem animada a partir de sua morte... (Bellour, 1997, p. 118)

Atento à forma de sobreinscrição, de superposição trabalhada pela linguagem videográfica, o diretor de cinema passa a conceber seus filmes como composição – e é assim que *Salve-se quem puder (a vida)* apresenta a assinatura godardiana: *composto por*. No interior da própria imagem, as figuras humanas sofrem *ralenti* (*Slow motion* foi o título do filme, em inglês). Passam por interferências pictóricas. São recortadas em velocidades diferentes, redefinidas, por sua vez, pelo andamento da música e da voz. Surgem como peças móveis de uma escrita da imagem (mais especificamente, na imagem), orquestrada sem supressão de sua formação diversa, entre a foto e a pintura, entre a ficção e o ensaio, contendo uma plasticidade experimentada sob a pontuação infindável da questão: "que música é esta que está tocando?". Godard não para de se indagar, de acirrar o caráter combinatório de sua composição fílmica, como uma questão da vida, convergente com a existência do cinema, no interior e na civilização da imagem.

Não é por acaso que dois dos três personagens-núcleos de *Salve-se quem puder...* (Denise Rimbaud e Paul Godard) estão envolvidos com a produção de imagens, além de buscarem outras formas de atividade. Entre eles se encontra Isabelle, uma prostituta empenhada em "viver a vida" na "grande cidade internacional, onde os fantasmas sexuais dos homens são infinitos e representam muito dinheiro" (Godard, 1998, p. 448), sem deixar de demonstrar interesse por outro modo de existência. Em sua inseparável bicicleta, Denise, por sua vez, passa a viver nas montanhas, num recuo do cotidiano urbano e do universo mediático da TV em que trabalha. Articula a alternativa de uma vida voltada mais sobre si, concentrada num projeto de escrita (elabora um romance).

Imagem e palavra estão diretamente associadas ao cerne do que são os novos personagens de Godard. Por um lado, estão situados no seio do mercantilismo (Isabelle se vê enredada em modos cada vez mais sofisticados e perversos de prostituição) e da difusão técnica dos valores atuais, por intermédio da expansão de imagens em redes de TV. Ao mesmo tempo, sob o risco de perderem suas próprias vidas, desejam retomar um espaço de fala (veja-se a confissão ou depoimento de Isabelle, em família), de escrita, de subjetivação, enfim, em contraponto aos modelamentos socioeconômicos de um estar-vivo, *em produção*.

Ao apreender uma época posterior àquela vivida sob a égide da ideia de revolução – no cinema, na história –, o diretor de *Salve-se quem puder...* sonda os limites e as possibilidades criadoras em torno desses três personagens captados nos pontos de saída e entrada do *inferno da grande cidade*: "A circulação está bloqueada. Não há esperança. Todo mundo está impaciente. Há ruído e mortes" (Godard, 1998, tomo 1, p. 44). O trio do filme se compõe e se decompõe em volta de questões tais "como se dá a entrada em si? Todo mundo não é vencedor por não haver entrada em si? Como seguir sua própria música? Qual é exatamente o lugar de cada um?" (Godard, 1998, tomo 1, p. 44).

Afirmação da vida e do cinema, o longa-metragem, rodado já em um tempo de "não revolução", após a experiência-limite de *Week-End* e dos cinepoemas militantes do Dziga Vertov, é conduzido como um modo de "arriscar a morte, ao se fazer filmes como a possibilidade mesmo de sobreviver, embora na política não haja tal empenho" (Godard, 1998, tomo 1, p. 44). Surpreendentemente, a problemática criadora da arte e a inexistência de projetos coletivos de transformação histórica se defrontam com o ingresso em um cinema em que tudo pode ser feito e repensado, a começar da crítica à ideia de uma vida e de uma história constituídas.

Não à toa, em certa passagem do filme, Godard cita Marguerite Duras, convocando-a a participar de *Salve-se...*, exatamente a realizadora de um cinema concebido em extensão à escrita, embora feito não em substituição à literatura, mas nas margens extremas da relação entre escrever e filmar: "Faço cinema porque não tenho coragem ou a força de nada fazer" (eis uma de suas falas no longa-metragem godardiano).

Godard comenta a citação feita por Paul, como também seu próprio momento como realizador, quando enfatiza, em seu depoimento sobre *Salve-se quem puder...*, que o cinema contínuo, feito a expensas da grande produção, na verdade é o cinema que não-se-faz. Trata-se de uma empresa, de um empreendimento que simplesmente gera a máquina administrativa de produção-exibição sem nenhuma força ou coragem (empenho de todo ausente no plano político) de investimento para fora dos lugares reservados, comodamente, a diretores, produtores, escritores e técnicos (em reprodução de hierarquias sociais). Sem que haja, portanto, entendimento das mutações na história e nas linguagens da arte, sem que haja o menor risco, a celebração integral da vida/morte do cinema a cada fotograma, produzido muito além de competência e de enquadramentos profissionais, formatados dentro de um consenso do que é e faz existir a atividade cinematográfica.

Também, não é nada ocasional o fato de o diretor encontrar na produção de *Salve-se quem puder*... os elos de uma nova vida no cinema. A valorização do trabalho em conjunto – uma usina de imagens, um ateliê, uma biblioteca (projeto buscado por ele, tal como expõe em *Introdução a uma verdadeira história do cinema*) – é algo a se ressaltar. Ao lado de Anne-Marie Miéville, sua mulher, com quem, desde 1974, estava roteirizando e filmando, ele ressitua o espírito da descoberta tão caro a todo o seu percurso. A produção godardiana recai sobre a microesfera da individualidade, como que atualizando as metamorfoses da política e dos modos autônomos da subjetividade, operados por Foucault ao longo da década de 1970. O testemunho godardiano sobre a presença da mulher no espaço criativo e a valorização do trabalho em consonância com o desejo de criação, com o amor, mesmo, mostra-se em sincronia com a revitalização e, sem dúvida, a transformação do seu cinema.

Notável já era a marca do feminino nas produções da década anterior àquela em que surge *Salve-se quem puder (a vida)*, com nuances e desdobramentos em vários tons, irreverentes sempre: do engajamento profissional de Patricia, em *Acossado*, até as militantes de *A chinesa* e *Week-End*, sem se omitir a série de *outsiders* feitas por Anna Karina, incluindo-se o trocadilho irônico da "mulher infame", em *Uma mulher é uma mulher*, concentrado, curiosamente, numa força inteiramente nova, desejante e irradiadora da vida no mundo. Algo de que *Je vous salue Marie* irá dar, exatamente, a imagem ou a discussão mais provocadora em torno do sagrado da imagem (ou o fundo das imagens, para dizer com Jean-Luc Nancy), em estreito compasso com aquela do surgimento do universo.

A presença/ausência de Duras – escritora, mulher e militante em diferentes momentos do século XX –, mais do que tematizar o surgimento, pela segunda vez, do diretor e do feminino, está no centro da ficção e da(s) história(s) do cinema godardiano, tal como agora se vê, lê e, também, escuta-se, numa ordem impensada. "*Que música é essa que está tocando?*" "Música das imagens".

Aguardada por uma equipe de TV e, também, por um grupo feminino de estudantes, Marguerite Duras não aparece para os personagens e os espectadores de *Salve-se quem puder (a vida)*. Com a recusa da imagem da escritora, melhor se imprime sua voz (é assim que ela deixa o testemunho de sua passagem pelo filme), tão característica do que ela narra e filma, a ponto de ser criada uma espécie de articulação entre os seus relatos e o andamento sonoro-visual de um cinema engendrado pela emissão em *off*. Deve-se ressaltar o dado de que muitos dos filmes da autora recriam seus livros (*O Vice-Cônsul*, *Aurélia Steiner*), assim como novos textos são escritos numa clara continuidade do trabalho cinematográfico, com a marca de uma atividade roteirística ali inscrita.

Sua voz, destacada no longa-metragem godardiano como presença, alude, simultaneamente, ao modo como a escritora insere, tanto no espaço narrativo quanto no espaço fílmico, a apropriação da matéria vivida, da memória, do feminino. Sustenta-se na voz a sequencialização enunciativa dos relatos de Duras.

Além de conceber a escrita à maneira de uma indagação sobre a própria busca do narrativo a contar da experiência de dor e solidão na história do século (sinais explicitados em seus romances), a voz se apresenta como um modo de distribuir, disjuntar, montar a dicção testemunhal erguida enquanto fala (voz íntima, rememorativa) e, ao mesmo tempo, construída como ficção. A memória afetiva e os eventos da História (resistência ao nazismo; a colonização francesa da Indochina; os desdobramentos das grandes guerras e revoluções na formação da subjetividade) são refeitos, a contar de relatos compreendidos como formas sempre nascentes, orientados pelo fio da voz: memória e dispersão, na contracorrente de um discurso falado, já formado (seja sobre a história, seja sobre a mulher e sua escrita).

Duras deixa nítido o papel iterativo da voz, essencialmente rítmico da organização narrativa, para melhor expor os intervalos entre história e relato. O romance torna-se pauta de linhas diversas (históricas, biográficas, culturais, sexuais, geopolíticas, teórico-narrativas) operadas pela ficção de uma fala disposta em fragmentos mais e mais visualizáveis de narração. Como se assim se revelasse o sentido operador de montagem ocupado pela vocalidade marcadamente presente nos textos e nos filmes de Marguerite Duras. E, também, não se desligassem os outros enunciados, como o plano da visibilidade (para dizer com Foucault), com o qual a vocalização narrativa estabelece relações não demonstrativas, não complementares, dando realce justamente à disjunção entre escrita e imagem, bem própria do que pode se chamar de poética da voz *off*.

A voz contraria a onisciência, a imaterialidade do narrador, assim como a ideia de um registro direto da memória e da "visão" feminina, como um dado automaticamente inscrito na cultura.

"*Onde está Duras?*" Todos perguntam. A câmera se concentra primeiramente em Paul Godard, numa sala de aula, onde acaba por ler o depoimento da autora de *O amante* (em substituição à ausência da escritora) sobre o cinema e a inevitabilidade de fazê-lo como reação ao nada fazer.

Depois, Paul está dirigindo, em companhia de Cécile, sua filha adolescente, de quem vive separado desde que se divorciou. Na sequência desenvolvida dentro do carro, Duras testemunha, dando, indireta e de modo enviesado, a entrevista aguardada pela TV, pela escola. Então, narra.

Passa a fazer seu próprio filme por meio de palavras em *off*, no interior do automóvel, como se conduzisse a direção de *Salve-se quem puder (a vida)*. Revela-se nitidamente a ligação com *O caminhão* (1977), filme no qual a escritora/cineasta, em pessoa, e Gérard Depardieu leem o texto, o possível roteiro cinematográfico, criando o que ela chamou de *câmara escura* ou câmara de leitura, de modo a deslocar a imagem para um plano em *off*.

"Onde quer que você veja um caminhão, pense nele como uma palavra de mulher que passa" (Paul Godard completa a fala de Duras, na sala de aula). Um percurso por meio de um caminhão que agora se move sob a palavra feminina/voz da escritora, no lugar desbravado por Godard em seu reencontro com a ficção do cinema, depois de uma década.

Pela segunda vez, como se fosse a primeira, dentro de um universo ficcional perpassado por indagações sobre sexualidade, trabalho, vida em comum, e também sobre testemunho/depoimento (voz), sobre linguagem e técnica, Godard amplia o campo da diegese. Recompõe, através de Duras, os enlaces e os limites da escrita de literatura, assim como põe em estudo o chamado *discurso cinematográfico*. O diretor cria um curso narrativo-plástico-musical, próximo de uma acepção mais abrangente, *audiovisual* (como conceitua Deleuze em seu livro sobre Foucault), *expandida* (como concebe Gene Youngblood), *cinemática* (para além de uma ideia monovalente, seja de ficção, seja de documentário, de um cinema, enfim, que não se projeta, não se reproduz apenas por meio da imagem ou por meio de uma única espécie de imagem). Amplifica, também, o campo da autoria, ao contar com a parceria de um escritor que, a exemplo de Faulkner (referência-chave de *Acossado*) experimentou o cinema, e agora se dá no feminino, em ato. Em *off*.

Escrever é quase desaparecer – está por trás de algo, mas certos signos físicos tornam-me consciente de que há algo dúbio nisso.

(Grande caminhão faz curva pronunciada, no intervalo que o texto e a voz de Duras dão a uma passagem musical)

Algo quase imoral. Sinto-me mal, fisicamente, falando disso depois.

(Cécile sustenta o rosto com a mão, deixando fixo seu perfil contra o vidro da janela do carro, no banco detrás, contrapaisagem)

O silêncio cercando um texto, a leitura de um texto. É a palavra falada que o cria.

(Agora, Denise está em foco, enquanto opera suas máquinas de visão e transmissão, na TV onde trabalha)

Se as mulheres tivessem seu lugar – e não estou certa de que este exista –

(Paul é visto à distância, de fora do prédio da emissora da TV, por meio dos vidros do *hall*. Ele se encaminha para lá, onde tem um encontro com sua atual companheira, Denise)

Penso que o lugar de uma mulher é cheio de infância.

Inevitável, mostra-se o elo com Kathy Acker, uma autora surgida nessa mesma linha do tempo, concentrada na refeitura, na reinvenção da infância, como projeto adstrito à escrita do corpo pela qual foi destacada como escritora emblemática da contemporaneidade nos Estados Unidos.

Não surpreende que o vínculo de Acker com a poética de Rimbaud venha como suporte de seu ativismo teórico-escritural.

(Denise atravessa o *hall* em direção a Paul, decidida para se encontrar, também, com Marguerite Duras)

No mínimo, um lugar mais cheio de infância do que aquele do homem. Os homens são mais infantis do que as mulheres, mas têm menos infância.

(Denise passa pela porta de vidro da emissora de TV. Ganha o lado de fora. Os dois dão um abraço prolongado, celebrador. Depois, ela agride fisicamente Paul, ao saber que ele não conseguiu reter Duras para a entrevista, conforme o combinado)

CENAS DE ABRIL

Talvez o feminino seja alguma coisa de mais violento [...] Talvez o feminino seja mais sangue, mais ligado à terra [...] mulher tem até uma vantagem para falar nisso, mas o homem também fala desse lado assim mais escuro, mais violento, mais passional...

(Ana Cristina César, Depoimento sobre Literatura de Mulheres no Brasil, 1983)

Os escritos de Duras têm correspondência com outros produzidos por mulheres nos anos de 1980, período em que a autora retoma sua produção literária sob novas bases, depois da incursão pelo cinema. São o caso de Ana C. César e da norte-americana Kathy Acker, autoras que desencadeiam todo um potencial de paixões e pulsões, em sincronia com o ser feminino, no instante mesmo em que se indagam sobre a possibilidade do feminino como discurso e poética, como força atuante na literatura e na cultura para além das imagens forjadas pela sociedade patriarcal e pelos itens programáticos do feminismo.

Da parte de Ana C., há, claramente, a investigação sobre a visão de feminilidade recorrente na escrita literária brasileira, especialmente na poesia, no qual se estabeleceu todo um ideário, toda uma imagética diáfana, desmaterializante, em torno de uma sensibilidade que parece existir apenas como contraponto à polaridade ativa, empreendedora, atribuída ao masculino. Por outro lado, ela põe em discussão a pretensa fala desabrida, brutal, "feminista", dada numa acepção dualista, muito frequente na produção dos anos de 1970. Seu importante ensaio "Literatura e mulher: essa palavra de luxo" (1979) se dedica a insuflar um potencial de feminilidade que tem mais a ver com a provocação a esquemas dicotômicos, com a indagação, enfim, "onde está o feminino?". Questão muito próxima de "Onde está Duras?", equivalente ao mote especulativo "Que música é essa que está tocando?", recorrido ao longo do filme.

> Vi um filme esquisito de Godard (*Sauve qui Peut-La Vie*), ódio puro (o amor quase invisível só em *slow-motion* – a tradução em inglês). Anotei uma frase no escuro: *L'homme est plus enfantin que la femme, mais elle a plus d'enfance.* Pensei e não bateu. Ando pesquisando mulheres... (César, 1999, p. 71)

Interessada em pesquisar a teoria e a criação femininas, Ana C. não fica sem incluir em sua escrita poética uma dimensão de conhecimento aliada, a um só tempo, ao intento liberador das ficções, das formas intimistas, secretadas pelo *texto de mulher.* Entre a confissão e o crivo crítico, tantas vezes paródico, com que capta a fala reveladora do feminino, transcrita de modo fragmentado, atravessada por inúmeras referências, a autora de *Cenas de abril* (1979, o mesmo ano da produção de *Salve-se quem puder...*) adota os chamados gêneros "menores" de escrita (a carta, o diário, o bilhete, a anotação circunstancial), potencializando, curiosamente, tais práticas. Ela constrói, na verdade, uma *pauta* – compreendida como plano ou planta de uma atuação *por escrito* em vários tópicos relacionados à cultura, à história e, em especial, à literatura, a partir do foco intencionalmente localizado e urgente de um testemunho *no feminino*.

A menção, hoje, à poética de Ana C. deixa de fazer sentido como simples flagrante de uma história de vida e de uma época. "Não sou personagem do seu livro e nem que você queira não me recorta no horizonte teórico da década passada" (César, 1993, p. 12). Sua escrita se situa no limite entre os embates mortais, históricos, da *palavra de mulher* e a conquista da felicidade no presente (época da "produção independente"), anunciada nas *Cenas de abril*, no revés do mês em que se viu nascer a ditadura militar vigente até 1985. Abril são cenas – mês dos céus muito azuis, da Descoberta do Brasil, algo da terra, sim, mas, especialmente, do que é potencial, do que se elabora a partir da natureza, da biologia, da história, como um excesso de vitalidade apreendido enquanto estratégia, construção (*poiesis* e *política da escrita*, para dizer com Jacques Rancière), a ser disseminado na cultura. A contrapelo das expectativas oficiais do poder e de suas contraposições já instituídas, abril, em *cena*, passa a corresponder ao mês da primavera combatente da poesia – a exemplo de maio, índice simultâneo de *florações* e *metamorfoses* da vida material, como ocorre com Aragon e o pequeno soldado Forestier (veja-se o estudo da militância, em Ana Cristina, no importante livro de Ítalo Moriconi, *O sangue de uma poeta*).

Na sequência curta de vida em que publica poemas/prosas e pesquisas (como, por exemplo, *Literatura não é documento*, livro centrado em documentários de curta-metragem realizados sobre autores nacionais), Ana C. (como gostava de se assinar, tornando-se anônima) parece se encaminhar para uma dicção feminina cada vez mais próxima da inserção "esquisita" (tal como ela atesta em sua "correspondência incompleta") da fala de Duras, acerca de mulher/infância, no filme godardiano. Abeira-se de uma sensibilidade insubmissa a imagens legadas do ser e da escrita femininas, à medida que passa a escrever numa época, em que, no Brasil, a emergência da "poesia marginal", à qual Ana C. esteve, inicialmente, ligada, surge como uma produção celebradora, libertadora em relação às repressões, em dissenso com os anos de chumbo do regime militar.[1]

---

1. Também recorrente na poética de Ledusha, autora surgida em 1981, é o registro do desencanto pós-revolução (no que toca a pauta insurgente nos anos de 1960-1970), simultâneo às promessas de vitalismo na história, na cultura, sob o signo confrontador, porém mobilizante, de uma época posterior, novamente endereçável a JLG. "*não chore, honey, não chore/amanhã tem amorluc/amanhã tem revoluc/amanhã tem godard*" (Ledusha, 1981, s/p). Saliente-se que *Risco no disco* é um livro feito sob o influxo do cinema godardiano. Algo que se estampa na capa e na contracapa por meio da reprodução de fotogramas do casal Patricia/Poiccard (entre a amorosidade e o embate) em *Acossado*. Na última página, depois dos poemas, os protagonistas comparecem em mais outra sequência, num sentido claro de fechamento de um filme, entre legendas: uma caminhada pelas ruas. Não apenas *À bout de souffle* ganha referência incisiva, mas, também, *Deux ou trois choses que je sais d'elle* (entre uma norteadora entrevista de Godard na mão e o chamado ao mundo caótico, intensamente imantador, da vida urbana), em "Eletricidade": "(...) acordei chorando rodando o apartamento uma entrevista de godard na mão três fantasias na cabeça (...)

Quando passa a editar seus textos, no espírito da "produção independente" dos anos de 1970, a poeta produz uma equação que faz coincidir a existência da literatura no presente com a possibilidade de incitar a criação de um espaço liberto de identidades já consagradas, como se tratasse de uma questão imediata, passional. Um espaço capaz de intensificar anotações feitas à altura das sensações, do corpo, direcionando-se, no mesmo momento, para um sentido de *composição* – "trilha sonora ao fundo" (César, 1982, p. 12) –, formulada como montagem de linhas de prosa e poesia, como itens de um "caderno terapêutico" (tal como ela definiu seus escritos) tornados tópicos de uma intervenção nos modos de fazer e viver a literatura.

O dado audiovisual é observável como integrante de uma escrita que se vale de referências e modulações/montagens captadas na imagem cinematográfica, na fotografia, no desenho (veja-se seu livro pictográfico, *Portsmouth Colchester*) e em tecnologias de projeção disponíveis em sua época. Escrever se trata de uma produção (o talento teórico da poeta carioca se fazia imprimir em artigos até hoje impactantes, e, certamente, em seus "versos"). Situa-se num debate técnico em torno de literatura, livro e códigos intermidiáticos de circulação e suporte, próprios de uma sociedade planetária, cada vez mais reconhecível pela reprodutibilidade e pela projeção de imagens.

Poesia é uma ou duas linhas e por trás uma imensa paisagem (1990), vídeo de João Moreira Salles, assimilou o caráter de alinhamento pictográfico e cinemático da escrita de Ana C. Este é um dos poucos vídeos realizados no Brasil que revelam interesse e felicidade em incursionar por um trabalho escritural. Ressaltável é o acento dado à multiplicação das linhas, ao caráter de anotação, sobreimpressão, dos diversos registros fotogramáticos, caligráficos, inúmeros papéis e fontes de imagem em exposição, em fusão, constantes da produção da poeta e da própria arte do vídeo. Não por acaso, *Poesia é uma ou duas linhas...* enfatiza uma qualidade musical-poética da imagem, deixando-se sublinhar pela voz inconfundível de Ana C., terna e inquiridora, pura emoção e técnica. Fica, assim,

---

em passos rápidos dizia p/ro espelho das vitrines alô marina vlady (...) alto-falantes das lojas me arre/piam (...)" (Ledusha, 1981, s/p).

destacado o traço cinemático do conjunto de poemas/prosas da autora, proeminente, sobretudo, pelo que encena entre a anotação subjetiva e a pauta – espaço móvel de anotação/registro com suas linhas topológicas, teóricas e táticas, montadas no interior do discurso poético. O que há de *afflatus* – respiração, cadência –, na poesia, realça o limite da dicção em um ritmo que surge de um andamento visivo inerente à palavra, aberto a um corpo extenso de referenciais, índices de nomes e cenas.

> ... Agora
> silêncio; silêncio eletrônico, produzido no
> sintetizador
> [...]
> Apuro técnico.
> Os canais que só existem no mapa.
> O aspecto moral da experiência.
> Primeiro ato da imaginação.
> [...]
> Uma frase em cada linha. Um golpe de exercício.
> Memórias de Copacabana. Santa Clara às três
> da tarde.
> Autobiografia. Não, biografia.
> Mulher. (César, 1982, p. 7)

Uma questão de "apuro técnico" esclarece o papel da montagem (música eletrônica, canais, sintetizadores) no texto de Ana C. no instante em que as diversas formas confessionais, testemunhais, são *incorporadas* e parecem apontar apenas para a autobiografia. Não, a biografia de uma mulher em pesquisa a cada um dos pequenos livros editados pela autora. Uma mulher em descoberta, configurada numa pluralidade de discursos e inscrições femininas, nunca inteiramente dada. Nem depois de sua morte, do suicídio tomado pelo público como indício dos embates da vida afetiva, os textos editados, assim como os *Inéditos e dispersos*/os *Antigos e soltos*, não escapam do caráter de pauta/plano no qual a historicidade do "dizer" da mulher interfere na cultura da escrita quanto mais nega dar uma única ou final, fatal imagem.

> Aqui tenho máquinas de me distrair, TV de cabeceira, fitas magnéticas, cartões postais, cadernos de tamanhos variados [...] Nada lá fora e minha cabeça fala sozinha, assim, com movimento pendular de aparecer e desaparecer. (César, 1982, p. 97)

O movimento pendular entre palavra e imagem, presença e ausência, a partir de mediações/maquinismos, mostra-se em convergência com o cinema de Godard, radicado, por sua vez, na literatura, na leitura e na voz (na "falação", na citação tão característica, antes e depois de *Salve-se quem puder...*). Escritora em atividade, na passagem dos anos de 1980, Ana C. toca, justamente, na questão que envolve a vida e o cinema godardianos pelo meio, pela segunda vez, no século a caminho de seu fim.

O diretor se abre para a compreensão de um tempo que, a despeito de sua flagrante finitude – destituído de projetos metafísicos, salvacionistas –, apresenta o feminino como cerne das problematizações extremas de viver/morrer na história. Pois anuncia a passagem para uma nova cultura, afetiva, biopolítica. E a contar desse lugar "esquisito", sempre nascente, concebível como infância (é o que, além de Duras, Kathy Acker frisa em seus escritos), como garantia de um polo vital e renovador da comunidade humana ante os padrões sedimentados, historicamente, pela existência, pela cultura, pelo cinema (seu comércio e sua vida/morte), como sublinha Godard. Entre mulheres e homens – Paul Godard morre no trânsito ocidental formado pelo fim da família, pela ausência de comunidade e pelo trabalho corporativista.

O cinema é reencontrado – pela segunda vez na vida, como se retomasse o sentido da primeira vez, engatado já na continuidade em um terceiro, nada sintético, não consequente plano/programa de existência –, sob a marcação indagativa da música que está tocando, onipresente, mas de todo irreprodutível. Ou como diria uma das muitas vozes que interpelam a escrita feminina: "me conta uma história com moral" (César, 1982, p. 105).

JLG/JLG

Ao longo do filme – *JLG/JLG* (1994) – centrado em seu nome, Jean-Luc Godard vai tornando explícito seu desinteresse pela autobiografia. Ainda que tudo esteja centrado em texto/imagem, na legenda *Godard* em que se tornou e vem duplicado no título. Talvez esse jogo replicado, dobrado, potencialize a escrita/filmagem de si, direcionando sua voz e sua presença para uma dinâmica nascente da noção de testemunho, capaz de redefinir os limites entre criação e depoimento, conhecimento e acontecimento nos campos da arte e do empenho autobiográfico. Pois *JLG/JLG* se deixa ler e ver como um mapeamento do que podem o registro visual e o domínio escritural. Cinema e literatura atravessam a produção godardiana como uma extensão cartográfica do homem que se põe em trabalho confessional. Reside aí, em tal formulação, a surpresa constante de um filme que não se descarta de um flagrante por inteiro do grande e ainda operante cineasta.

O objetivo de uma redefinição da autobiografia fica claro no subtítulo que acompanha a produção de 1994 – *Autorretrato de dezembro* (mês de seu nascimento). Mas é preciso frisá-lo, na gradação das sequências que documentam o diretor na intimidade, em trabalho. Falar de si por imagens em cruzamento com breves depoimentos, sublinhados como frases de uma ampla orquestração musical, fílmico-pictórica e verbal, acaba por se mostrar como o modo mais condizente com o projeto: uma incursão capaz de conduzi-lo a algo próximo do autoconhecimento mais do que aos elementos confirmadores de uma revelação autoexpositiva, tendo por base uma noção englobadora, já formada de si mesmo.

O propósito autoavaliativo, de alguma forma confessional, projeta-se no nome dobrado presente no título – entre barra tipográfica –, permitindo o ingresso do espectador no trabalho de reflexo/reflexão feito pelo diretor, uma vez que para o próprio Jean-Luc Godard é a tradução cinematográfica de si que se coloca em pauta de uma maneira nada transparente, nem mecânica. Como se apenas pela feitura do filme ele pudesse produzir um registro sincrônico com as muitas pistas que compõem o seu nome, a começar pela simultaneidade da legenda JLG, tal como inscrita na cultura, e daquele que vive em reclusão, em contínua pesquisa do cinema, das artes e da história, entre imagens (entre as quais, a sua pessoa/figura se situa).

Não é por acaso que o debate entre arte e cultura venha à tona, exatamente no momento em que o cineasta surge na tela, depois de 7 minutos do filme iniciado. Entendida como regra, a cultura não favorece outro discurso senão aquele de sua operação aplainadora, encaminhada para ordenações genéricas e regimes totalizadores de referência, realizada em detrimento da vida presente, material, das artes e de seus agentes criativos. *JLG/JLG* se apresenta, pois, como um filme de câmara em que o sentido de laboratório, de usina, une-se àquele de bastidor, recôndito, célula privada. Assim, mais se enfatiza uma concepção fílmica contrária à vigência do *dar a ver*, a que todas as realizações artísticas se veem submetidas, em nome da transparência, da legibilidade constituintes do *capital cultural* hoje em curso.

A via potencial da arte, como premissa para leitura de si, dos percursos de um homem no tempo, timbra-se no filme, sincrônica à entrada de Godard em cena. Esse parece ser o testemunho duplo, irresolvível, porém, em simples fórmula dualista, contido desde o título, desdobrado em variações que põem em primeiro plano o jogo entre o ver e o dizer, entre a presença física do cineasta e as formas do *eu*.

Na contracorrente dos gêneros valorativos da identidade – seja em nome dos biorrelatos seja de outros formatos documentais, que sempre perpassaram a vida do cinema, mas hoje se impõem como dados normativos do lugar cultural dos artistas –, assiste-se a um criador em trabalho, um homem em sua própria casa, formulável como usina, biblioteca, ateliê, estúdio de cinema, "que seja também (...) uma máquina impressora para um romancista" (Godard, 1989, p. 24). Impossível se torna desligá-lo desse meio quando se pensa na finalidade do homem que se oferece em súmula, em autorretrato.

O que se destaca na discussão promovida por Godard diz respeito aos modos de ler/ver a cultura a partir da investigação e criação simultâneas, deflagradas no espaço do filme. Algo que já se observa no traçado genealógico articulado pelo repertório citacional de seus primeiros títulos até a projeção das *História(s) do cinema* e do século XX. Como dizer-se e ser mais do que um dito, um eu (ou uma única, imediata dimensão)? Como conceber-se para além de uma imagem de si, impossível de se sustentar pelo registro do *legível* cinematográfico, pelo simples testamento da palavra?

UM HOMEM FINITO

Interessante é notar, em *JLG/JLG*, a prévia que se compõe à entrada de Jean-Luc Godard na tela, na cena do filme feito sobre ele mesmo. Um chamado telefônico se antepõe a qualquer imagem. Godard insiste nesse ruído, assim como no retrato do menino Godard, que passa a atuar como um polo convergente nesse início de filme, entrecortado por páginas de um caderno recorrente, banhado de luz azul.

Toda uma preparação se faz assinalar como encenação, disposição técnica, direcionadas para a narrativa de vida de um famoso e polêmico *metteur-en-scène*. Surpreende, no entanto, na condução das sequências iniciais, a ausência da imagem do diretor, apreendida apenas pela voz *off* da qual se tornaram indissociáveis seus filmes mais recentes, chegando-se ao auge da relação entre sonoridade e visualidade em *História(s) do cinema*. Não há como negar, nesses filmes, o timbre típico do cineasta, *tonus* grave, por vezes espectral, como que projetado de um plano-além, sob uma tonalidade mista de alta introspecção e autoparódia. Godard é tentado a se dirigir ao lugar do narrador (ora em visitações frequentes, ora esvaziando-se até ser sondado como vacância), feito uma dimensão onipresente, mas intervalar, passível de todos os atributos, principalmente quando se põe em foco a passagem de uma vida no tempo, em busca da síntese concebível entre palavra e imagem, entre evento e testamento.

Está, justamente, no jogo de conexão e disjunção entre a voz que narra, lê e cita e as imagens referentes a Godard, o dimensionamento do *relato de si* trabalhado em *JLG/JLG*. Narrar sua própria trajetória de vida e criação como referida a um outro, comparece como o pensar paradoxal sobre sujeito e história, vida e morte, arte e cultura, erguido minuciosamente pelo filme, no interior mesmo da narrativa concentrada em sua pessoa, sua arte, em seus interiores. Já que tudo se passa no espaço de sua casa, sendo dali que surge o corpo do artista e de lá não se retira, a não ser para caminhar nos arredores de um lugar extremo, na Suíça natal, como se estivesse em exílio, aí nas origens.

O sentido que antecede o ingresso de Godard em pessoa, no *filme-narrativa de si*, sinaliza-se pela compreensão de que o *luto é anterior*. Uma formulação próxima do *morrer*, no pensamento de Maurice Blanchot, um escritor de quem o cineasta vem se achegando de modo acentuado – *punctum* de muitas de suas encruzilhadas nas ficções e nas histórias do cinema, tal como mostram as muitas referências ao autor de *A parte do fogo*, presentes, por exemplo, em *Hélas pour moi*, *Éloge de l'amour* e nas *História(s) do cinema*.

Uma aproximação com Blanchot se torna mais evidente, no momento em que são incorporados ao itinerário godardiano grandes gêneros (a viagem-documentário, o biorrelato/retrato, a história cultural) e conjunções entre pensamento, arte e linguagem no tempo, sem recorrência, entretanto, a noções agregadoras, salvacionistas, engendradas pelos discursos do humanismo e da história. Realizar sínteses artísticas e culturais de um modo não organicista, como fez Blanchot, rompido com o ordenamento ideológico entre sujeito e mundo, proveniente de uma dialética acionada entre a negatividade e uma conciliação sempre reposta, aponta para uma alteridade nuclear, tal como aquela apreendida no *espaço literário*. A cartografia construída em torno da escrita nos últimos séculos valeu da parte de Foucault, um filósofo formado pela leitura de Blanchot, o comentário de que ele seria o *Hegel da literatura* (Foucault, 1994, p. 125), numa equivalência que só faz expor toda sua diferença em torno de elementos comuns (em volta de pensamento, homem, finitude da arte e finalidade da história).

Não à toa, Godard insiste na noção da anterioridade do luto: na lida com a mortalidade, a terrestridade (para dizer com Vattimo, em análise dos traços antimetafísicos comuns entre Nietzsche e Heidegger) como única experiência de um plano incognoscível (a morte), a não ser aqui, agora, no *morrer*, no plano de finitude indiscernível do tempo em que se experimentam corpo humano e linguagem. É preciso distanciar-se, colocando-se em estudo (de modo anônimo, mortal), para melhor ser captado o ponto alterno em que subjetividade, palavra e imagem concebem um filme, um tipo de gênero entre o verbal e o visível, acerca da passagem de uma vida, tomada em sua própria casa.

Se Godard entretece alguns pontos de diálogo com a filosofia de Heidegger – chegando a imprimir o nome do livro *Ser e Tempo* nas páginas do caderno azul recorrente (mescla de diário e legenda de cinema silencioso) –, no instante em que obtém em *JLG/JLG* um centramento em torno de *casa-ser-linguagem*, o correr do filme acaba por lançá-lo a uma compreensão menos apaziguadora da resposta autêntica do ser ao apelo do tempo. Tal como se revela no pensamento heideggeriano, o evento ontológico (*ser*) constituiria o *viv(ente)* por intermédio de sua dimensão aberta de linguagem, considerada a partir de uma condição concreta na história.

Configurada como formulação-frase, como solo propício a novos incursos, a noção tornada clássica da *linguagem como casa do ser*, passa no cinema de Godard por uma alteração essencial, depois de ser citada, de se situar no caderno-plano-legenda. É o que pode ser observado tendo-se em mira o abandono da concepção simplesmente verbal da linguagem, como se nota por meio da casa-biblioteca-ateliê-usina de produção fílmica, assim como pela superposição heterodoxa de elementos no que se refere ao plano do *poético* (composto por seus filmes dos anos de 1990). Configura-se, assim, uma diferença do que Heidegger apreendia como linguagem "originária" e "ao mesmo tempo, inovadora, que se exprime exemplarmente", como bem notou Franca D'Agostini (1999, p. 195), em estudo da passagem da questão metafísica à virada linguística, ocorrida na filosofia do século XX.

Por outro lado, o vínculo entre fundamento/fundação e subjetividade, conceituado em torno do *morar*, já havia sido dissecado por Sloterdijk, em análise da *Carta sobre o Humanismo*, de Heidegger, de modo a desenraizar o núcleo ontológico, culturalizado, do ser-homem no "interior da história". Compreende-se tal mentação num desvelamento gradativo, por força do poder de autentificação do sujeito na obra e no tempo. Ou como pensam Deleuze-Guattari (1992, p. 124), em *O que é a filosofia?*, último livro escrito pela dupla, o que mais se pronuncia é o caráter territorializador, autoposto do ser-linguagem-evento (solidificado na base, no constructo *casa*) numa repetição sempre *recomeçante*, *iniciante*. Heidegger, assim como Hegel,

> permanecem historicistas, na medida em que tomam a história como uma forma de interioridade, na qual o conceito desenvolve ou desvela necessariamente seu destino. A necessidade repousa sobre a abstração do elemento histórico tornado circular. (Deleuze & Guattari, 1992, p. 125)

Lendo Blanchot, em *O pensamento do exterior*, Michel Foucault decompõe a ideia-substância contida na "interioridade da linguagem". Engendra-se nesse ensaio a concepção genealógica das linguagens e dos saberes trabalhados por ele, um filósofo seminal na analítica das formas do sujeito morar, durar nos discursos e em seus próprios corpos. Assim, confrontando-se com "a interiorização da lei da história e do mundo" (Foucault, 1990, p. 21) promovida na época de Hegel e Kant, o pensamento mapeado por Foucault na literatura moderna, a contar de Blanchot, desfaz a identificação já dada entre sujeito, linguagem e história, pela qual se produzem a naturalização do homem e de seus discursos com a mesma face absoluta, abstrata, de seu trabalho afirmativo/negativo no mundo.

A leitura feita de Hegel por Godard na tela de *JLG/JLG* (assim como ocorria com o pensador de *Ser e tempo*) acentua sua filosofia como marco do *pensamento da história*, marcada pela relação entre espírito, potência e negatividade. O diretor localiza a filosofia hegeliana dentro de uma conjugação de referências, exibidas em sua plena exposição e exterioridade, atravessadas que são por imagens as mais diferentes: as escritas em planos-pautas, caso do caderno/*ready-made* do biorrelato; os grafismos; as paisagens; o desenho da concepção do *stereo*/geometria, técnica e política do mundo audiovisual, além das pinturas dos grandes nomes, integradas ao ateliê heteroclítico de Jean-Luc Godard.

Essa constelação composta por recorrências a séculos confluentes com outro, já em súmula, em esquadrinhamento analítico e relacional (aquele do cinema), é que importa traçar: tensões, projeções, passagens, sem constituir o aparelhamento iterativo do inventário e a síntese ordenadora da arte e da cultura. *A Fenomenologia do Espírito* é lida em *off* na sequência em que o cineasta sai de casa e ganha os espaços abertos, sobre um ponta de terra cercada pelo lago, em indagação sobre os limites e os planos absolutos acerca de obra, percurso humano e conhecimento do tempo.

Da diversidade documental, em dispersão, em cruzamento, mais afim da pesquisa genealógica do que da historiográfica – daí a pluralização desse saber integrado ao videoprojeto *História(s)* – Godard vem se ocupando: todo o material heterogêneo, sem "conformidade consigo mesmo" (Foucault, 1979, p. 21), relacionado ao que está sendo visto e verbalizado enquanto ergue o retrato multifacetado de si. Por isso mesmo, seu cinema não deixa de pôr-se em prova, repensando o universo de imagens e sons em que pressupostamente só haveria o fluxo corrente de associações reprodutíveis do real ou daquelas já assentadas no patrimônio da cultura. O cineasta cria sempre atrito onde existia, até então, o nexo direto entre as coisas ditas e o memorial de suas imagens.

No contexto móvel de uma rede relacional de som/imagem, o cineasta de *JLG/JLG* oferece circulação e combinação aos itens de seu repertório cultural, a marcos-figuras como Hegel, Heidegger, com suas obras fundadoras, uma vez que uma possível *imagem própria* não se discerne de uma performatividade teórico-poética modulada dos modos mais diversos em torno do que é e forma o nome *JLG*. Seja nos filmes de ficção, seja naqueles declaradamente documentais, ocorre sempre um baralhamento das divisas entre gêneros e áreas do conhecimento, por intermédio das referencializações típicas do diretor, em exposição do falso fundo de uma "verdade interior", em favor da sondagem do que pode ser conhecido – dito, visto e testemunhado – no cinema, e no seu em especial, no fim do século XX.

A existência do personagem em pauta no *Autorretrato de dezembro* só pode se mostrar na dimensão do luto e do aleatório, no vazio formado entre verbo e visão. "*Falar não é ver*", ensaio decisivo de Blanchot, em *L'entretien infini*, esclarece tal embate, assim como *Da certeza*, de Wittgenstein, citado com página e capa pelo cineasta. Algo que fica patente desde o início por meio do ruído telefônico que se antepõe ao surgimento do diretor e protagonista do filme, e se faz acompanhar pelo registro da respiração dele, emitida com sons ritmados, acrescidos por outros na trilha (uma algaravia infantil sobreposta ao retrato do menino Godard), favorecendo, então, o jogo com o *pensar* e a *presença*.

O homem dado entre as coisas, típico da metafísica que um nome como Heidegger trabalhou para ultrapassar, opera em linhas abertas pelas sequências do cinema dedicado a um *ser no tempo*. Ou tudo que está *entre*.

Pontilhamento dos sinais dispersos, da maneira como, em *Pierrot le fou*, a citação de Élie Faure em torno de Renoir/Velázquez tomava corpo ao captar *os signos entre nós* em lugar do regimento identitário das imagens de reiteração e reconhecimento (enfim, o desajuste fundamental desbravado por Ferdinand/Pierrot no filme de 1965).

Em acordo com o legado antimetafísico deixado por Heidegger, a filosofia começa com o chamado, como observa Avital Ronell em seu *The Telephone Book*, instalando o processo de *exame-escuta-resposta* que constitui o pensamento dentro de um circuito de linguagem. Convém, no entanto, ressaltar que já em sua nascente, na ideia de origem (o homem em sua morada), ocorre uma incidência de ruído/interrupção, a contrapelo da corrente do *logos* contínuo, universal (outro embate blanchotiano em *L'entretien infini*).

Não se trata mais da antecedência da palavra (verbo/sopro original) sobre o ser e o pensar, mas da voz advinda de um manancial escrito (não a fonte natural de ser e pensar), como bem poderia suplementar W. S. Burroughs, em seu *A revolução eletrônica*, como que demarcando a logofonia da filosofia da presença, sustentada pela cultura do livro com seus códices de testemunho/testamento. Daí ser o catálogo telefônico a matriz de emissões e remissões que Avital Ronell performa em seu livro, concentrado na fala, no corpo da comunicação instrumentalizada pela (logo) telefonia, num procedimento conceitual presente em *JLG/JLG*. É o que se observa quando o diretor coloca, na leitura de seu trajeto humano, criador (uma topologia cara a Hegel), a "estática na linha" (Ronell, 1994, p. 228).

> [...] sob a pressão de "receber uma chamada", o telefone emergirá, de fato, como uma sinédoque da tecnologia. Devemos ser interrompidos constantemente pela estática das explosões internas [...] os *beep-tones* da história estrondam disruptivamente nas linhas do pensamento. (Ronell, 1994, p. 228)

Não se pode omitir o dado de que *JLG/JLG* se faz valer do contágio do ruído, da interrupção, para se apresentar, também, como um *filme silencioso* ou que se enuncia multiplamente, deixando emergir seus pontos desunidos de visão/fala/leitura/escrita, dados, contudo, em simultaneidade. Desse modo, pontua-se pelo passar de páginas de um diário-legenda-pauta de citações e intervenções escritas, favorável à acentuação da trilha musical e dos intervalos entre um plano e outro, entre uma e outra referência. Impõe-se como um filme que *não diz* (não fala estritamente de si), ao mesmo tempo em que se montam as pistas pelas quais um homem, juntamente com o cinema, pode se colocar em redescoberta, no andamento genealógico engendrado pelo *Autorretrato*, um pouco antes do projeto *História(s) do cinema*.

PHOTOMATON & VOX

> Casas para onde se entra e de onde se sai, por portas travessas ou janelas, por telhados e escadas derradeiras, pela frente, abrindo túneis nas caves, escrevendo torto em linhas direitas, ateando fogos, pelas traseiras.
>
> Ou ficando imóvel no meio dos móveis, um vulto na travessia dos quartos aglomerados. (Helder, 1987, p. 146)

Único livro em que Herberto Helder reúne textos sobre estética, propício ao estabelecimento de uma poética, *Photomaton & Vox* se mostra inseparável da escrita de poemas (em versos e em prosa) assim como das referências feitas pelo autor ao seu projeto e itinerário criativos. O livro se compõe, também, da mescla com *inserts* biográficos e notas sobre história, ou melhor, sobre seu modo de acontecer na perspectiva do laboratório fotomático-vocal instalado no interior da lírica portuguesa por Helder, desde os fins dos anos de 1950. Pulsa em tal concepção um elo nítido com o cinema godardiano, que o próprio poeta deixa explícito, como se verá no decorrer dessa análise.

No conjunto performativo-conceitual de *Photomaton & Vox*, tornam-se expostos o dado da visualidade, tão pregnante na produção do autor, assim como a recorrência ao canto e à dicção – *boca, cabeça, corpo* comparecem sempre como signos em contraponto a uma possível *voz lírica* –, por meio do chamamento constante às nascentes do texto poético pela partilha com os diferentes campos da linguagem e da cultura. A um só tempo, há uma reavaliação dos procedimentos legados pelas poéticas do século XX, bem como a incursão pelo aparato maquínico de som e imagem que atravessa a escrita, redefinindo os lugares da poesia e do poeta em um contexto mediático. Produzem-se, assim, outros modos de inserção e inscrição de uma atividade envolvida com técnica/tecnologia por intermédio de um plano enunciativo contagiado pela interseção de registros e relações no que toca visualidade, voz e palavra.

Um escrito como "(memória, montagem)" acaba por dar contorno reflexivo ao "filme vocabular" (Helder, 1987, p. 26) incorporado à gênese de um livro centrado na sua "forma em movimento", no desencadeamento de uma autonarratividade composta pela distribuição e pelo corte de linhas do longo *poema contínuo* trabalhado por Helder ao longo de décadas. Tudo se passa no interior de um universo de maquinismos imagéticos e sonoros, simultâneos às reconfigurações do livro e da poesia, do *corpus* e corpo do poeta.

> Não se trata propriamente de montagem, diga-se: uma cuidadosa maneira de receber a memória, assistir à ressurreição do que foi morrendo, e morre, e vai morrer.
> Baudelaire confundiu a sua memória, a montagem, com as exigências de um certo código narrativo.
> Rimbaud partiu de todos os seus lugares para dimensões paralelas, e fez no poema presente a montagem do poema ausente; aparece um pouco como o discípulo ancestral de Godard. (Helder, 1987, p. 147)

A memória se entrelaça com a montagem cinematográfica na escrita de Helder menos como recuperação de um processo real, vivencial, animado pelo registro das imagens – "assistir à ressurreição do que foi morrendo..." –, do que como abertura de dimensões paralelas entre tempo e movimento, entre o trajeto de uma vida e a visão. Por um lado, as iluminações/iluminuras de Rimbaud se projetaram no âmbito da escrita, antes do cinema, no andamento da errância do poeta – seja em relação ao mapa eurocêntrico de um mundo (e no que envolve a literatura, então, praticada) já em descentramento, seja no que se refere ao patrimônio mnemotécnico de uma civilização capitalizadora dos bens simbólicos em detrimento da existência criativa de seus agentes/artistas (debate sobre arte/cultura presente em *JLG/JLG*).

Por sua vez, o cinema godardiano se apresenta, após séculos de crises e mortes da literatura, como um meio de relançá-la de modo multidimensionado, simultaneamente crítico e criador. Daí sua concepção de montagem sempre ter negado o fluxo sequencial como código eminentemente visual do filme, de maneira a favorecer as narrações (as puras falas, os comentários de toda ordem) e os espaçamentos da escrita cinemática (o que contraria os filmes romanescos, celebradores do literário, como se fossem a simples *transposição* de um meio a outro).

Avançar no tempo (na sua relação com Rimbaud, poeta *absolutamente moderno*, essencialmente nômade) se revela, antes de tudo, como um disjuntar-se (algo como o *morrer*, tal como ocorre em *JLG/JLG*, e não o ser heideggeriano rumo à sua meta/morte autenticadora da história, de um sujeito revelado em toda sua plenitude). O ponto de interesse em fazer filmes para Godard se encontra em deixar ver seus componentes, seus pontos de inacabamento e de ingresso em novos domínios de linguagem e de saber, no decorrer da metragem, tomada em sua materialidade fílmica (e tudo que implica a moral da sucessão, a história de uma produção como tema nuclear das imagens cinematográficas). Por força de um trabalho de montagem que interrompe e modula a sequencialidade disposta pela película, de modo a fazer emergir os dados narrativos e poemático inerentes à sucessão e ao ritmo das imagens, no tempo e no movimento do cinema.

Discípulo ancestral, frisa Helder, no mesmo instante em que o poeta português desmonta a consecutividade, a causalidade na história – e nas *História(s) do cinema* das imagens e da literatura – ao conceber um vínculo producente e impensado entre Godard e Rimbaud. Bem além da conhecida incorporação do autor de *Illuminations* em *Pierrot le fou* e da ideia de um suceder, de uma linhagem.

Rimbaud já vivia uma problemática de linguagem que se atualiza em Godard, no cinema, mas se revela integrante da história. Toma a consciência dos produtores estéticos desde a modernidade. É como se a própria filmografia godardiana esclarecesse cada vez mais as iluminações do poeta, acolhedoras que são de todo tipo de iconografia e de projeção (veja-se, por exemplo, a exposição-experiência de *Alquimia do Verbo*). Eis o que se observa a partir de um embate igual, em trocas duplas e multiplicadas de imagem/literatura, no que se refere à inexistência de um único domínio da linguagem na esfera da arte, considerando-se as dimensões de visualidade, conceito e som, sempre constantes e combináveis, de acordo com cada código, cada universo criativo.

Enquanto Rimbaud lança para o futuro, no compasso de uma caminhada sempre desterritorializante, sua relação com a poesia e os signos do mundo que a imprimem na cena cultural moderna, sempre a ser afirmada, a se dispor de um devir, o diretor de *JLG/JLG* se oferece a uma retrospecção nada linear. Sua infância, por exemplo, limita-se ao retrato de ele menino para melhor se desdobrar em outras imagens cada vez mais atualizadoras daquele que se filma, revelado a cada quadro entre pinturas, videogramas e pautas de letras (repertório iconográfico bem próximo, aliás, daquele de Arthur Rimbaud). Aliás, a infância a ser conhecida, a ser desbravada, numa intermitente reinvenção, no correr do tempo e da experiência poética, mostra-se presente nos projetos de escrita de Rimbaud e Herberto Helder. Godard projeta o cinema com um empenho mapeador, ativado em todos os seus filmes até a culminação das *Histórias do Cinema*.

JLG /JLG se situa no meio, no centro de um projeto de relato e história das imagens, a partir de um polo abrangente como o biorrelato/retrato, tal como o é a cartografia cultural da série de vídeos finalizada em 1998. O corte genealógico das imagens em sucessão na tela do cinema se orienta pela trajetória de uma vida que se autorrelata, autorretrata (impressão fotomática e voz) na gradação de um filme. Como se tudo se tratasse do tempo do filme, entendido, também, como *filme do tempo*. "A poesia propõe a história do mundo./Temos então o filme, o tempo" (Helder, 1987, p. 151). É assim que Herberto Helder concebe a extensão de uma oficina de imagens cinemáticas – em memória, montagem – no âmbito da linguagem do livro analítico – e, também, criador – de seu próprio percurso, *Photomaton & Vox*.

> Qualquer poema é um filme, e o único elemento que importa é o tempo, e o espaço é a metáfora do tempo, e o que se narra é a ressurreição do instante exatamente anterior à morte, a fulgurante agonia de um nervo que irrompe do poema e faz saltar a vida dentro da massa irreal do mundo. (Helder, 1987, p. 148)

ÉLOGE DE L'AMOUR

Bem no início, o cineasta Edgar, em diálogo com uma atriz candidata a um papel no filme em preparação, pergunta-lhe sobre sua preferência entre cinema, teatro, romance e ópera. A jovem decide pela literatura. Logo em seguida, o projeto fílmico em andamento é definido pelo diretor precisamente como o "raconto dealguma coisa da história/de três casais". O foco dado à relação entre jovens, adultos e velhos se faz acompanhar de quatro "momentos do amor/a saber/o encontro/a paixão física/e depois a separação, e em seguida/os reencontros" (Godard, 2001, p. 8).

Na busca por uma forma de relato capaz de apreender dimensões diferenciadas de tempo na mesma gradação em que experimenta a realidade particular da vida afetiva, a figura do cineasta em *Elogio do amor* surge para desencadear outros focos, passíveis de resumir o projeto na direção da pesquisa historiográfica, do registro memorialístico. Tanto lhe importa a urdidura do romance no tempo dos afetos humanos quanto o vínculo com a história e os polos indivíduo-sociedade, característicos do gênero. É, então, sobre os conflitos ocorridos durante a Segunda Guerra Mundial, em especial acerca do papel desempenhado pela Resistência francesa à época, que o filme se volta, de modo declarado e gradativamente esclarecedor.

Não surpreende, pois, que o primeiro longa-metragem godardiano do século XXI gravite, sobretudo, em torno de romances. Um deles se torna explícito pela citação e pelo comentário vindo em seguida: *O azul do céu* (1957), de Georges Bataille. O outro se encontra dentro de uma valise, *Cassandra* (1983), de Christa Wolf.

> [...] desfaço minhas malas e esvazio as sacolas de livros no meu quarto de trabalho preferido, um quarto que recende a madeira [...] Não começarei a falar das cores nem do céu, pois ao fim deste parágrafo que se iniciou com os livros desempacotados, devo-lhe ainda citar alguns títulos bem legíveis que se encontram no cume da montanha de livros ou semi-escondidos, mais abaixo... (Wolf, 1990, p. 277-278)

Se *O azul do céu* desdobra a convulsão afetiva do narrador na iminência dos conflitos revolucionários em Barcelona, durante a Guerra Civil Espanhola, o romance alemão visita o mito de Cassandra com o interesse de investigar as forças primiciais, as potências. Dá atualidade às grandes conjunções formadas entre os corpos e os múltiplos sinais do tempo. Destino e fabulação criam um forte elo, a contar do dado profético de Cassandra.

Convém destacar que o livro de Christa Wolf – tomado à distância, no interior da valise, como matriz dos mitos romanescos e dos relatos históricos – tem seu exemplar filmado (capa e volume frontais na tela) precisamente por permitir o ingresso na dinâmica entre o que se mostra e o que não se deixa ler (o nome Cassandra com seu poder divinatório em segredo). Sua inclusão, na valise de livros deixados pela antiga namorada de Edgar antes de morrer, dá-se em total acordo com a longa busca de plenitude do ser visionário, que é Cassandra, na leitura de Wolf. O personagem se dota, ao mesmo tempo, da *hybris*, do desafio de se expor à visão, à avaliação do olhar público, à forma coral, entre os gregos, do juízo. Não à toa, a exibição de um volume de *Cassandra* se faz entremear por um diálogo em *off* e pela tela escura, uma vez que os conflitos, assim como os enlaces, entre visionarismo e história, extraídos da narrativa mítica por Wolf, interessam a Godard no momento em que exerce um trabalho de retrospecção (documentação e testemunho históricos dos participantes da Resistência).

Situa-se, aliás, no jogo entre retrospecção e acesso à visão o filme sobre o presente, que é *Elogio do amor*. Na passagem para um novo milênio, época em que o longa-metragem godardiano foi realizado, o passado se aclara como um eixo da continuidade e, também, da transformação do século XX. Por isso ocorre depois, na segunda parte, filmado em cores no reverso do preto e branco inicial do filme, centrado contrariamente em um momento posterior (dois anos depois), capturado no flagrante e na fragmentação da cena urbana cosmopolita contemporânea, sem contorno nem cor. Daí comparece a Resistência Francesa, por exemplo, como uma possível matriz da ação política na história de um século. Ou, então, o amor cortês tomado como paradigma de um discurso que atravessa diferentes regimes de signo, colocando em primeiro plano as presenças da mulher e os afetos. Senão, a aliança entre mito e antecipação (Cassandra). Figuras de jovens, velhos e adultos surgem do tempo em emergência e confluência captado por Godard, de modo que diferentes épocas se enunciem em torno mesmo da história, da passagem e do impasse do que se memoriza e se oferece à visão integral de uma vida. Justamente, um *filme de amor*.

O AZUL DO CÉU

Romance nunca lembrado quando se faz menção à Guerra Civil Espanhola, preterido em favor de *L'espoir*, de Malraux (é o que considera Edgar), *O azul do céu* se introduz no conjunto de livros de literatura postos em circulação durante os percursos dos personagens de *Elogio do amor* como peça-chave do embate travado entre esquecimento e memória. Livro que foi concebido no choque – no calor do registro e da experiência da hora –, criado entre o tempo dos afetos e o decurso da história em um instante de virada, de corte.

A referência à narrativa de Bataille se dá no interior de uma rememoração de Edgar, quando viu um exemplar do livro entre outros vendidos à beira do cais. Interessante se mostra o encadeamento produzido a partir do contato do jovem cineasta com o romance escrito em 1935, logo depois da sequência em que ele dirige o ensaio do par Églantine/Perceval, exatamente no trecho em que é discutida a relação entre ver o ser amado e manter o amor à distância.

Em torno de *O azul do céu* – um livro esquecido, encontrado por acaso, exposto num sebo, ao ar livre – se agregam os elos existentes entre os três casais e as narrativas do amor na história perseguidas pelo filme. O "pequeno livro (...) lançado após à liberação da França", com apenas 300 exemplares vendidos, é chamado por Edgar de *texto exato*. É como se o romance escrito por Bataille antes da eclosão da Segunda Guerra Mundial não obtivesse um valor apenas pelo ato reavaliativo de uma pesquisa sobre literatura e história na primeira metade do século XX, considerando-se ser uma obra subestimada. Ao contrário, a pequena narrativa se revela interferente, integrada à problemática presente da rememoração, do trabalho retrospectivo, ao atuar no próprio processo imaginativo e afetivo do cineasta Edgar. Revela, num instante (livro encontrado à beira do cais), os mecanismos do tempo, suas descontinuidades, sob a ação de um sentido sempre nascente. Justo um romance escrito em envolvimento com a guerra iminente, entregue a pontos insuspeitados, intermináveis de tensão.

O interesse de Edgar pela neta do casal de militantes da Resistência realiza um entrelace do plano afetivo e do fragor da luta histórica. Por outro lado, acaba por acentuar a distância entre eles, tal como ocorre em definitivo com o suicídio de Berthe, dois anos depois de se conhecerem. Assim, pontua a breve frase, despontada para o protagonista de *Elogio do amor* como um signo da rememoração, quando indicaria a plena posse da vida presente – "Você tem tempo" (na verdade, um comentário paradoxal à duração do par amoroso e à própria duração, no ritornelo de uma simples expressão).

"Há uma pessoa que disse isso dois anos atrás, eu me lembrei, embora imperfeitamente, uma vez, no cais, fui dar exatamente no texto exato". A avaliação feita por Edgar a respeito do livro de Bataille não se desliga da cadeia formada por rememoração e atualização que perpassa não apenas as fases do tempo, mas inter-relaciona os domínios discursivos, tal como se efetiva na sequência iniciada com o ensaio do jovem casal como amantes medievos até o momento em que um fragmento da memória conduz Edgar a considerações sobre história, guerra e literatura. Talvez, Godard tenha composto numa única sequência – entrecortada apenas por alguns segundos de tela escura – uma cápsula de espaço-tempo autogeradora de todos seus vetores e cruzamentos. A câmera passa por espaços e planos temporais no andamento gradativo da fala do cineasta-protagonista acerca da amorosidade de Églantine e Perceval, culminando no encontro com o texto de *O azul do céu* e no comentário a partir daí articulado sobre a soberania do amor e a perda do poder congraçador do Estado.

> O Estado não tem de modo nenhum ou perdeu
> o poder de abraçar
> diante de nós
> a totalidade do mundo. (Godard, 2001, p. 36)

Elaborados como uma espécie de *travelling* da voz, os textos ditos por Edgar encontram total consonância com a margem de excedente alcançada por Bataille no pequeno romance, assim como no restante de sua produção, em relação ao valor cronológico do tempo humano, à oficialidade da ordem da história e do poder econômico. A fala de Edgar passa, de um tempo a outro, por universos conceituais e disciplinares os mais diferentes, sem que ele avance do espaço do estúdio, do ambiente da preparação do filme, no preto e branco das salas de ensaio e produção – *O elogio do amor*. Cantata (como será dito na segunda parte, o projeto de Edgar anteriormente se definia como *Cantata a Simone Weil*). Visto em sua progressão, o filme encontra seu fundamento no modo como o romance – peça polifônica de linguagem, bem definida por Bakhtin – contém a dinâmica da voz narrativa e o movimento articulador de coordenadas espaço-temporais, muito próximo das formas musicais, na andadura rítmica das variações sonoras (em especial, a cantata com as presenças do recitativo e do coro).

A partir da exposição do cinema no centro da diegese, Godard parece ficar livre para trabalhar o dado narrativo, consolidado pelo romance por meio de seu traço épico definidor do gênero, de maneira a fazer emergir a história em toda sua heterogênese e inacabamento. Quanto mais Godard demarca seu referencial no tempo, mais ele irradia as prévias, os desdobramentos e os espaçamentos para fora de sua órbita factual. É o que o diretor de *Elogio do amor* efetiva sob o compasso de uma indagação contínua, proliferada de enfoques, que passa pelas narrativas anônimas de amor, criação e morte (algo que acontece no microrromance batailleano). Despontam, desse modo, linhas/encruzilhadas temporais e possibilidades recriadoras, em vez de uma ideia panorâmica de romance e cinema como reconstituição – ou mesmo restituição – histórica.

Mais do que uma citação de *O azul do céu*, o trato do texto de Bataille se direciona para um sentido de súmula. Godard extrai o essencial da novelística do escritor e pensador no momento em que Bataille flagra a dilaceração da subjetividade da figura convencionada como herói romanesco em um confronto político maximizado – crucial para as transformações geopolíticas do século XX. Conflito esse capaz de vazar fronteiras do tempo e do conhecimento sob o impacto de uma revelação de forças históricas, que excede a simples conflagração de frentes adversárias. O livro esquecido que é *O azul do céu* deflagra uma verdadeira *guerra dos órgãos*, um combate à organicidade de um modo ser e estar na história de um século timbrado sob a legenda do progresso, da busca do futuro.

> – ... Aliás, mesmo que a guerra tivesse resultado disso, teria correspondido ao que eu tinha na cabeça.
> – Mas como a guerra teria podido corresponder a qualquer coisa que tivesse na cabeça? Teria ficado contente se houvesse guerra?
> – Por que não?
> – Acha que uma revolução poderia seguir-se à guerra?
> – Falo da guerra, não daquilo que a sucederia.
> (Bataille, 1986, p. 50)

O azul do céu oferece a Godard a oportunidade de passar por camadas e ressonâncias que ligam os corpos às suas construções temporais um pouco antes da primeira metade do século XX chegar a um de seus fins, ao enfrentamento da finitude de seus projetos progressivos, na dimensão totalizante propiciada pela Guerra Mundial. É o que ocorre no instante em que a vanguarda, utopia revolucionária de uma época, transforma-se para um expoente como Bataille, dando-lhe a possibilidade de documentar seu próprio extravio, sua mais crítica reformulação, no calor de um momento histórico irradiador das mudanças buscadas no horizonte da época moderna, assim como de suas contramarchas, de suas contradições político-econômicas remanescentes até hoje.

O romance (o de Bataille e o próprio gênero) é tomado em sua célula essencial de ato não evocativo de escrita, em lugar da prosa romanesca avalizada pelo referendo histórico. Importa, antes de tudo, o que pode tornar a literatura um acontecimento, não o volume específico de uma biblioteca encerrada na coleção e no patrimônio prévio, estabilizável da cultura (da história, mesmo, a reinar como instância congregadora das narrativas do homem no tempo). O intuito de Bataille se atualiza para Godard, no momento em que pensa a memória de uma época a partir de sua dispersão, como a própria existência do anti-romance, que é *O azul do céu*, acaba por testemunhar por meio do processo investigativo aberto em *O elogio do amor*.

A contar do dado da *dispersão*, deve-se considerar que a abordagem da história toma base na radiação de realidades paralelas que gravitam em torno do eixo Guerra Mundial. Algo que se dissemina em *O azul do céu*, com as ligações desbravadas entre amor, política, psiquismo e os planos da imaginação dos personagens, oscilando do sonho revolucionário totalizador de uma época ao estado de um pesadelo generalizado, incapaz de existir fora do combate ao perfil monolítico da chamada civilização moderna. "Pensava no sonho da revolução que tinha tido naquela noite: eu era mais inteligente – ou mais humano – quando dormia" (Bataille, 1986, p. 138).

Tomada pelo excesso, pelo desalinhamento, ao valer-se de uma retrospecção, a história comparece para Godard num dimensionamento muito próximo das concepções de Charles Péguy, pensador formado pela filosofia bergsoniana, citado no filme e incorporado como uma das referências norteadoras de *História(s) do cinema*. O autor de *Clio* empreende, em seu trabalho historiográfico, a assimilação paralela dos diversos domínios e disciplinas, todas as partes da chamada natureza humana, embasando-se no que compreende como a *revolução filosófica* promovida por Bergson ao colocar no centro do pensamento sobre o tempo uma realidade mutável, movente, relacionada ao *esquema dinâmico da ideia*. Projeto que contraria a *imagem de pensamento* legada pela razão compreendida como entidade substancial – a ideia como ordem monovalente, autorreguladora –, concebida enquanto plano originário e remissivo dos processos de ser e da história. Nesse sentido, em vez de haver uma *razão da história* – um plano judicativo, restituidor da inteireza da pessoa em seu evento epocal como verdade acabada –, o encontro simultâneo de Godard com a memória da Resistência e a literatura empenhada na sua relação com o tempo (seja aquele da revolução em Bataille, seja o mítico refigurado por Christa Wolf) se mostra como um pontilhamento de vozes e textos paralelos, incapazes de dar um encerramento aos percursos dos personagens de *Elogio do amor*. Inexistem perfis psicológicos, reduções partidárias, parciais, dos embates políticos aflorados com o memorial da guerra mundial, assim como qualquer sedimentação deles em épocas determinadas, modeladoras de uma *consciência histórica* (até mesmo por se tratar de um universo e de um repertório pouco conhecidos).

Assiste-se, ao contrário, à passagem das temporalidades apreendidas pela dinâmica do presente. Mesmo quando o filme se encerra no passado – na perspectiva de dois anos anteriores àquele do início, 2000-2001 –, formando um bloco nítido – com imagens em cores, inclusive, saturadas por um cromatismo aberrante, estourado, hiper-real –, em contraste com o preto e branco inicial, a atitude do cineasta é a de fazer com que os planos finais sejam o surgimento da memória do passado, em um encadeamento, entrelaçamento com um instante contemporâneo. Desse modo, parece não haver mais diferença da parte inicial do filme, não se correspondendo mais como uma prévia do tempo, mas uma dimensão múltipla sempre desdobrada em um presente não mais entendido como consequência do passado e da preparação do futuro, e sim como corrente não linear do devir (um procedimento retrospectivo em processo, em inevitável recriação, por força de sua atualidade e virtualidade em entrelace).

O passado não é negado, nem simplesmente prolongado na atualidade, integra-se, porém, à sua *incomensurável novidade* (a reflexão de Bergson, em *A evolução criadora*, aponta para a continuidade transformadora da vida em lugar da descontinuidade do *já feito*). É o que se descortina para Edgar em sua chegada a Paris, depois da uma estada na Bretanha com os militantes da Resistência. Está em vias de assinar um contrato – examinado por ele a pedido da neta do casal de antigos ativistas – com produtores norte-americanos para a realização de um filme (muito ao gosto da cultura histórica hollywoodiana). Há, então, nesse plano final o engate com um passado todo contrário àquele tornado matéria tópica de Hollywood e modelo de romance cinematográfico, indicadores da novelização da grande indústria de imagens com o resgate da panorâmica – ponto de vista – visão da história, entendido em sua fixação e determinação temporais.

A moral da história no final de *Elogio do amor* se revela como continuidade não progressiva, em um circuito de desconexões e conjunções entre imagem e memória, no qual a vida presente se impõe como política cotidiana em todos os seus graus de afetividade, convivialidade e sobrevivência. Uma vida presentificada no nível de desabrigo por que passam os sem-tetos da Europa (cena p&b da noite em Paris) e também na força da multidão que vetoriza os passos do cineasta Edgar no trânsito formado de um ponto a outro da história. O filme apreende o chamado ao presente como polo radiador da metamorfose da memória na abertura a todos os possíveis, numa *remodelagem constante* dos elos que o ligam a outros instantes, a outras épocas (em frações/fiações ainda atuantes), da forma como a compreendem o historiador Péguy e Bergson, pensador do tempo e do movimento.

> – Fale... agora... fale
>
> [...]
>
> – Então seria preciso que lhe contasse toda a minha vida.
>
> (Bataille, 1986, p. 88)

MINHA VIDA

No início era a cor, como se não houvesse marco, nem determinação, mas o sinal de um jogo, de um sentido relacional que torna cada passagem de vida uma questão de montagem do tempo. Exatamente como pratica Godard, desde sempre e mais que tudo agora em contato com um possível princípio, na história de um século: por meio de linhas tópicas (legendas, textos escritos para voz *off* e outras formas sonoras, visuais, de inscrição) em profusão e convergência. Em citação e cruzamento.

Quando pensa a biografia, as questões da história em cada instante, enquanto avança depois da vanguarda e da revolução, já em outra marca epocal – como se projeta a narrativa secular, entrelaçada com a historiografia do cinema e o retrato de si, tal como relata *JLG/JLG* –, o cineasta atua sobre seus próprios referenciais em rememoração. Pois configura mapas, espacializa diagramas de som e imagem (como explana sua concepção de *stereo*, no filme/autorretrato), em variantes conceituais dotadas da força de estabelecer elos da máquina-cinema com os diferentes campos do conhecimento – a história, por exemplo.

Ou senão, *Minha Vida*. Da forma como a poeta Lyn Hejinian reconstrói sua biografia, contando com o substrato da cultura *ready-made*, do livro de confissão, de experiência totalizada. Da cultura, mesmo, do livro, tomado como documento em partilha, legado em palavra, por intermédio de um projeto testemunhal transparente, criado numa única, particular, via. Na linha do tempo. Uma vez que *My Life* (1987) é formado por 45 fragmentos de *prosa poética* relativos a cada um dos anos de vida de sua autora.

À medida que são reconhecidas pelo leitor as marcas típicas de cada uma das idades, registram-se, em *My Life*, anotações-eventos extemporâneos, causando a quebra do falso efeito de englobamento contido no *livro da vida* por força de uma mobilidade de elementos, temas e frases que se repetem e se recriam de um extremo a outro de sua leitura. Não cessam de se sobrepor recorrências, assim como referências à continuidade da vida que *se conta*. Discernível se mostra nos 45 blocos compactados, precedidos sempre por um aforismo ou sentença poética, a presença interveniente do autor concebido como montador de uma dinâmica de tempo que se afasta do estrito molde de cada uma das idades enfeixadas, de ano a ano, pelo livro.

Em catalogação e cognição, a síntese possível dos anos de vida só pode se dispor por um jogo combinatório e parcelar. Se por um lado há o específico, o reconhecível no tempo captado em *flashs* impressivos assimila-se, na leitura do livro de Hejinian, a simultaneidade das idades com a época presente de sua escrita. Esta se mostra, por sua vez, dependente da retrospecção e da redistribuição dos signos de toda uma vida, resumida em uma possível primeira metade (45 anos), bem no meio de seu transcurso (a autora retorna ao projeto depois dessa premissa e publica *My Life in the Nineties*, em 2003, assinalando, dessa vez, o critério da década, mais precisamente a última do século XX e o que envolve o restante da *sua vida*).

Modelo, código matemático preenchido pela topografia dos motivos de uma vida (da vida de um tempo), o livro perfaz um padrão composto de

Fragmento em aforismo em itálico

seguido de texto que se formata inicialmente apenas do lado direito obedecendo as linhas introdutórias à esquerda para depois de um intervalo (branco entre colunas) tomar as margens diagramadas de um canto a outro da página apreendida como pauta de frases, alíneas, linhas-do-tempo gradativamente relacionadas dentro de uma cápsula de espaço tipográfico..

Veja-se o início do primeiro bloco – e ano – de *Minha Vida*:

> *Uma pausa, uma rosa, alguma coisa no papel*
>
> Um momento amarelo, exatamente como quatro anos depois, quando meu pai regressou da guerra, momento de saudá-lo, tal como estava, lá embaixo nas escadas, mais jovem, mais magro do que quando partiu, púrpura era a cor embora os momentos não sejam mais coloridos assim. (Hejinian, 2002, p. 7)

Lyn Hejinian cria uma convenção formal, a partir do compacto conceitual *My Life* (idades moldadas em blocos discerníveis), do mesmo modo que a cor em *Éloge de l'amour* se apresenta como uma evidente mostragem da dinâmica temporal sob uma divisória entre passado/presente, baralhando, contudo, a proeminência de uma época em relação à outra. Como se observa no fragmento transcrito acima, dá-se uma abertura a *exatamente como quatro anos depois* no interior de um bloco evocativo do primeiro ano de vida. Por meio da visão, do apelo cromático, ocorre uma convocação para o ingresso na coexistência dos tempos e na forma de manifestação dos eventos, dentro de uma progressão não cumulativa, não consecutiva.

No filme godardiano, por exemplo, a Resistência Francesa aparece, com a coloração saturada, excessiva, como uma matriz de empenho político – "Em tempo de guerra não escapo de minha cidadela" (diz Péguy por intermédio de Godard no filme) –, uma espécie de marco zero do século XX a caminho de sua segunda metade, de sua passagem crucial pela experiência da Guerra Mundial (um modo de, também, sinalizar o relato da vida de Godard, nascido em 1930). A matriz histórica, aliás, se reconfigura na órbita do presente, esse em aberto, problematizado na parte inicial de *Elogio* como um entrelaçamento de processos dos séculos, sem apontar para nenhuma conclusão, nenhuma resolução apaziguadora entre o que ocorre na atualidade, o que se sucede e a proeminência dada aos vestígios, ao desdobramento dos legados.

Lê-se no bloco final de *Minha Vida* (aquele que corresponderia ao 45º ano da autora):

"Altruísmo em poesia"

> De tarde, até às cinco, eu me sentei na sala lendo teoria enquanto comia um prato de cenouras. Dois), poder. Agora, superestimulada, mas em profundidade, não artificialmente (nada "eletrificada"), dispus de meus papéis e garanti o anoitecer, pre-tendendo assim exceder a imediaticidade que parece no momento uma previsão (tão cheia de planos estou). (Hejinian, 2002, p. 161)

Endereçando sempre a um desmembramento atual a emergência de um ato crítico e cartográfico em relação ao tempo, *Minha vida* e *Elogio do amor* jogam com totalidades – amor, vida, história – sem nunca imobilizá-las em categorias dadas. Por meio de remissões, que não descartam as antecipações, a poeta e o cineasta encontram nos signos da visão um núcleo indagativo abordado, também, por um livro como *Cassandra*, no qual a aura primordial do mito feminino desafiado ante os rumos da Guerra de Troia é revista com toda sua potência visionária em atenção às questões imediatas. Em busca, mesmo, de uma *vidência do presente* é que se pode ler no procedimento retrospectivo da narrativa de Christa Wolf uma estratégia criativa muito comum na literatura, nas artes e na teoria do século XX, em suas décadas finais.

Em Hejinian, Wolf e Godard, entra-se em contato com peças de revisão/retrospectiva diagramadas em pautas, em listagens que exorbitam, extravasam um programa estrito, circunscrito a uma época. É toda a abrangência de uma história que se move, seja em sincronia com o relato mítico tomado por intermédio de Cassandra, seja aquele do meio do século até sua passagem em outro (não por acaso, Godard se deixa filmar como personagem da multidão em desabrigo, no preto e branco de uma grande capital do mundo globalizado entre uma e outra silhueta anônima, nômade).

Ou, então, o poema de cada ano de vida, entre sentenças da linguagem e "memórias compulsórias" (Hejinian, 2003, p. 21). Experiência extensiva a Bataille em *O azul do céu*, no instante em que ele se indaga acerca do que pode ser o romance (tal como declara no prefácio do livro) e no qual, também, engendram-se a guerra e o século mundiais. De tal modo que a arte, ao se mostrar no centro de uma investigação sobre o tempo, articula a sua própria experiência de continuidade como ponto axial de cada criação, submetida a uma constante cartografia e a uma crescente descoberta não propriamente do que foi transcorrido, mas do que (se) passa.

ALLEMAGNE NEUF ZÉRO
LES ENFANTS JOUENT À LA RUSSIE
NOTRE MUSIQUE

Após o reingresso ao *filme de cinema* propiciado por *Salve-se quem puder (a vida)* – marco de um retorno, na sequência de uma militância tanto política quanto estética às margens da cadeia *imagem-informação-mercadoria* (Ishaghpour, 2000, p. 115) –, os anos que se seguem revelam um Godard renovado, diferenciado, contudo, das legendas e emblemas que poderiam estabilizá-lo dentro de um programa, de um possível estilo (com as previsíveis marcações da autoria em seu favor ou desfavor). As estratégias conviviais, visíveis na ficção e no modo de realização de *Salve-se quem puder (a vida)*, apontam para o sentido de recuo e reaprendizagem do fazer cinema, na consonância sempre buscada com o presente e os modos concretos, materiais, de criação. Modos essenciais para uma definição do que é o filme que se registra e se projeta.

Mais uma vez, torna-se atual a conhecida máxima godardiana de que nada se revela em cada título a não ser a história de sua produção. No entanto, compreende-se, a partir desse período, mais precisamente, a contar dos anos de 1990, história não somente pelo estatuto ficcional, mas como o próprio decurso de uma época (um século entrelaçado com a consolidação do invento técnico-artístico cinematográfico, misto, por um lado, de documento, de registro, e, por outro, de narração, de fabulação). Desde que o diretor refez limites e extensões em torno da arte, da política e da cultura, incorporados em seu trajeto pessoal. O dado investigativo, constante de seu cinema, alia-se a uma sensibilidade avaliativa, imprimindo nos novos filmes um andamento cartográfico, arquivístico, na dimensão em que Foucault atualizou a noção de história.

Esse período de transformações (concebido como *anos-cosmos* pela revista *Cahiers du cinéma*, numa edição comemorativa do 30º aniversário da estreia do cineasta), aparentemente, altera a trajetória e a imagem formada do diretor – o filme não conta apenas, e de um modo imediato, a história de sua produção, mas, a cada novo título, reflete sobre sua própria produção na história. Dá-se uma ênfase perceptível na geração de signos que fazem com que a atividade cinematográfica amplie sua dimensão no tempo a partir das táticas técnico-produtivas deflagradas enquanto intervenção/interferência em dado momento histórico, na política das imagens, na conjuntura cultural dos anos de 1960/1970. Vem daí um traçado mais retrospectivo, uma postura mais analítica, provenientes de um senso agudo da temporalidade e de uma compreensão mais alargada dos espaços (enquanto *produto de inter-relações*, poderia sinalizar a geógrafa Doreen Massey), como está contido na designação *anos-cosmos*. Entre terra e céus, outras origens/genealogias se entremostram, favorecendo a documentalidade da própria ficção formulada pelo diretor, como elemento reportável ao tracejamento de um mapa – com as nítidas marcas de uma localização geográfica e seus desenhos complexos, multidirecionais (Massey, 2008, p. 184) –, à quadratura das imagens no movimento do tempo.

Imagens são pontos mapeáveis de um incurso. Apontam para a documentação de viagens, ainda que transfiguradas no prosseguimento da realização e da montagem de cada um dos três filmes destacados nesta seção, tão bem resumidos no título, em jogo, disposto por *Alemanha Nove/Noventa/Novo Zero*.

DEPOIS DA NATUREZA

(O CAMINHANTE SOLITÁRIO)

Em certo momento do filme de 1991, rodado na Alemanha pouco depois da Queda do Muro de Berlim, Godard atenta para a existência de fronteiras quanto mais se indaga sobre o rumo da Europa, sobre a noção de Ocidente.

Por meio de Lemmy Caution, célebre figura *noir* da cultura popular francesa, um espião deslocado da ficção/antecipação concebida em *Alphaville* no contexto da Guerra Fria, o diretor considera que a "união perfeita de várias vozes impede de todo modo o progresso de uma apenas". Por esse corpo de personagem investigativo, secreto, subterrâneo, tomado pela desorientação e por uma réstia de bravura, por um sentido limítrofe de desbravamento, *Allemagne Neuf Zéro* torna enfática, integrando em seu modo de narrar, a perspectiva de uma multiplicação de focos, informações e acessos. Exatamente no instante em que empreende esse filme-viagem *in loco*, no fim do comunismo.

Essencial se mostra modular concepções de fronteira quanto mais é confrontado por Caution o projeto de unificação político-territorial da Alemanha. Sublinham-se, num andamento musical, as variações da solidão na História – "disse à produtora que não desejava tratar de uma solidão individual" (Godard, 1998, tomo 2, p. 224) –, tendo como eixo diferentes facetas de um país, de uma cultura (sejam do romantismo, sejam do nazismo, perpassando pelo sinfonismo de Beethoven e pelos *cartoons* de um autor popular como Wilhelm Busch).

O cineasta, dublê de viajante e agente secreto, insufla, às vezes em *off*, ou por meio dos vitupérios de sua *persona* detetivesca, a emergência de relações e rastreamentos não encerrados com a dissolução das divisas ideológicas datadas do fim da Segunda Guerra Mundial. O horizonte despontado pela ocidentalização capitalista como futuro (novo zero) da Alemanha 90 desperta no cineasta a insurgência contra um panorama planificador, monovalente. Tudo o que contraria o empenho ainda épico de seu cinema, montado, no entanto, sob uma dinâmica desconcertante, desidealizada, como bem figuram os passos claudicantes de Lemmy Caution, de uma ponta a outra de um país democratizado, liberalizado, onde, também, ocorre a travessia da imagem extemporânea de Dom Quixote.

Em *Ne raconte pas d'histoires*, texto de conferência para a imprensa em Cannes 1990, quando da exibição de *Allemagne Neuf Zéro* no festival daquele ano, Godard deixa claro seu propósito, mais próximo de uma incursão do que do registro de um material de viagem. Interessa-lhe um prisma bem distante do turismo a Berlim depois da Queda.

> Gosto de ir a algum lugar tendo algo para fazer. Então disse: "Bom, vai se fazer a Alemanha do Leste, que me parece especialmente sozinha entre as outras, já que se encontra solitária em sua família alemã".

Nota-se nessa retomada do espaço alemão, bem depois de *Alemanha Ano Zero* (1948), de Rossellini, rodado no auge do neorrealismo, uma atitude especulativa concentrada no que há de contingente aos desdobramentos imediatos da Segunda Guerra Mundial – "vê-se ainda uma velha Alemanha" –, assim como voltada para a transformação de um país em outro. "Em vez de se ver 'Sede do Partido Comunista', vê-se 'Banco Alemão'" (Godard, 1998, tomo 2, p. 225). Ao mesmo tempo, Godard imprime, na captura de uma mudança de regime e do modo de ser alemão como um todo, no presente, um sentido de trajeto, muito bem estampado pelo empenho anti-heroico e autoparódico de Lemmy Caution, indisposto com a linha reta, final, de uma mutação apaziguadora. Muito pelo contrário, seu filme faz emergir a peculiaridade do território teutônico, impossibilitado de ter omitidos os conflitos entre filosofia e destruição, natureza e enteléquia, *espírito do mundo* e História. Enfim, ganha o plano central um país a ser rastreado, por se fazer. Ainda agora.

Na aproximação entre a Alemanha Ano Zero, dos anos de 1940, e a Alemanha Nove Zero, surge no cinema godardiano uma superposição referencial, ocupada antes, por exemplo, em *Alphaville* (para se reter o emblemático Lemmy Caution, de novo em ação), pela sondagem *sci-fi* dos universos paralelos, circunscritos a uma antecipação distópica dos Mercados Globais, emergentes na Guerra Fria. Tudo agora ressoa como mapeamento e insidiosa, plural, prospecção. A contar da homogeneização planetária e dos dados de posterioridade, do fim de uma época.

Prefigurando o projeto videográfico *História(s) do cinema*, Godard se aproxima, na década de 1990, da produção de mapas culturais (de uma nova e, enfim, materializada história cultural, favorecida pelo escopo da projeção cinematográfica), daquelas *memórias espaciais* de que trata Doreen Massey, em *Pelo espaço* (2005). Outra viagem se sinaliza, outra imagem documental se deixa grafar no cinema enquanto registro de um lugar e de um momento histórico.

É o que se vê em *Allemagne Neuf Zéro*, uma vez que o cineasta repertoria um país em metamorfose, fazendo vir à tona, em todas as suas nuances e gradações conceptivas, uma unidade (Alemanha) sempre posta em causa, desde sua origem moderna, desde a ruptura presente. Por intermédio de uma vertigem de temporalidades, dadas em choque, numa riqueza de procedimentos, colhidos na música e, fundamentalmente, na literatura. As experiências escriturais, indiscerníveis da deambulação investigativa, características de diferentes autores (Goethe, Benjamin, Sebald) encontram no modo de filmar-montar e na caminhada contínua do detetive-espião L. Caution seu núcleo de imagem e imantação.

Intrigante é observar como o diretor estabelece uma equivalência entre a forma de conceber seu documento fílmico (Novo Zero) e as linhas de força do literário na Alemanha, desbravadas desde Hölderlin. Pode-se captar no poeta de *Patmos* a busca integral de uma harmonia entre espaços terrenos e conceituais (tomados tanto por potencialidades humanas quanto míticas, naturais e ambientais), envolvendo a radicalização da itinerância, do empenho físico, corporal, na travessia das paisagens, de um modo tão intensificado quanto aquele que se presentifica nas narrativas de Sebald.

O diretor de *Allemagne Neuf Zéro* estreita os elos entre diferentes momentos da literatura alemã, no momento em que se indaga a respeito da estratégia geopolítica pós-comunista, inquirindo-se acerca da história ocidental sob o compasso de uma viagem compreendida como corte cartográfico em crescente amplificação. Pela construção icônico-documental articulada pelo filme, nota-se o foco para além da dimensão culturalista da Alemanha como tradição e da lógica do bloco econômico integrante do macrossistema da globalização (país central da Comunidade Europeia). A interseção de viagem e conhecimento do mundo, em todas as variantes tópicas e cognitivas, atinge seu ápice na literatura pós-borgeana de Sebald, escritor fundamentado, por sua vez, em vertentes tipicamente germânicas de pensamento acerca da história, da cultura e da literatura.

Apesar da inexistência de referencialidade ao autor de *Austerlitz* por parte de Godard, observa-se em seu empreendimento cinematográfico um interesse igual pela apreensão máxima das conexões (históricas, estéticas, culturais) produzidas por um processo associativo, no qual as perquirições em torno do tempo conduzem a movimentos intensivos pelos espaços.

Allemagne Neuf Zéro localiza, a partir das muitas citações feitas de escritores de língua alemã, num vértice que abarca toda uma variedade de recorrências (Schiller, Walser, Kafka, Mann), um veio de investigações e itinerários que vai culminar, na atualidade, em W. G. Sebald (2002, p. 90):

> Uma longa série de diminutos choques,
> vinda do primeiro e segundo passados,
> não-traduzida para a falada linguagem
> do presente, permanece
> como um partido corpus
> [...]

Em grande congruência com a escrita de Sebald, o filme feito na Alemanha unificada marca um vínculo com a relação entre viagem, literatura e memória, tendo como base esse *partido corpus* sinalizado pelo livro-poema *Depois da natureza*. Nesse sentido, avizinham-se da deambulação de Lemmy Caution, entre os extremos do território alemão, os trajetos perseguidos pelos protagonistas de Sebald, motivados por uma sondagem, uma pesquisa. Sofre, assim, uma alteração o intuito romântico do conhecimento de si e do mundo – visível no Goethe de *Jornada italiana* – por meio da desorientação.

A partir de um referencial tipicamente germânico no que envolve escrita e caminhada desde o Romantismo (tese, aliás, de Sebald sobre Robert Walser, escritor suíço de expressão alemã, em seu ensaio *O passeante solitário*), o escritor de *Vertigem* conduz a deriva a novos graus de formulação, desmontando a oposição entre casa/terra natal e o fora. Demonstra-se, desse modo, uma sincronia com o que se assiste na produção godardiana dos anos de 1990. O romancista realiza, no mesmo período, um traçado de sistemas topológicos amplamente visuais e espaciais em suas narrativas, pelos quais ocorre o jogo entre a incidência de motivos que apontam a viagem como repetição, retorno do conhecido, e o plano inominável em que as imagens recorrentes, indiciais, passam a se configurar.

No que diz respeito ao encontro frequente com as fontes da civilização e da cultura nessa entrega vertiginosa à dinâmica da deambulação (de Hölderlin a Sebald, no contexto literário alemão), pode-se dizer que a caminhada faz oscilar o conhecimento associado à viagem entre a recorrência e o incidente. Torna o contato com o dado memorial, retornante sempre, um outro modo de acontecer a História, que subjaz à busca pessoal de personagens itinerantes, inseparáveis da deriva.

Na literatura de Sebald e no cinema de Godard, presenciam-se a refiguração, a redistribuição de temas obsedantes, de núcleos-chave da subjetividade e da memória coletiva, dispostos numa topografia a ser mapeada com enlaces incessantes e desmontagens urgentes, de um ponto a outro da Europa, no embalo do passo a passo de uma *walking cartography*. A inclusão de recursos iconográficos, sobretudo da fotografia, no corpo dos relatos de W. G. Sebald, em um ponto próximo da relação mantida por Godard com os *inserts* de textos literários (em citação escrita ou falada, numa amostra de livros e modos diversos de leitura) segue um projeto de intervenção quanto ao propósito aparentemente unilateral de documentariedade, embasado em referências concretas, culturalizadas.

Muito bem observa Russell Kilbourn, ao estudar as presenças da arquitetura e do cinema com foco concentrado em *Austerlitz*, a emergência do evento que move a narrativa sobre o solo da repetição, da recorrência, tipificada por todo um arsenal ilustrativo (documental, iconográfico), entremeado como extracampo do relato (não como contracampo, numa possível e ordenada correspondência). Algo que soa válido, também, para Godard, um diretor sempre atuante no que diz respeito às digressões e interrupções feitas a partir da tão clamorosa referencialidade da arte, da história e da cultura em seus filmes. Atitudes e estratégias que escapam ao referendamento, ao simples culto das recorrências matriciais.

Se os críticos de Sebald observam nas jornadas/caminhadas de seus personagens (pesquisadores/cartógrafos/duplos não binários do escritor) a impossibilidade de se perderem, ao modo romântico, no progressivo torvelinho das viagens, o traço do *conhecido*, sempre em regresso, não marca apenas um caráter confirmador do *mesmo* ou da face estranha de uma subjetividade confrontada com seus pontos-cegos e espelhamentos (como atestam as leituras psicanalíticas feitas sobre o autor). O recorrente não se dá como reconhecimento, mas numa disposição aleatória de cena, figura e texto, em que se mostra o personagem-narrador sempre itinerante como ressituado, não reencontrado (ou não-reconciliado, poderiam acrescentar Straub e Danielle Huillet com base na literatura de H. Böll).

Por mais que os motivos, os índices, as narrativas/fotografias estejam reunidos e coletados, comparecem numa órbita de rastros icônicos e fragmentos de relatos por meio de um encadeamento mais próximo de um trâmite testemunhal do que da determinação de uma voz central, subjacente. Vê-se, lê-se, uma subjetividade sempre a emergir, localizada entre um *frame* e outro de relato/imagem, de um plano a outro da cultura e da história.

O traço pós-borgeano patente na escrita de Sebald elucida o direcionamento de uma ordem posta em conjugação ou desarticulação, no que diz respeito às imagens (assim como às linguagens definidoras) de real, de identidade. Como aponta John Beck, num paralelo entre o escritor alemão e o argentino, o uso da fotografia nas narrativas em pauta atende a um princípio de encenação, "um metacomentário que produz ordem com uma visão que a desmantela por dentro" (Beck, 2004, p. 81).

O referendo e o documentalismo, em Sebald, não se desligam das incessantes bifurcações dos relatos em diferentes tempos e espaços, advindas, sem dúvida, do talhe característico da literatura de Borges. A cada ilação textual produzida, a cada *insert* fotográfico, precipita-se a alteridade básica desses relatores-investigadores. São, cada vez mais outros – submetidos a outras filiações – à medida que viajam e se sondam. É o que ocorre com o personagem órfico Austerlitz, instado a borrar o traçado feito de seu perfil a cada ingresso desnorteante nas caminhadas. Todo um compasso (um passo a passo) se dá a ver em planos sempre deslocados de visibilidade e verdade até o alcance de um ponto neutro, exterior, a partir do qual pode se vislumbrar alguma inquirição sobre *ser* e *saber*. Ponto esse que não faz cessar o movimento (de si e das imagens).

Imprimindo um nível de aceleração e assimetria constantes no diálogo concentrado com a escrita borgeana, Sebald põe em evidência o vazio da verdade restituidora, proveniente do acúmulo de referências. Sua arte narrativa aponta antes para a circulação de procedimentos culturais e discursivos a cada passo, a cada item da sonda operada por seus protagonistas, de modo a lançá-los às miragens totalizadoras, cujo descortínio conduz ao trato das conjugações não dadas entre subjetividade, escrita e história.

Como nota Beck, Sebald concebe, entre o sólido e o fluido, entre as seduções da ordem e o desafio do caos, uma escrita em coextensão, como um volume crescente de informação conectada, incapaz de referendar um lugar pacífico, tão-somente remissivo do conhecimento e da imaginação. Pelo contrário, incita à criação de formas narrativas originadas de cortes historiográficos na relação com sistemas, ordens e paradigmas culturais. Projeto que insufla a peregrinação de personagens em pesquisa e em mescla com os diversos polos propagados por trajetos, num interminável desdobramento. Para lá do desenho configurado no painel da história, no patrimônio da memória.

Curioso se mostra ver, nos livros deste autor, o cruzamento heterodoxo com as ficções borgeanas, nas quais o detetive se conjuga com o arqueólogo, o viajante (*gaucho*) do sul da América e diversos tipos de *hacedor* (inquiridor que não fica sem ser refeito de forma aleatória, labiríntica, pela viagem pretensamente objetiva do conhecimento). O *hacedor*, no veio trabalhado por Sebald, não se separa de um processo memorial em recomposição. Confronta-se com o saber que desponta acerca da identidade, da realidade, nos itinerários desentranhados de um plano "mentado" (mapeado em algum códice cultural, por escrito ou por imagem). Plano transformado em cifra sinuosa, indicadora de trilhas simultâneas, convocadora da ação, de um gesto presente, agônico e agonístico. No ponto-limite de um enfrentamento (do fim, de toda uma vida), ao extremo – ao sul, por exemplo (como está num conto borgeano) – de algum lugar. O *Hacedor* ou o atuante/mapeador se lança em um empreendimento simultâneo à leitura (à sobreposição recursiva de escritos e livros), conduzido ao ponto fronteiriço que todo lugar guarda. "*La vasta biblioteca que me rodea está en la calle...*" (Borges, 2010, p. 271).

Interessado nos processos que fazem emergir a nação alemã no instante de sua reunificação, Godard concebe variantes do investigador/pesquisador em torno de Lemmy Caution e do conde Zelten (não por acaso, interpretado pelo ator Hanns Zischler, ensaísta do intrigante livro *Kafka vai ao cinema*, uma arqueologia da insuspeitada relação do escritor com a arte das imagens em movimento, que acabou, também, tornando-se um filme dirigido pelo próprio Zischler, o grande intérprete de *No correr do tempo*, de Wenders). Ao se deter sobre a figura do estudioso do cinema alemão, que é Zelten/Zischler, Godard alia sua concepção documental à dimensão da viagem, especialmente essa que se amplia a partir do *cami-*

nhante solitário – típica do pré-romantismo francês, em Rousseau – e ganha contornos complexos na conjuntura literária da Alemanha, atualizados por Sebald (passando antes por Walser).

Resulta, pois, da passagem de Godard pela Alemanha, um filme que não se abstrai da matéria compósita historiográfica e escritural de que é feito, apartando-se dos dualismos da era comunista, assim como dos englobamentos unidimensionais do capitalismo em vigor. O diretor lida com múltiplos informacionais, não hierárquicos, capazes de ligar a alta ficcionalidade de um país à sua jornada documental. De certo modo, ele reconstrói a Alemanha (deixando pistas também para se entender a literatura desde os anos de 1990), fazendo emergir substratos irrecusáveis de uma formação sempre nascente quando se toma conjuntamente história e literatura com a irrupção constelar de forças e fatores. Ressalta-se a concepção de uma história em insurgência, muito mais do que a ressurgência (nessa visita ao país de Fausto, marcadamente pós-rosselliniana) de uma concepção monovalente que segrega arte e política em seções estanques, estabilizadoras dos lugares em que se movem o cinema e as imagens do mundo.

O MUNDO FORA DOS EIXOS

Já no início de *Les enfants jouent à la Russie* (1993), a conjunção entre viagem e realização cinematográfica mostra como a documentalidade, em que Godard se encontra envolvido – dessa vez em cartografia do território russo, poucos anos depois do fim do comunismo –, é capaz de ligar evento artístico à pesquisa, o mapeamento cultural ao exercício da imaginação. Não à toa, a ênfase na compreensão da Rússia como país da ficção se dá como um *ritornelo* ao longo do filme no momento em que todo um debate ganha relevo com a dissolução do bloco soviético na conjuntura da geopolítica contemporânea.

Em visita à nação de Tolstói, Dostoievski e Maiakovski, Godard se põe no desafio de realizar cinema como experimentação de linguagem e sondagem histórico-cultural sem o recurso da dialética em termos de montagem (ou da desmontagem do arsenal das imagens vigentes da Rússia).

Evita-se, por outro lado, a entrega à espetacularidade da produção em curso – representada no filme pela figura de Jack Valenti (Presidente da Associação dos Grandes Estúdios Norte-Americanos), empreendedor do entretenimento e da política *laissez-faire*, típico da naturalização do ilusionismo cinematográfico, assim como da padronização democratizante do liberalismo econômico.

As crianças brincam de Rússia evita a adoção de qualquer unilateridade ante a dissolvência do *comunismo real*, apartando-se, pois, da perda do potencial de se fazer história, de se criar imagem. Muito ao contrário, convive-se, nesse filme de 1993, com uma intrigante aliança entre dor (dimensão colhida na escrita dostoievskiana, assim como na visão da "Europa pobre" do Leste) e júbilo (noção advinda da poética de Maiakovski, na qual são vivas a celebração e a prospecção laboradas por um propósito tanto construtivista quanto socializante no período do Futurismo).

Através de tal vínculo, o fim da ideia de revolução não impede uma revisita ao tempo e ao espaço, atribuindo-se a dimensão da infância à imagem da nação. Não é pelo fato de o comunismo ter resultado em experiência malograda, regida pelos ditames totalitários do modelo estatal, centralizador da propriedade coletiva dos meios de produção, que a potência utópica de um povo deva ser anulada. Algo que poderia se cogitar em favor do consenso capitaneado pela economia mundial de mercado (justo um tipo de projeto em que não há propriamente nenhuma espécie de congraçamento socializador, nem um aspecto relevante de vitalização política).

No interior dessa ótica, o cinema pode se reinventar, projetando, segundo Godard, um elo com o mundo, próximo da acepção russa de ícone, enquanto signo de uma crença integral nas imagens, materiais ou imateriais, tanto intelectivas quanto intuídas, dispostas numa abertura analógica. O diretor joga o tempo todo com o visível e o legível em torno da Rússia, vindo daí o poder metafórico, metamórfico do filme, compreendido como *ensaio de investigação*. Tal definição ele vai colher na concepção dada por Soljnetzhin no subtítulo de *Arquipélago Gulag: Ensaio de investigação literária*.

Ao frisar a alta ficcionalidade que compõe o modo russo de ser, Godard veicula uma concepção insuspeitada de política, fornecendo outra imagem, outros recursos para o cinema em documentação, na recomposição *in loco* de uma cultura, que se deixa captar por mais de um motivo (para além da restrição do foco da derrocada de um projeto coletivista totalizador). As mulheres na rua ora aparecem como Ana Karenina, outras vezes despontam no cotidiano com as faces da *Gaivota* tcheckoviana.

As crianças brincam de Rússia empreende, simultaneamente, uma revisita e um processo fabulatório, dotados da marca de descontinuidade, de que fala o escritor brasileiro Bernardo Carvalho como característica do diretor. Descontinuidade narrativa, como aponta o autor de *Mongólia*, pela qual "Godard pôde reinventar uma arte industrial" (Carvalho, 2005, p. 175), mas observável também em termos de visão da História. A dissolução do comunismo aponta, no ver do cineasta, para a emergência do sentido ritualístico e comunal, basilar da cultura russa. Provoca a retomada do trabalho da imaginação, indissociável do ativismo político. Interpela o *jogo com as forças potenciais do mundo* (como poderia formular o filósofo Kostas Axelos), incitando uma revisão da infância e a relação plurívoca suscitada na Rússia por intermédio da dimensão icônica (diferentemente da unilateralidade referencial contida no símbolo), no instante em que se dissolve o ideário progressista, materialista-histórico.

Curiosamente, Bernardo Carvalho centra seu projeto narrativo na descentralização e na descontinuidade (exigência enfatizada pela novelística e, também, pela ensaística de Blanchot, a que fazem referências os artigos de *O mundo fora dos eixos*). Algo evidenciável no repertório crítico de que se utiliza Carvalho, em sua imponente contribuição, no domínio jornalístico, ao registro sobre arte e cultura entre fins de 1990 e os primeiros anos de 2000. O foco voltado para uma diversidade de tópicos e de produções artísticas torna clara a intenção de o escritor dar conta de transformações irrecusáveis – deslocamentos concretos ocorridos na esfera geopolítica – a envolverem as linguagens e o que se concebe contemporaneamente como mundo. Como se lê em *Nove Noites* (2002), numa proporção de exterioridade e historicidade inevitável no que se refere a eixos centralizados em categorias assentadas, pouco problematizadas, principalmente no Brasil, em sua relação com identidade, nacionalidade e território.

Precisamente, o trabalho narrativo de Bernardo de Carvalho fará tangenciar o espaço de nossa literatura com uma pauta de motivações que expande nosso entendimento sobre nação, quanto mais um sentido de pesquisa, implicando aí a viagem, passa a formar de modo seminal a escrita do autor. A singularidade da formação cultural/nacional se faz no compasso das fronteiras abertas na atualidade em dimensões de toda ordem, sejam as geofísicas, sejam aquelas relacionais, observáveis nas trocas culturais e nos vínculos formados entre blocos econômicos e a diversificação dos integrantes do pacto da globalidade.

A leitura de Carvalho feita sobre Godard se apresenta em consonância com seu projeto novelístico, especialmente o caráter de *investigação literária* assinalado pelo cineasta, no que toca ao modo de fabular as relações com diferentes culturas e territórios. Em *O filho da mãe* (2009), um romance composto na Rússia e em torno do maior país continental do planeta, convive-se com uma espécie de *sonda* capaz de abarcar um momento histórico controverso, marcado pelos conflitos provenientes do desmonte do bloco soviético. Isso se dá sem a perda de um foco cartográfico propício à captação de itinerários ficcionais que situam o espaço russo pela base, por meio da figura emblemática da mãe (observável desde o início do século XX, em Gorki, até o seu final, como se vê no cinema de Sokurov), tomada entre a degenerescência, a violação, e a crença em outra aliança, outra noção de pertencimento.

A narrativa projeta horizontes de relação e comunitarismo à volta desse polo gregário (concentrado, sobretudo, no Comitê das Mães dos Soldados), dimensionado com a força – não apenas mítica – da terra/mãe no seio da nação onde o materialismo pôde se colocar em ensaio e conflagração. Ao mesmo tempo, é perceptível, em *O filho da mãe*, o potencial de desgarramento e destruição que o motivo-matriz pode gerar. Especialmente, quando se observam os conflitos que o livro recria, decorrentes da segunda guerra da Chechênia (1999), marcados por atentados terroristas como desdobramentos internos da Federação Russa.

Entre os muitos módulos cruzados, ao longo do romance, com mães e filhos abandonados pela guerra e pelas ocorrências recentes dos diversos tipos de tráfico e do terror, o fio que liga o brasileiro Alexandre Guerra e a pequena família russa constituída por ele ganha um especial interesse.

A abordagem da terra soviética em devastação se encaminha para redes de sentido e entrelaçamento para fora de seus domínios geográficos e culturais. Acaba por tocar, a um só tempo, o Brasil nesse mapeamento de uma época. Tudo o que faz intercomunicar nossa própria natureza, nossa geografia humana, com os subterrâneos do poder econômico, pelas diferentes formas de tráfico, entre os quais aquelas cometidas contra a biodiversidade, feitas pela expropriação das plantas da floresta brasileira ao Norte (o conflito vivenciado pelo biólogo Alexandre Guerra, formado em Moscou, submetido à função de comerciante ilegal de espécies vegetais).

Intrigante é ver a recorrência de *O filho da mãe* – em um foco afinado com aquele de *Les enfants jouent à la Russie* – às forças primiciais, à filiação, no instante em que se deflagra uma realidade político-econômica assinalada pela insígnia *depois da natureza* – como indiciam o título da coletânea poética de Sebald e o texto de Carvalho sobre o autor alemão. O artigo "O mais radioso dos dias" vai, justamente, destacar as passagens dedicadas ao Brasil, em *Os anéis de Saturno* (romance publicado em 1995, por Sebald). A Carvalho importa ressaltar a onipresença da "cartilha da economia neoliberal" e da visão do futuro como "o mais radioso dos dias" (Carvalho, 2005, p. 148). O escritor adota uma perspectiva capaz de problematizar amplamente o eixo em que a mais nova feição progressista do capitalismo se move totalmente descartada da defesa da vida imediata como programa transformador à altura de um ativismo abrangente, sinalizado por relações com o presente em todo seu potencial de ambiência e convivência mundializadas.

Não à toa, o chamamento à infância, ao plano da terra, ecoa de modo sub-reptício e inseminador no romance de Carvalho e no filme godardiano. Um intrigante cruzamento de polos se faz notar. Entre orfandade e congraçamento, entre o dado biológico e a exploração do espaço natural, a imagem criada em torno da Rússia obtém um impacto atualizador no cinema de Godard e na escrita de um autor brasileiro, possibilitando outra concepção de mundialidade, no momento em que são repensadas identidades e divisas, em que, também, redefinem-se compartilhamentos e fronteiras.

Sob a conjugação do signo-Rússia, o filme se revela menos afinado com a representação de um universo simbólico do que com a apresentação, a contemplação, próprias da iconicidade. De acordo com definições colhidas na iconografia russa, o mais longe se torna tangível no muito próximo e o muito próximo se encontra no longínquo, em sintonia com os liames entre terra e céu configurados nas imagens sagradas. É o que estuda Stéphane Huchet a partir das mutações iconográficas da pintura ao analisar as instalações do artista Ilya Kabakov, embasadas numa releitura do ícone russo. Tal dimensionamento imagético se corresponde com o entendimento que Godard tem da esfera audiovisual trabalhada no filme-incurso que são *Les enfants*...

Indisposto com o foco da viagem, da observação imparcial, pressupostamente fidedigna, do país em visita, o cineasta se aparta da tela = janela e do referendo da consciência/perspectiva operada pelo enquadramento, em atenção a um sujeito e objeto claros, antropocentricamente centrados numa via única, linearmente documental de registro. Notável é a presentificação do que chamou Alain Bergala de "filmes-cosmos" – uma vertente já prenunciada na travessia de *Week-End* até o desbravamento de peças cinemáticas contemplativas, tocadas, a partir da década de 1980, por uma sinfonia entre céus e terras (diferentes paisagens e territórios), pela orquestração ampliada do que se apreende a um só tempo como investigação, ensaio, escrita cenoplástica em torno da história e do mundo contemporâneos. Através de elos entre planos contrastados, de distâncias que se aproximam, o trabalho afinado com um *ensaio de investigação* toma o lugar imobilizante de "real" e "verdade", renovando o empenho documental.

Em 1992-1993, quando da filmagem de *As crianças brincam de Rússia*, o senso relacional entre espaços, ambientes e temporalidades se faz maximizado em seu poder de visualização. Tal como assimila de teóricos e realizadores russos, a ideia de *projeção* antes da *invenção* do cinema se põe em ato, na contracorrente das noções hegemônicas sobre imagem/narratividade, como Godard declara (com sua própria voz) em *off*. Seu filme se encontra mais sintonizado com uma imagem-ícone-instalação – frisando-se aqui a "função dramática e ritual da instalação total", buscada por Ilya Kabakov (Huchet, 2009, p. 38) – do que com o ordenamento narrativo-sequencial de uma viagem à Rússia pós-comunista conduzida a um ponto de vista central, à visão coesa e una de um filme-símbolo historicamente demarcado. Firma-se, então, o traço de *escrita cinemática*, em correspondência com o que concebe Kabakov como *instalação cognitiva*, na qual a imagem tem papel revelador, não descritivo.

Não é por acaso que o projeto de "ensaio de investigação literária" se ajuste ao cinema de Godard quando aborda geopolítica, arte e história no final do século XX. Pelo fato de a construção icônica favorecer a uma verdadeira proliferação de escritas e imagens sobrepostas, deixa de haver remissão a um olhar prévio no uso aberto que faz de um arquivo infindável.

Dos *takes* de *Ivan, o terrível*, tomados como *leitmotiv*, às encenações de Tolstói/Tchekhov feitas com atrizes, passando pelos *inserts* do próprio Godard a manipular com manivela uma máquina de filmagem – mais afeita a uma *gag* primitiva da comédia do cinematógrafo, combinada com uma alusão à figura do Idiota/Príncipe dostoievskiano, do que ao foco de um autor/*maverick* da artesania ou da empresa-filme –, *As crianças brincam de Rússia* se orienta pelo toque, pela inscrição, de palavra-imagem-voz. Assiste-se a planos-*takes* que se sucedem e se estilhaçam. O que está escrito e dito em incessantes grafismos e emissões pode ser lido de uma página de Tolstói, num destaque em *fade in*, logo posto em aderência e corte sobre a escrita feita a batom num espelho: *Nossa Santa Rússia*. Em suplemento às primícias religiosas do ícone.

Quanto mais apartada de seus pressupostos místicos mais se vê a Rússia atravessada pela experiência materialista de um século, que culmina em seu final com aquela da globalidade econômica capitalista. O novo materialismo e o consumismo de todas as espécies de bens na Rússia, daí advindos, propiciam um novo enfrentamento, uma outra encruzilhada. Godard baralha os planos do espaço e do tempo num encaminhamento não concludente, mas que aponta para outra moral do cinema e da história (aquela, da narrativa, incluída).

A forma conjunta de documentalidade e ficção se mostra propícia à abertura de foco perseguido pelo cineasta numa afinidade com a escrita de Bernardo Carvalho. Seus projetos são coetâneos na cena da globalização, no que envolve pesquisa e viagem, em compasso com a ênfase dada pelo escritor na "construção da realidade" (título de seu artigo sobre *La ciénaga/O pântano*, de Lucrecia Martel), numa política da escrita orientada pela imaginação e pelo inacabamento. Não à toa, ele encontra na produção do romancista polonês Witold Gombrowicz, exilado na Argentina durante a Segunda Guerra, referenciais producentes. Principalmente quando observa que, ao cultuar a juventude pelo dado da incompletude, Gombrowicz o faz de um ponto exterior, a partir da sua condição de homem maduro. Da mesma forma, a relação atualizada com a identidade nacional não pode prescindir da ação individual do artista, entendida numa perspectiva descolada de um princípio, de uma realidade preexistente, estabelecida de modo fixo e unilateral.

Impossível de se abster da performatividade, a criação de arte só pode encontrar um vínculo com a ideia de nação, a contar de certo deslocamento e de um foco relacional. É o que vivencia Gombrowicz, ao se desgarrar de uma "convenção tão traiçoeira e ilusória quanto a de uma 'identidade nacional'" (Carvalho, 2005, p. 127), seja em relação à Europa, seja em função de uma imagem já formada acerca de um país sul-americano onde ele acaba por se fixar.

Carvalho ressalta, num trecho do diário de Gombrowicz, a possibilidade de se viver intensa e integralmente a realidade de um país a partir do esquecimento da pertença, para fora de dimensões previsíveis, coercitivas, próprias do poder interno de controle e governança sobre a destinação e a validação da literatura. Todo um debate resolvido à época (final da década de 1950), entre os que se aferravam à cor local e aqueles que se embasavam no diálogo com a produção cultural europeia, se rearticula no itinerário criativo do autor polonês de um modo nada dicotômico, nada facilitador.

Tradutor para o espanhol de seu próprio romance – *Ferdydurke* –, Gombrowicz esteve envolvido na criação da narrativa argentina, contando com a colaboração do portenho Macedônio Fernández e do cubano Virgilio Piñera, compondo, assim, entre escritores sul-americanos, um campo cruzado de interlocução e estudo sobre arte no contexto intelectual de Buenos Aires. Ricardo Piglia deixa nítido, em seu artigo "O romance polonês" (integrante do volume brasileiro *Formas breves*), o elo produtivo estabelecido entre Europa e América Latina de um modo recíproco e simultâneo, o que se mostra de acordo com as linhas do *Diário de Gombrowicz* a respeito do surgimento complexo, ampliado, da nacionalidade, para além da pauta unidimensional da nascença, da divisa territorial:

> O argentino autêntico nascerá quando se esquecer de que é argentino e sobretudo de que quer ser argentino; a literatura argentina nascerá quando os escritores se esquecerem da Argentina. Vão se separar da Europa quando a Europa deixar de ser um problema para eles [...]. Sua essência se revelará quando deixarem de buscá-la. (Gombrowicz *apud* Carvalho, 2005, p. 127)

Em convergência com a observação de Piglia de que "O *Ferdydurke* 'argentino' de Gombrowicz é um dos textos mais singulares de nossa literatura (...) Como se o *Ferdydurke* 'argentino' se ligasse em segredo às linhas mestras do romance argentino contemporâneo" (Piglia, 2004, p. 68), seu autor, assim como vários outros, procedentes de diferentes geografias e etnias – como se lê em *O mundo fora dos eixos* –, lança para Bernardo Carvalho um espaço de atuação internacionalizado. Constante do projeto *Amores Expressos*, que levou dezesseis escritores brasileiros, cada um para uma cidade do mundo, para escrever um romance (envolvendo um produtor de cinema e uma editora, com o patrocínio do Ministério da Cultura), *O filho da mãe* se move no contexto preciso e complexo de uma época em que a ideia de mundo se reintensifica, dissolvendo e reconfigurando alguns de seus eixos reconhecíveis, em relação à nacionalidade e à identidade.

Pelo prisma de personagens jovens, confrontados com a orfandade e a convulsão de um país em guerra como a Rússia, *O filho da mãe* se interliga a um Brasil desprovido da naturalidade/naturalização – sob o impacto de *depois da natureza*, como Carvalho extrai de Sebald. O romance faz aliança com os homens subterrâneos, figuras maternas, "pequenos diabos" enredados com a burocracia e a consciência social, recolhidos dos textos exemplares de Dostoievski, Gogol, Gorki e Bulgakov.

Interessante é ler o entrelace de biologia/guerra/tráfico no trato do consenso econômico mundial a explodir e a erodir os territórios por intermédio de ligações informais e de modos de se aliar o capital ao terror. Leitura intensificada pelo compasso dado a figuras-chave da literatura russa, tornadas *personagens conceituais* – tal como Deleuze e Guattari concebem os agenciadores do pensamento retirados da fabulação narrativa, caso exemplar de *O Idiota* (um duplo, aliás, de Godard, em pessoa, na narração e no lugar explícito de diretor do filme *Les enfants jouent à la Russie*) – extensivas à esfera político-cultural da mundialização.

> O capuz não permite distinguir o recruta na sombra. E ninguém vai pensar que um casal se beijando na noite de Petersburgo é formado por um recruta desertor e um batedor de carteiras. Nesta cidade, onde os recém-casados vêm posar para os fotógrafos em cima das pontes, os dois só podem existir no limite da inverossimilhança. Seu encontro só não é impossível porque eles de fato existem, são de carne e osso, ao contrário do fantasma do conto de Gogol que Andrei leu na escola. (Carvalho, 2009, p. 133)

Ao realizar uma travessia pela Rússia posterior à burocracia do Estado comunista, numa extensão tomada do *capote* de Gogol ao capuz de um jovem de hoje, desertor homoerótico da lógica da guerra e da família, o romance torna a figura *mater* próxima da *garota gaivota* registrada por Godard. A aposta no olhar inocente, integral e potencial trazido pelas mães e por personagens muito jovens no auge do impasse, sob o desmantelamento de construções imperiais e a promessa hegemônica de um mundo "sem fronteiras", encontra-se afinada com a visão do cineasta. Crítico e indagador, o romancista estreita os pontos que unem a pátria antiga e agônica "da ficção", que é a Rússia, ao seu país sempre guarnecido pelo mito da juventude e de um futuro anunciado.

A *Garota Rússia*, metamorfoseada na gradação da fala e do talhe icônico que contorna sua face, numa referência tcheckoviana e com o rosto de camponesa/operária/virgem e mãe, ao mesmo tempo expressa sua fé como "vocação de viver". Transmite, sem temor, no embalo de um balanço (em citação de uma cena de *A gaivota*), o desejo de realizar sua passagem numa época de fim e de dissolução de abrigos e anteparos ideológicos. Grava-se, então, no projeto godardiano seu caráter composto de sondagem e criação. Da mesma forma que especula um instante da política mundializadora em terra russa, seu filme consolida um *ensaio de investigação* que se alia à marca literária, capaz de suscitar um ato de imaginação insurgente, tomado de inteireza em um momento-chave de mutação e ressignificação da história. Momento que é, também, da arte na história, sem mais descarte da experimentação, que, nesse momento, é suscetível de ser entendida como pesquisa-viagem-cartografia e narrativa multiconfigurada sobre uma nação. Ato de criação, e não de inscrição na norma da cultura – tal como orienta o autorretrato de *JLG por JLG*.

Por um lado, a antiga Rússia se abre ao novo por meio do feminino e da infância, na circunstância da perda de seus referenciais coletivistas rumo a uma compreensão ampliada de vida em comum, de comunitarismo, seguindo-se à revisão/prospecção do filme. Por outro, o atributo de "país novo" agregado às definições do Brasil (como se lê num poema de Régis Bonvicino, feito em parceria com o norte-americano Charles Bernstein) não se potencializa sem a apresentação de sua face obscura, subterrânea, abastardada (dada em desvio e tráfego transnacionalizado de bens naturais, como resume o título-chave, que é *O filho da mãe*). Mais noturno do que solar, como vem sendo tipificado no *postcard* do trópico sul-americano, menos frontal do que relacional, processual, à altura do intrincamento de seu extenso e ainda desconhecido território, o Brasil comparece, em linhas transversas, no romance de Bernardo Carvalho, no interior da problemática da filiação, num dimensionamento trágico. Instigante se torna ler a gravidade russa que os "filhos da mãe" lançados ao mundo adquirem, a contar de sua porção brasileira, na investigação sobre o terror e o tráfico econômicos subjacentes ao constructo da globalidade.

Como suplementa Bernardo Carvalho, a partir da relação traçada entre literatura e cinema na Rússia, a intervenção na cultura global e seus regimentos amparados pela ordem econômica não se dá sem a incorporação de um mundo fora dos eixos, contando com todos os seus índices de inacabamento e descontinuidade. Vem daí o sentido das projeções ficcionais – base icônica e prefiguradora do cinema, entre os russos – contidas nos atos de filmar e narrar, a partir do foco nas crianças, nos mais jovens.

Tudo se concentra no ponto de crise e fusão relativo ao estado nascente da arte, em seu pleno experimentalismo, travado no enlace com os mundos. Afirma-se, então, a mundialidade (como pensam diferentes filósofos e estudiosos, como Axelos e Nancy, o camaronês Achille Mbembe e o ítalo-brasileiro Giuseppe Cocco), nesse ponto cruzado da produção de arte agora por meio de Godard e Carvalho, em detrimento do consenso-código encampado unilateralmente pelos contratos da mundialização, de um ponto a outro (Rússia, Brasil) da Terra.

A PERDA DA IMAGEM – EURÍDICE NO SUBMUNDO

Notre musique (2004) foi concebido inicialmente como um filme centrado na composição contemporânea. Godard havia desenhado um projeto tendo como envolvidos músicos provenientes de várias partes do mundo, como o estoniano Ärvo Part, o romeno György Kurtág, o georgiano Guia Kantcheli, o brasileiro Egberto Gismonti, o argentino Dino Saluzzi, entre outros, e contando como participante mais célebre o norte-americano Keith Jarrett. De acordo com Antoine de Baecque, biógrafo de Godard, o interesse do cineasta residia em referencializar o compositor e regente alemão Paul Hindemith, falecido em 1963, ao qual os músicos citados devem uma forte influência, sobretudo na formulação de *ambiência sonora*, como se presentifica em sua famosa sinfonia nº 3, *Harmonie du monde*.

Editados pelo selo ECM, concebido e dirigido por Manfred Eicher, os compositores visados pela realização de *Notre musique* constituiriam, assim, uma "família" musical a ser registrada como "uma comunidade cosmopolita que tocaria em conjunto em uma igreja finlandesa ou da Geórgia" (Baecque, 2010, p. 787). Como assinala Baecque, a música, tomada como *amizade, trabalho, esperança e mistério*, atende às proposições de um texto curto produzido por Godard, que vem a ser o único documento relativo à concepção original do filme. Ao prestar tributo ao mentor do selo musical, o diretor reuniria, então, a "orquestra mundial da gravadora ECM, todas as crianças, tios e primos de Manfred Eicher" (Godard *apud* Baecque, 2010, p. 787). Executando, cada um à sua maneira, as peças de diferentes repertórios, "nossos músicos" se encontrariam "no ritmo dos sentimentos e das viagens de Manfred Eicher", para além das demarcações políticas de seus países de origem, nessa igreja heterodoxa situada numa Europa "menor", pouco contemplada (ao Leste ou sob a marca nórdica da Finlândia).

"Eis aqui os músicos o resto é impostura/Eis o contracampo o resto é procedimento/Através do paraíso eis o acabamento/Eis nosso amor e nosso entendimento". Esse curto poema escrito por Godard, integrante do material de imprensa do filme que acabou por ser rodado, destaca

vivamente o interesse original de ter *a música como roteiro*. Não obstante o abandono desse primeiro projeto, a trilha sonora de *Notre musique* dá testemunho da convivência de Godard com os compositores editados pela ECM através de trechos mixados, recompostos a partir de Pärt, Kurtág, Bjørnstad, Jarrett, assim como de Meredith Monk, Hans Otte, Anouar Brahem, Alexander Knaifel, Trygve Seim (para fora do foco anteriormente dado ao selo de Eicher).

Do planejamento inicial resta apenas o título, ficando como essenciais os sentidos de orquestração e abrangência, de polarização estética e amplitude de pertencimento, contidos em *nossa música*. Elementos relacionáveis a um ponto de agregação mundial construído em torno de um Encontro de Escritores, no lugar-chave que é Sarajevo. A música surge como metáfora – bem observa Baecque – , mas também como modo de construção e condução de um feixe conflitivo de pontos de vista tanto culturais quanto políticos. Observe-se que *Nossa música* se dá em sincronia com um número infindável de itens tanto artísticos quanto conceituais (extraídos da geopolítica, da economia, da filosofia, da religião) combinados na extensão sinfônico-narrativa do filme, que se traça em larga escala, sob a divisa das estações da *Divina Comédia*, de Dante, a organizar suas três partes.

A recorrência ao autor só faz acentuar a importância de incursos, jornadas, descidas e ascensões, presentes em sua obra mais conhecida, apropriados num jogo composicional entre planos, e no tempo. Como se lê em uma influente autora da contemporaneidade como Kathy Acker, o diálogo recorrente de sua ficção com a Comédia de Dante, em especial "Inferno", mostra-se próximo das coordenadas lançadas pelo cineasta em *Nossa música*. Na escrita da autora de *My Mother: Demonology* (1993), sempre é tomada como guia uma dimensão arquetipal, uma vez que, nas palavras da escritora, seu projeto se embasa na releitura de textos-matrizes, propiciando uma atualização do *mythos*. Em sintonia com Acker, o diretor suíço-francês repertoria uma ampla conjunção de referências – tanto mitopoéticas quanto literárias, a um só tempo políticas e de ordem ética – para a regência de esferas e potências vitais, assim como para a realização de vastos percursos, convergentes com a cosmogonia concebida por Dante em sua *magnum opus*.

Para o regente da *Comédia*, o didatismo e o fascínio da escrita criam correspondência, como bem formulou Auerbach (2007, p. 128), em atenção a uma "seqüência de eventos, como uma viagem pelo além, de forte comoção em todas as suas partes e sempre ligada aos problemas mais urgentes da vida contemporânea". Cumpre assinalar que esse poder combinatório de signos, tomados em um vasto espectro de cognição e linguagem criadora, atende a um "desenvolvimento singular da tradição do Evangelho, que também era revelação de uma doutrina em torno de um evento histórico" (Auerbach, 2007, p. 128).

O concurso de conhecimento, política e imaginação se efetiva na poética de Dante através desse espaço lançado entre os "caminhos do mundo ínfero" (Auerbach, 2007, p. 106) e o vislumbre da ordem celestial, que vem a ser o transcurso sempre inquiridor das potencialidades e dos limites vivenciais. Como autor, Dante move-se menos por uma doutrina política e pela "interpretação cristã da vida humana" (Auerbach, 2007, p. 132) – numa proposição conciliadora e providencial da cristandade na terra (com base no renascimento do Império Romano, em favor de uma unidade política terrena) – do que pelo andamento interpelativo e visionário de uma *poiesis*, marcada pela premência, pelo que entende Auerbach como *profecia da leitura*. Justamente, o que faz expandir "o sentido imediato e visível" da palavra profética da *Divina Comédia* diz respeito às relações que traça. Assim, intercambiar-se-iam o tempo presente e os elos perenes materializados por uma incursão reveladora, não perceptível pelo simples seguimento de um dogma nem pela adesão aos valores em vigor no seu momento histórico.

Dar a ver a integralidade do que faz *imagem* e *imaginação* na escrita envolve o campo das ciências e dos diferentes saberes do homem. Tal como se faz pulsante na épica religiosa – da forma como concebe Carpeaux a *Comédia* de Dante –, própria de um poeta instigado por cosmologia, arquitetura, política, sem impedimento das luminescências da palavra (tese de seu grande tradutor para o português, Haroldo de Campos) em seu espaço pleno de linguagem.

O transcurso tripartite – Inferno/Purgatório/Paraíso – da *Comédia* é captado por Godard com um senso renovador de périplo, fundado num momento político e cultural em que o gesto épico se encontra destituído de um centro referendador. Conta, pois, com a inexistência de uma unidade a se alcançar nas três partes em que se divide *Nossa música*. Fica, então, reforçado o estilhaçamento entre um plano e outro da passagem ascensional, depreendida na *Divina Comédia*, por conta da presença da guerra entre nacionalidades e pelo consenso abstrato da globalidade a pontuar uma época de intensa conflagração e impossibilidade de harmonia, de repouso em alguma categoria abrangente.

O apagamento aurático elevado em seu cume, no raiar do século XXI, favorece ao cinema godardiano um sentido de composição/montagem no qual imaginação e história (assimiladas dos embates conceituais da obra de Dante), apreendidas em grande conjunção – não mais totalizadora –, redefinem-se como *evento* de uma época desprovida de centramento e fundamento. Como faz o cineasta no projeto *História(s) do cinema*, na andadura plural de um empenho genealógico, o filme de 2004 expõe em toda a atualidade o gesto da busca, a possibilidade do transcurso. Processa-se dentro de uma concepção sinfônica, relativa às analogias entre *música* e *mundo* (tal como consta de seu projeto original), situando-se no tempo da *perda da imagem* (época ultramidiática, mantenedora de um repertório homogêneo no que se refere à *imago mundi*).

Em acordo com a narrativa exponencial de Handke – *A perda da imagem ou Através da Sierra de Gredos* (2002) –, produzida, como o filme godardiano, no início do milênio, uma amplitude de enfoques e remissões a várias épocas se mostra capaz de revisitar, num lugar extremo, a Europa, sob o signo da problematização e da perda da imagem. Assim como Sarajevo aponta sua radical presentidade, a Sierra de Gredos se direciona para a remissão memorial do continente por meio de uma trilha latina, ibérica. Em torno da cordilheira espanhola se localiza a comunidade Castela-La Mancha com as marcas literárias do Quixote, referidas pelo relato a um só tempo épico e errante de Handke. Marcas essenciais, também, ao cineasta no momento em que realiza seus documentos mapeadores da Europa e do estado atual do mundo, a partir de *Allemagne 90 neuf zéro*.

Como se assistia nesse título de 1991, cruzava o horizonte germânico, assim como do Leste Europeu (depois da Queda do Muro de Berlim), a figura insurrecional pós-utópica do pequeno homem da Mancha a indicar ressurgência e dissonância. Desenha-se, desde *Alemanha Nove Zero*, o Quixote como uma irrupção desalinhada e intempestiva em face – na contraface da imaginação e da literatura, entre ressonâncias do romantismo e dos referenciais filosóficos alemães – do encaminhamento unilateral ao mercado capitalista hegemônico e ao desencantamento do mundo ordenado em uma única, majoritária, via de liberdade e troca comum/comunitária. Tudo o que subjaz ao concerto-consenso da Comunidade Europeia.

A exemplo do longo relato de Handke, o cinema, segundo Godard, recepciona uma história sinalizada pelo impasse, com todos os traços cruciais de um empreendimento que abrange as forças mundialmente presentificadas, as mais remotas (etnias milenares, índios *sioux*, com o traço da ancestralidade das tribos), assim como as mais prementes (ativistas antiglobais). Não deixa de surpreender, nesse sentido de diversidade e expansão, a presença de Juan Goytisolo em torno da mais nova edição dos Encontros Europeus do Livro, ocorrida precisamente em Sarajevo. Ele é autor de dois livros (*Caderno para Sarajevo* e *Estado de sítio*) sobre a cidade-capital reedificada após a grande conflagração étnica nos Bálcãs, posta como eixo de *Nossa música* e ressignificada com o intuito de reunir diferentes composições culturais, sob a insígnia da mundialidade contemporânea.

Vê-se, na participação do escritor espanhol, um modo de Godard não apenas referencializar e documentar a esfera privilegiada que ocupa a literatura no filme, assim como na reflexão acerca da atualidade do chamado sistema-mundo. A inclusão de um autor significativo da Europa ibérica, com a marca latina da língua, soa seu sentido de choque com os ditames de qualquer hegemonia de mercado, de economia transnacionalizada. Importante é notar como o escritor (em pessoa e em posse de sua fala) propicia o acento expansivo, relacional, com um concerto de vozes e perspectivas cruzadas nesse espaço-limite que é Sarajevo. Espaço esse resultante da dissolução do bloco comunista na Europa Oriental, agora revisto para um debate globalmente configurado, a contar do projeto da mundialização em suas confrontações mais recentes. À volta de Goytisolo repensa-se a biblioteca destruída em Sarajevo, no mesmo movimento em que se faz legível outra inserção do livro e da literatura como formas atuantes e interventivas. Formas plenas do sentido de *atualidades* sempre exercidas por Godard em seus filmes, engendrado como um compósito de reportagem e do empreendimento próprio de um arquivista, em análise e remontagem do *estado das coisas e dos signos*, em compasso com o projeto foucaultiano sumarizado no ensaio "Linguagem e literatura".

No lugar, a um só tempo extremado e experimental, apreendido para a redefinição da ideia de comunidade – enfatizado por *Nossa música* –, Sarajevo comparece com um senso plural, agregador, de pertença. Nesse ponto muito bem localizado, o cineasta pretende enfocar um conjunto de questões a serem atualizadas no clamor do conflito árabe-israelense, tal como vem se intensificando na órbita da geopolítica em vigência, e tem sido disseminado em todas as suas variantes ocidentais nos anos de 2000, principalmente após o evento-desastre de 11 de setembro de 2001.

Como bem revela Antoine de Baecque, biógrafo de Godard, antes de tomar sua forma definitiva e após o abandono da concepção original, centrada num panorama de compositores contemporâneos, constava do segundo projeto de *Notre musique* o interesse numa investigação acerca do ser judeu hoje. O diretor partia de uma premissa, fundada em sua vivência e pesquisa da Segunda Guerra, desdobrada na formulação, em plano/contraplano (parodiando o esquema narrativo do cinema administrativo legado pelo modelo norte-americano) de que "o povo israelense retomou a ficção" (campo) e "os palestinos abandonam a história rumo ao documentário" (contracampo). Numa variação metafórica desse plano de forças, pode-se capturar uma desmontagem do grande ícone que é a estrela de Davi: "Os israelenses tomam tudo, os dois lados, os dois triângulos, as duas cruzes. Trata-se de geometria e de história: eles querem tudo" (Baecque, 2010, p. 788-789).

Definindo-se como um *judeu do cinema* (*apud* Baecque, 2010, p. 788), o diretor dá atualidade a posições que não são as mesmas dos anos 1939-1945, como o próprio Godard documentou e defendeu na série *História(s) do cinema*. Repõe, então, o cineasta, outra geometria mais triangulada do confronto no Oriente Médio, em paralelismo com aquelas que envolvem a Europa depois da Guerra da Bósnia. Ainda que momentaneamente dê mais peso à face atual da questão palestina, o interesse do diretor, devotado à história com um empenho de genealogista, está na relativização de todo fundamentalismo. Nesse ponto, encontra-se aproximado de Handke no que se refere ao abalo da lógica unilateral dos princípios étnicos e territoriais em conflito. A tomada de posição do escritor, favorável aos sérvios quando da guerra na Bósnia pautou-se pela provocação a qualquer espécie de extremismo, como que a convocar a mirada da mesma condição minoritária e problemática, entendida dentro de uma perspectiva relacional, do outro lado da conflagração.

Observável é o modo como *Nossa música* acolhe as diversas problemáticas das culturas e dos territórios de todas as latitudes uma vez que complexifica as questões nacionais para um concerto heterogêneo e amplificador da noção de *mundo* no bojo da globalização. Empreendimento que é feito com os traços nítidos da documentalidade conjugados com os da ficção (extraídos, de modo bem visível, de clássicos literários como *A divina comédia*) e aqueles marcadamente históricos, contingenciais, característicos de uma época timbrada pela finitude, por tudo que indica posterioridade (*após* a guerra nos Bálcãs e os conflitos de 11 de Setembro).

O cineasta busca, então, o *contracampo sem procedimento* (para fora de qualquer dualismo ideologicamente recortável), como se pode depreender do pequeno poema publicado quando do esboço do primeiro projeto do filme, concentradamente musical. Importa ver, em sua forma final, uma realização de cinema pautada pela diversidade em seus polos mais extremados, sem fechamento numa posição final, unidimensional. É o que se nota pelos pontos de atrito trazidos, por exemplo, com a presença do escritor palestino Elias Sanbar em Sarajevo, ao lado de índios *sioux* e representantes de minorias étnicas europeias. Justamente, impõem-se ao longo do filme um andamento conjuntivo, uma voltagem sinfônica, composicional, que faz variar e intensificar as grandes conjunções – visíveis na referência ao tríptico poemático de Dante. Relacionadas a um mesmo espaço-tempo, tais conjunções ocorrem, também, sob a divisa de Levinas, filósofo citado e incorporado no andamento do roteiro com o livro *Entre nós*.

Entre acordes sonoros, *impromptus* das vozes características de autores (Sanbar e Goytisolo) e diferentes pessoas, agora situados com as faces e os vestígios do mundo, percorrem todo esse campo de ressonâncias e vocalidades as noções seminais de Levinas acerca da *formação pelo outro*. Em lugar da ontologia, ressalta-se a perspectiva ética do estrangeiro no cerne da individuação. As figuras do hospedeiro e do hóspede, dadas em íntima correlação, fundam o senso da subjetividade e da linguagem em fronteira indevassável, indistinguível.

Tornando claro o propósito de um percurso enfatizado pelo traço multitudinal, em lugar da viagem, o diretor de *Nossa música* se torna reflexivo, sem incidir no cinema, já *standard*, da observação pretensamente impessoal/documental. Por outro lado, ele descarta os padrões da *cultura. doc* em vigor, sem pacto com os procedimentos de uma livre e interativa versão ficcionalizante. Evita-se, assim, o simples ingresso na recriação subjetiva dos depoentes, tomados no *tempo real* de eventos nodais, culminantes, provenientes de diferentes geografias (numa tipificação do *world cinema*). Nada se soluciona em uma via simples e pretensamente criativa, marcada, no entanto, pelo artifício técnico, já incorporado, da parte do espectador do audiovisual contemporâneo.

Visíveis são os traços de um *errar* – as deambulações por uma noturna Sarajevo, sob o impacto de questões/indagações intermitentes em torno deste e dos muitos lugares ali em tangência. Cada vez mais, firma-se, para Godard, a dinâmica modular da arte, entendida como produção de imagem e pensamento à altura de uma simultânea escavação e sobreposição de camadas (de voz/palavra/fotograma/trilha sonora a pautar um documento áudio-visual-textual). O cinema se encontra próximo de uma concepção atualizadora de história cultural, em seu entrelaçamento crescentemente investigativo, a um só tempo acrescido de um contorno fabulatório. Ao seu modo de montar é incorporado o dado da composição (como definiu, desde os anos de 1990, a *música das imagens*), muito além de um código visivo e transmissivo através de uma única, central, ideia/verdade subsistente na documentação e na ficcionalização (mesmo quando se combinam na atualidade essas duas noções, comuns, aliás, ao cinematógrafo, desde sua gênese).

Ao convocar a *Comédia* de Dante para o centro de *Nossa música*, Godard reativa as dimensões integrais sempre trabalhadas por seu cinema. Trata de uma época de impasse, como aquela vivenciada pelo poeta florentino numa Europa redefinida pelas vastas esferas do conhecimento e pelas demarcações políticas. Entre o continente e o *concerto do mundo*, torna-se intrigante ver no cinema tal inter-relação com a poética de Dante.

Justo no momento em que a *perda da imagem* e da clave de uma harmonia coletiva mais se acentua.

O sentido de conjunção e coexistência se completa na recepção a outra Europa, em outro ponto interseccional da força dos mundos, do jogo entre distância e desterro. Dá-se pela alteridade mais extrema oferecida por uma conjunção que se fia no descontínuo, no mais longínquo, num referencial de diferença tornado cada vez mais próximo.

> E desde esse ponto tão remoto, sim, ponto, desde a minha primeira vez na Sierra, quando me encontrava, encontrava?
>
> [...]
>
> Mas as imagens da Sierra que vêm faiscar e se precipitar sobre mim depois, vejo-as, por sua vez, no presente. Não só as imagens da Sierra de Gredos, mas todas as imagens do gênero – as únicas que competem à minha e nossa história – se passam no presente. Sim, ao contrário dos meus infortúnios e contratempos, as imagens se tornam presentes brincando; a própria imagem é um jogo, onde o único presente com alguma validade é o que não seja o meu. As imagens se passam num presente impessoal, um presente que é muito, muito mais que meu e seu; elas se passam no grão-tempo, e numa forma temporal exclusiva, que, pensando bem, também não corresponde ao "presente" – não, as imagens também não se passam num grão-tempo ou tempo-mor, mas numa forma temporal e num tempo para os quais não existem atributos e muito menos um nome.
>
> E escute, veja: será que as imagens não são, a "imagem" não é, portanto, um problema belo, genuinamente épico, um tema para mais e mais histórias homéricas? um tema para uma outra odisséia, que se passa tanto fora quanto dentro? (Handke, 2009, p. 283)

Por força de uma concepção poético-musical (embasada em Dante e na composição erudita contemporânea), Godard atualiza questões muito próximas de Handke na busca de um *epos* do desterro e da errância. A estratégica Sarajevo de *Nossa música* se comunica com o maciço rochoso sempre ressurgente da Sierra de Gredos no campo limítrofe de outra cartografia da Europa. Decisiva se mostra a reconfiguração da imagem a contar da perda de unidade e universalidade, como declara Handke e filma Godard. "Nossa música" – "Nossa imagem" (sem restituição a um ponto único, primordial, de referendamento).

Sem se ater ao ditame do presente, o romancista austríaco parte de um agora, sempre reiterado no correr de sua narrativa, de forma a criar um veio comunicante e autônomo entre narrador/personagem, entre a contratante/atriz/empresária (uma figura da deambulação) e o autor, entre os espaços que gravitam à volta da Sierra e as temporalidades dali emergentes. Seu projeto se avizinha da novelística de Acker ao palmilhar um percurso *através*, entre planos de visibilidade e outros de imaterialidade, conexo a um *locus* reincidente (o submundo de Eurídice, assim como aquele da Sierra ou das estações, no limite infernal, de Dante), num mesmo átimo de espaço e tempo.

Interessante se torna perceber as variações sobre um lugar – Submundo/Inferno – dado como uma superfície recortada por direções desnorteadoras, capturada, por sua vez, como uma contiguidade de planos "*hole in reality*" (Acker, 1997, p. 17).

Da mesma forma que figura na narrativa de Kathy Acker um gráfico do submundo no qual Eurídice transita, sem que se rompam a imediaticidade e a concretude das referências ao presente, abre-se um "buraco na realidade". A visibilidade não fica impedida por obra de um dimensionamento imortal, inacessivelmente deslocado para uma região de opacidade, *au-delà*, como vigora no mito de Eurídice-Orfeu. Muito ao contrário, o livro de Acker (misto de peça teatral e relato feminino) se encontra afinado com o que pode ser visualizado em *Nossa música:* a perda de uma imagem reveladora da coletividade e do convívio humanos em seu dimensionamento transitório, terreno, numa ampla e diversificada acepção celebradora, sinalizada que está sob os signos do desastre e da devastação da vida em comum.

Sem que ninguém se retire da instantaneidade e da condição atual de um presente extenso, reiterador de um panorama mediatizado, pretensamente universal em sua aparência de tempo regido pela coesão e pela homogeneidade, o filme godardiano, na mesma gradação de *Eurídice no submundo* e *Através da Sierra de Gredos*, promove uma espécie de travessia. Possibilita ver a ampla conjunção entre *ideia de mundo* e *perda de imagem*, estabelecendo a passagem para uma paradoxal instância paradisíaca.

Não obstante a ausência de ilusionismo quando a jovem judia do filme, depois de se lançar à morte em reação aos rumos do sionismo no contexto atual, alcança o paraíso (flagrado como uma região sitiada por *marines* norte-americanos), o que interessa deixar visível e grafado (em plena consonância com as ficções de Acker e Handke) é o poder congregador de temporalidades e espaços intercambiantes. Ei-lo ativado no plano supostamente imóvel e onipresente da vida agora (com todos os seus códigos de acoplagem telemática, de estabilidade pela via do consumismo e do hedonismo). Emerge nas produções de Acker, Handke e Godard a via mortífera, infernal, aberta na superfície corrente do mundo agora. Isso se dá no mesmo instante em que a convivência plural, potente, com a época presente revela, sem supressão do combate para além de um único e último foco, a viabilidade da imagem, da visão. É bem o que esplende nas iluminações do *Paradiso* e nas deambulações em torno da Sierra de Gredos, nesse plano de vida tomado agora mesmo, numa outra ponta da Europa, aberta a muitas fronteiras.

Encontra-se precisamente no não acordo com um único modo de ver a potencialidade da celebração no *Agora* (dessacralizado e reafirmado por Handke como instância constantemente nomeada em seu livro). É o que se percebe, em confluência com os elos traçados entre dentro/fora, alto/baixo, pleno/vazio, contidos no *fôlego épico* – condizendo, portanto, com o tempo ou a época de sua história (Handke, 2009, p. 377) –, que *Através da Sierra de Gredos* reengendra.

Elos de uma epopeia destituída de mitos, conduzida na *Divina comédia* pela música das esferas, à altura do corpo e do conhecimento humanos. Não por acaso, Dante surge como recorrência-matriz em *Nossa música*, ao possibilitar outra tradição, outra abrangência, para o *epos*, no momento em que Godard repensa os rumos do humano em sua mundialidade e coletividade confrontadas por obra não apenas dos ditames macroeconômicos.

Como já se podia ler na poética de Dante, uma confrontação e uma convocação das forças visíveis e imateriais se tornam coevas da mais simples passagem de vida, sem o imobilismo das ideias de perda e de fim do mundo. *Nossa música* atualiza tal voltagem especulativa e experimentadora, traduzida pelo embate na esfera das imagens, da história mesmo do audiovisual, entre a ficção do cinema e a cultura documental. *Viagem a Sarajevo*. Não, um périplo. *Nossa música* – esse mundo aqui, com todos os seus planos de morte e vida, entre a alta visibilidade do cinema e os discursos enunciados, expandidos dentro/fora de sua órbita imediata, numa grande, emergente, concentração e aliança de instâncias coletivas.

As premissas do mundo globalizado são vertidas, por intermédio da pauta sinfônica da *música das imagens*, como pacto da vida em comum numa larga, até então inédita, estatura de convivência entre diversos lugares e concepções de cultura. Concepções, também, de tempo, num cruzamento do mundo todo, seja nas dimensões milenares em que se fundamentam certos povos e etnias, sejam aqueles balizados por signos contingentes, epocais, todos implicados em uma época simultânea de partilhas, *em crescente extensão*.

3 HISTÓRIA E FINITUDE

CINEMA, LITERATURA(S)

Desde sua abertura, o projeto *História(s) do cinema* lida com a dinâmica plural dos atributos relativos à História – vindo daí o interesse por *Todas as histórias* (subtítulo da parte 1a) –, assim como recorta um campo finito, referente ao século XX, resumido como *Uma história só* (parte 2a). Configura-se, então, um processo de *remissão* e *reprojeção* em torno da nomeação da História no interior do ateliê/usina/biblioteca onde Godard se encontra instalado, do início ao fim da série (a partir de *Numéro Deux*, de um modo mais explícito) numa atividade intermitente de locução e datilografia (sua presença se pontua sempre pelo toque em uma máquina elétrica de escrever).

O personagem da história e do cinema que é Jean-Luc Godard já impõe um dispositivo de impressão pelo qual a escrita surge como um modo de interrupção/intervenção no que diz respeito ao corpo de imagens históricas e cinematográficas projetadas ao longo do vídeo dividido em 4 partes (contando com os subcapítulos que as integram). Timbrados pelo ritmo, pelo ruído da máquina datiloelétrica, nomes, palavras e sentenças são lançados e redistribuídos por meio desse núcleo simultâneo de exibição, locução e grafia em que o cineasta refaz a figura do historiador, justo quando apresenta uma incursão arqueológica na qual a estocagem das tecnologias de imagens, sons e escrita transparece como dado essencial da memória e da montagem da história do século XX.

Se, por um lado, *História(s) do cinema* pode ser assimilada como *Uma história só*, entendida como plano agregador do material heteroclítico do tempo – vozes, músicas, sequências de imagens, legendas diversas –, seu caráter multiplicador não para de se confirmar, pois a mirada godardiana se dirige a uma disciplina, a uma espécie de relato que tanto envolve a cultura (história cultural) quanto a formação do cineasta. E, também, faz-se sinalizar pela dispersão, pela errância, em escala mundial, em relação a um projeto coletivo agregador (dimensão agravada pelo traço marcadamente econômico da mundialização), chegando a abranger o *ethos* finissecular (o fim de certa história, metafísica e teleológica).

Tudo se dá – todas as histórias (tanto cultural quanto pessoal) – no arco de uma voltagem crítica e transdisciplinar, passível de se compreender como *história da história*. É desse modo que Jean-Luc Nancy concebe a *história finita* como um empreendimento mapeador, oposto à ideia substancialista da autoconstituição de um saber lançado ao infinito do tempo humano, assim como à fórmula corrente do *fim da história*. Uma vez que, diferentemente do tempo, o plano da história não existe por si só, mas por obra de um diorama/diagrama, uma cartografia, surgindo como advento/evento de uma conjunção especulativa, de um *corte*.

A *solidão da história*, tantas vezes nomeada por Godard, é enfim apreendida, no decorrer de um século de promessas totalizadoras e coletivas, conduzidas ao seu oposto extremo. A solitude se aguça sem referente englobador, sem nenhum fundamento nem endereçamento. Assim testemunham as imagens da série, dispostas entre o espetáculo do cinema industrial-administrativo – nas variações todas da publicidade e do comércio, em filmes de monstros e produções pornôs – e o desastre político-econômico tomado em diferentes e globais gradações de confronto. Em toda a extensão de *esplendor e miséria* (numa extração atualizada das sagas modernas da *vida capital*, segundo Balzac) – como frisam as legendas em retorno, repetição (parte 1) – favorecida pelos dimensionamentos do elo formado entre século e cinema.

No interior de todos esses entrelaçamentos e conjugações (desdobrados do título da série), na cena reiterada de seu núcleo de criação e transmissão, o cineasta datilografa. Ele não digita. Não envia, pois, a uma imagem-síntese informatizada os processos e procedimentos relativos à atividade escritural e à memória do século. Faz emergir o toque arqueológico de um projeto indissociável de sua dimensão técnica e maquinal, deixando aflorar todos seus componentes em articulação e atrito (palavra/voz/imagem/pensamento acerca da história secular/milenar).

Na relação traçada, desde o início, entre cinema e história, a escrita surge como dado tecnossemiótico essencial à projeção amplificada das imagens do século. Não por acaso, comparece como instrumento que torna visível o cineasta em trabalho. Instrumento de pontuação e concatenação, de onde tudo parece emergir entre legendas e diversos *takes* (das mais variadas fontes).

FILME, DATILOGRAFIA

Quando Friedrich Kittler estuda, em *Gramofone, Filme, Máquina de Escrever*, o advento da datilografia, aponta para a dimensão obtida pela escrita como *sistema de informação*. As máquinas de escrever, assim como as tecnologias de som, são dispositivos derivados da construção de *machine guns*, durante a Guerra Civil Americana. Situam o ato da escrita entre o registro impresso da letra e os apelos crescentes da subjetividade frente ao aparelhamento tecnicizado das esferas da vida cotidiana no horizonte das transformações históricas desenhadas pela máquina de guerra norte-americana, desde então.

Escrever passa a conter o dado antecipado da publicação. "Eu escrevo, então eu sou; eu sou, então escrevo" (Kittler, 1999, p. 241). Com base numa leitura de *The Buribunks*, de Carl Schmitt, o semioticista da tecnologia que é Kittler se mune de indagações emergentes no toque da máquina:

> O que eu escrevo? Eu me escrevo. Quem me escreve? Eu mesmo me escrevo. Sobre que escrevo? Eu escrevo que me escrevo. Qual é o grande engenho que me eleva para fora do complacente círculo do ego? História!
>
> Sou, então, uma letra na datilografia da história. Sou uma letra que escreve a si mesma. Embora, estritamente falando, eu escrevo não o que me escreve, mas somente a letra que sou. Pois na escrita, o espírito do mundo é

apreendido através de mim, de tal modo que eu, ao me apreender, apreendo simultaneamente o espírito do mundo. (Kittler, 1999, p. 241)

O projeto cinemático-historiográfico godardiano mostra grande afinidade com o estudo de Kittler especialmente no ponto em que, acionado o circuito produzido pela comercialização da máquina de escrever, é captada a transformação da atividade literária de dentro – desde o que envolve a autentificação do autor até a constituição profissional de um núcleo formado por escritório e secretária no dia após dia de tiragens massivas da letra impressa. A emergência da datilógrafa no espaço da escrita se encontra acoplada ao *design* e à performance da máquina de escrever – *typewriter* designa duplamente o aparelho e a função do secretário, fundamentalmente feminino, lembra Kittler em atenção aos processos de autoria/autoridade desencadeados nos laboratórios de diferentes escritores como Henry James e Franz Kafka.

O cineasta datilografa todo um poder de projeção e de impressão tomado pela literatura no instante em que pensa o século passado e o cinema. Ele, de fato, pensa. Uma vez que as *História(s)* são escritas, como mostra a perspectiva de sua elaboração com a presença do cineasta em trabalho de datilografia, o ato de meditar se instaura, juntamente com o proferir de sua voz em *off* e as sequências vídeo-filmográficas.

O cineasta se encontra diante do microfone e fica a refletir. Posiciona a mão no rosto, por vezes autônomo, da máquina de escrever que continua a funcionar sozinha – tal como registra o ruído datilográfico de um plano logo resolvido com o *insert* de um gangster do cinema (o filme é *White Heat*, clássico de Raoul Walsh) a operar sua metralha na direção da plateia. *A Girl and a Gun* (uma legenda posterior fará todas as ligações entre datilografia e máquina de guerra).

Entre o que se lê e o que se enuncia, entre os signos escritos e as sucessões ópticas dos quadros de uma História no plural, Godard, em pessoa, localiza no seu escritório/laboratório/usina um estado permanente de formação da máquina de projetar imagens consolidada no século XX, posta em retrospectiva e reconfiguração no fim do mesmo século. Se o debate em torno da imagem, travado ao longo de sua filmografia, sempre abrangeu os planos escritural e literário, no momento em que o diretor elabora *História(s)* a coextensão entre cinema e literatura mais se firma dentro de uma problemática que entrelaça as duas artes em termos de técnica e de produção, possibilitando mapeá-las a partir desse mútuo cruzamento.

História(s) da literatura são desentranhadas da história que o cinema apresenta em imagens, sons e legendas (letras e textos) no correr do século de sua industrialização – como sempre, não importa a Godard a tradução, ou seja, o projeto pré-concebido que daria a imagem da obra em termos de uma concepção roteirística de cinema na qual as diferentes linguagens *se adaptam* aos desígnios administrativos e empresariais de um espetáculo fluente, legível em nome e em lugar do público. Ocorre a citação direta, intempestiva – leitura de um trecho ou volume recorrível na estante –, pela qual se dão a ver os elementos implicados na relação escrita/imagem. Daí, *uma só história* compor *todas as histórias*, sendo frisada, entretanto, na abertura (parte 1a) a divisa "Não fale de tudo, guarde uma margem de indefinido".

DEFOE

Na primeira parte de *História(s) do cinema*, a ilustração de um autor como Daniel Defoe, essencial à formação do romance (gênero tão essencial para Godard, de acordo com suas exibições e declarações), é projetada com o detalhamento deixado pelas rugas – verdadeiros sulcos – em seu rosto. O *retrato* de Defoe sofre, em seguida, uma fusão com a imagem da película cinematográfica captada no ir e vir das bobinas, numa montagem atritiva, reproduzida com o ruído real feito pelo projetor.

Não é Robinson (legenda romanesca de uma civilização) que aparece, e sim o rosto pouco visto de seu autor, retalhado pelos traços do tempo que o desenho em três diferentes versões destaca ainda mais. Emergem, então, seu empenho político, o degredo, a prisão, todo um percurso passado nos domínios do poder contra os quais a escrita de literatura se insurge e acaba por se situar em extensões radicais de enfrentamento, bem reais. Por meio da fricção entre película e desenho, entre a ilustração do rosto de Daniel Defoe e a menção à autoria de *Robinson Crusoe*, o cineasta se indaga sobre a imagem legada pela literatura no mesmo movimento em que relaciona história, arte e tecnologia (da imagem, como é o caso da fotografia, em debate nesse capítulo introdutório da série).

"(...) morto como Daniel Defoe não ousou deixar morrer Crusoe...". Morte em vida no interior da civilização na qual o escritor firmou seu marco narrativo e, também, suas zonas inevitáveis de confronto e naufrágio (o tema, tão caro a Godard, dos *náufragos ocidentais*, visível em *O desprezo*, *Week-End*, *Segura tua direita* e *For Ever Mozart*, entre outros, expõe, então, sua referência literária norteadora). Tal paralelo – "morto como (...)" – diz respeito, também, a Howard Hughes, o milionário empreendedor, totalmente envolvido com o cinema enquanto aventura e produção de um século. A menção a Hughes surge a partir do encadeamento feito com um referencial de imagens relativas a Irving Thalberg, o poderoso produtor da MGM.

Através do entrelaçamento obtido com as gêneses do romance (emblematizado por Defoe) e do cinema produzido como espetáculo e aventura empresarial (casos de Thalberg e Hughes), Godard imprime um texto ao lado do desenho de Defoe (com suas rugas de sangue) à maneira de um manuscrito. Neste, está lançada uma questão que, também, abrange a existência do cinema no século das imagens: "Tudo lhe pertence, mas ele pertence a quem?"

FITZGERALD

O destaque dado por Godard a Thalberg é grande, reiterativo. Uma imagem fotográfica do produtor, recortada pela moldura onde se ostentava o leão-ícone da Metro, por vezes deixa se substituir por aquelas de suas *starlets*, favorecendo a indagação a respeito de autoria e produção no tempo de narrativas cinematográficas administradas em larga escala. Frisa-se o dado de que à frente do cinema-empresa, para o qual concebia *32 filmes por dia* (recorrência godardiana), Thalberg comparece como o primeiro e, também, o *último magnata* de Hollywood (Godard alude ao, também, último e inacabado livro de Scott F. Fitzgerald, no qual é recriada a vida do jovem produtor). Tanto se apresenta como aquele capaz de poder plasmar o "romance cinematográfico", com toda sua amplitude de temas e gêneros (épicos, operetas, melodramas, musicais) definíveis pela chancela "O mundo por um níquel" – legenda ludicamente decomposta e recombinada por Godard –, quanto é aquele limitado por sua saúde precária, pelo toque da efemeridade e do revés em relação ao espetáculo da organicidade e da apoteose. *Freaks/Monstros* (1932), de Tod Browning, com seu desfile de seres anômalos, defeituosos, acopla-se ao enfileirar de outros títulos produzidos por Thalberg/Metro Goldwyn Mayer tais como *Ben-Hur* e *A viúva alegre*.

"Um corpo jovem, frágil e bonito, tal qual Fitzgerald escreveu para que ele passasse a existir". A menção ao escritor só faz intensificar o inter-relacionamento de cinema e litetatura, totalmente fundamentado, nesse caso, quando se destaca um autor não apenas pertencente à *era do jazz* (como timbra uma conhecida referência proveniente de seus contos), mas àquela do cinema, com uma ligação estreita com a produção – e na figura de um produtor – de imagens. O itinerário de F. Scott Fitzgerald se encontra atravessado pela efusão técnica e hedonista das primeiras décadas do século XX, nas quais o evento cinematográfico desponta não apenas como uma metáfora elevada ao seu cume, uma vez que o autor de *The Great Gatsby* e *The Crack-Up* se nutriu de tal ambiente, tendo obras adaptadas para a tela e atuando como roteirista, um típico escritor no cinema, assim como estreitou os elos entre vida e espetáculo, capitalismo e estilo de vida.

Deve-se, contudo, ressaltar que a reviravolta crítica de tal estado de coisas integra o próprio percurso literário do autor, pois Fitzgerald se mostra capaz de dissecar a fissura (o momento de rachadura com todos os seus cacos apontados para direções multiplicadas) do protótipo civilizacional de homem e escritor (como se lê de modo manifesto, mais diretamente dirigido para si, em *A derrocada/The Crack-Up*) moldado como imagem de uma época. Acontece igualmente no que diz respeito ao produtor, tomado pelo avesso, por meio da literatura (*The Last Tycoon*), entendida, então, como forma final, essencial ao que pode ser conhecido sobre Irving Thalberg. Mais exatamente, a assinatura dos filmes que se sucedem com a administração do entretenimento chamado cinema, indissociável, no entanto, do trabalho de escrita, da negociação com a literatura – parte escrita e *maldita* (para dizer com Bataille acerca desse plano excedente e onipresente da imagem) do cinema – na figura dos próprios escritores.

Wonder-boy do início do século, Fitzgerald pôde grafar em seus livros tanto o ápice quanto a curva descendente de toda uma cultura capitalizada pelo cinema, da forma que ocorreu até a deflagração da Segunda Guerra Mundial. Não à toa, Godard lista entre os filmes produzidos por Thalberg, *A turba/The Crowd*, de King Vidor, no qual emerge o tema da multidão, tão decisivo na modernidade desde Poe. A esse respeito, o diretor sublinha a relação existente entre a população abrigada nas salas escuras do cinema e o imenso contingente humano que conhecerá a grande guerra dos mundos – esquadrinhados pela geopolítica da época – como complemento da dinâmica de um mesmo tempo dotado do poder de administrar veículos de massa e espetaculares cataclismos (como poderia dizer Eric Hobsbawm).

> Durante cinqüenta anos
> na escuridão
> a população das salas obscuras
> incendiou o imaginário
> para aquecer
> o real
> agora este se vinga
> e quer lágrimas de verdade
> sangue verdadeiro.
> (Godard, 1998, vol. 1, p. 111)

MME DE LA FAYETTE
WILLIAM FAULKNER

São cada vez mais aproximadas as ligações entre escrita e técnica, já sinalizadas pelo toque arquigenealógico da máquina de escrever desde o início da série aqui em pauta. Desde que se firma o plano do diretor em criação, que é, a um só tempo, composto por impressão de textos, fala dirigida a um grande microfone e diversas fontes de imagens projetadas (incluídas as do próprio Godard). Situado entre o arsenal maquínico de som/visão e uma estante de livros, o cineasta realiza novo atrito entre linguagens e artes depois de produzir a fricção entre filme e ilustração, entre o desenho do rosto devastado de Daniel Defoe (de onde se superpõem imagens de *starlets* como Jane Russel e Rita Hayworth) e a menção à autoria de *Robinson Crusoe* (ressalte-se o dado de que DD não quis imprimir seu nome junto ao título do livro/personagem quando de seu lançamento). O mesmo se dá na apropriação da moldura icônica da Metro, dentro da qual se alternam Thalberg e as referências literárias que norteiam a ficção do cinema (de Poe, em *The Crowd*, a Fitzgerald, um escritor tomado dentro e fora dos grandes estúdios).

Dois volumes são retirados da estante pelo regente de *História(s)*, no momento em que ele relaciona arte e tecnologia (não apenas da imagem, como é o caso da fotografia, em debate nesse capítulo introdutório da série): *LA PRINCESSE DE CLÈVES. Absalom, Absalom!*

O comentário emitido em *off*, feito no compasso da exibição das capas dos dois romances (colocados um dentro do outro pelas mãos do leitor e *régisseur* de imagens), tão diferenciados, tão distanciados no tempo (um do século XVII, o outro do século passado), resume o intuito de uma amostragem das simultaneidades que fazem a história por intermédio do contato (atrito e superposição) com os diferentes domínios produtivos e criativos. Os dois romances são ligados por uma teia referencial urdida, ao mesmo tempo, em torno das mutações da técnica e dos modos de escrita/leitura do livro de literatura no correr dos dois últimos séculos modernos.

> de Madame de La Fayette
> a Faulkner
> será necessário cinco vezes menos do tempo
> que foi preciso
> para que a primeira locomotiva
> se tornasse
> um TGV (Trem de Grande Velocidade)
> (Godard, 1998, vol. 1, p. 197)

Na relação travada entre o tempo técnico, veloz, da modernidade dos últimos séculos e a cronologia histórica existente entre os romances em amostragem e cotejo, Godard se revela como um autor-produtor – da maneira como formulava W. Benjamin nos primeiros anos do século XX tendo em mira as mudanças da arte e suas mediações materiais implicadas na ideia da criação, que se configura, desde então, em termos de produtividade, como economia, política e linguagem, operada por táticas críticas, situacionais (no sentido mais amplo e disseminado), de todo artista. Por meio de um modo próprio de ler e materializar suas leituras literárias, o diretor, imbuído de um propósito retrospectivo, atualiza no interior de seu ateliê multimidiático um encadeamento de relações que torna a menção à literatura um veio recorrente em seu projeto. Isso só faz aguçar o dado de que o conhecimento da História não se dissocia da dimensão de relato e se mostra crucial ao cinema o seu caráter composto de imagem em movimento, em sucessão, envolvido com a narratividade em seus mais elaborados intrincamentos.

No instante em que enuncia a *boutade* acerca da velocidade dos trens (a mudança da locomotiva para TGV) ocorrer em um tempo cinco vezes menor do que aquele que se processa entre séculos de literatura, Godard se apresenta, dentro de sua usina de produção, como a própria imagem consolidada de tal aceleração técnico-material. Com a diferença, contudo, de o cineasta estar dispondo, sempre de um modo analítico e interventivo, de uma resposta não evolutiva, nada linear, às conquistas tecnocientíficas no decurso do tempo.

Retirar livros da estante e citá-los intempestivamente (prática de sempre) apresenta-se como busca essencial da linguagem do cinema em cada filme. É o atrito que desponta e configura uma pequena história da literatura, para fora do domínio do escrito e da síntese enciclopédica. O corte historiográfico polivalente proposto por Godard, numa dimensão de autoria-produção em termos benjaminianos, é o que toma o primeiro plano da série de vídeos, em correspondência com as interrupções e as digressões, as diversas discursividades e as leituras literárias, presentes desde os primeiros filmes, inseridas plenamente no debate sobre técnica, arte e história realizado no interior de cada fotograma de ficção.

Crítica e produção de filmes, cinema e escrita (de ficção, de si e do tempo) – a filmografia godardiana nunca se desligou do interesse em fazer História, quanto mais se lança à aventura de investigação em torno do presente, compreendido do modo mais diversificado, inerente que é ao desenrolar da película com sua temporalidade material, sucessiva. Dada agora, de outro a outro plano de imagem/som/sequencialidade.

Por sua vez, a referência a *Absalom, Absalom!* e a *La princesse de Clèves* atende a uma motivação interna aos romances que Godard tem em mãos. No livro de Faulkner, uma teia de vocalidades e focos luministas (como já foram apreendidos em *Palmeiras selvagens*) se ergue na gradação da velocidade dos eixos temporais percorridos. Velocidade que alude, de certo modo, àquela da dimensão capitaneada pela técnica como progresso (visão evolucionista da história), mas ocorre à medida do poder de intimização e pulsão de cada personagem situado, de modo preciso, na geografia cultural dos EUA.

> O rosto sem sexo nem idade porque jamais possuiu nenhum dos dois: o rosto de esfinge com o qual ela nasceu [...] o rosto que ela ainda tem hoje aos setenta e quatro anos, olhando-me sem nenhuma mudança, nenhuma alteração, como se tivesse ficado esperando lá, durante todo o tempo que levei para percorrer aquelas doze milhas... (Faulkner, 1981, p. 114)

ROSA COLDFIELD
PRINCESSE DE CLÈVES

Romances como *Absalão, Absalão!* e *A Princesa de Clèves* armam redes espaço-temporais conexas com os circuitos de vozes e renarrações construídos em torno de suas protagonistas. Com a forma do solilóquio, da confissão, Madame de La Fayette conduz a narrativa a uma verdadeira cadeia de relações, num enlace de atuantes e mediadores capaz de tornar a intensa realidade das paixões um discurso indireto, enviesado, apropriado, enfim. Tal trama aponta para a extensão das esferas de poder e do saber sobre o amor (o amor como saber) em cada gesto, em toda argumentação racional acerca das afecções e da existência agora. Da existência de uma determinada época.

Em curso e em corte, a Godard interessa justamente o impasse existente em cada época, no interior e para fora do molde de uma história já dada. Aponta com argúcia Monica Dall'Asta (2007) o sentido da citação godardiana apreendida como fator da montagem, com base numa concepção benjaminiana (*montagem de citações*, presente em *Passagen-Werk*). Sua leitura ressalta, também, o vitalismo com que Nietzsche se indispunha com uma dimensão histórica genérica e universal ao propor uma historiografia crítica dos valores configurados no tempo humano, interessada na emergência de potencialidades, de relações inauditas.

Exatamente o trânsito, o fio subterrâneo entre romances e épocas, despontam em lugar da mera afirmação evolutiva da passagem de um período em que a leitura romanesca tinha vigência para aquele dos transportes de imagens técnicas (como pode-se crer, enfim, agora). Seu cinema veio se mantendo, desde os anos de 1960, como *mostragem* de todo um poder de situar e tramar diferentes referências históricas, artísticas e culturais. Em consonância com o período em que foi crítico, o cinevideasta sempre se indagou sobre os relatos emergentes na ficção do cinema no instante em que rodava seus filmes. Nesse sentido, ele faz o caminho inverso da *boutade* sobre o TGV, sem perda de velocidade e do senso de temporalidade. Os livros da estante de literatura são renovados quanto mais ganham distância, transformados que são em história essencial ao cinema. Assim como se mostram imprescindíveis ao século que passa sob o registro godardiano.

Lançando seu foco na dimensão plural dos signos que compõem as diferentes épocas, o cineasta deixa emergir a relação implicada entre cinema e literatura. Não à toa, interessa-lhe destacar o trajeto TGV entre Madame de La Fayette e Faulkner, assim como o elo produzido entre o naturalismo de Zola e o surgimento da fotografia até ser desenhada a ligação de Gide – por intermédio de seu sobrinho, em aventura investigadora no Congo, portando uma Debrie 7 – com a máquina cinematográfica, já no século XX. Até o ponto em que Madame Bovary se torna cassete-pornô (do telégrafo, seminal para a voragem afetiva do personagem de Flaubert, ao VHS *privé*, sistema doméstico de convivialidade e técnica).

Se o diretor de *História(s) do cinema* faz desfilar uma série de títulos fundamentais para o levantamento de uma possível história da literatura – não adstrita somente ao século que passou, na medida em que são feitas menções a livros como *Jacques, o Fatalista*, *Cândido*, *A educação sentimental, A ilha do tesouro, Humilhados e ofendidos, O lírio do vale, Os moedeiros falsos*, entre outros –, ele se indaga, ao mesmo tempo, sobre a imagem legada por tais recorrências. Pois é a partir do cinema que o *metteur-en-scène* se reporta a livros-marco da literatura, e, por seu turno, cinema(s) são sempre atualidades – reportagens, painéis, diagramas – para o diretor. A pura citação (sem mais outro propósito de adaptação) já é um enquadramento do conceito e da moral contidos em cada plano, em cada movimento, no cinema. Atualiza e reconfigura o conhecimento e arte preexistentes. Justamente, ao dar imagem (ao mais simples, ao mais remoto título).

Na formação de um *livro imenso* – "com que os homens violaram a natureza para semear a potência de sua ficção" (tal como é referencializado na parte 2) –, história, cinema e literatura acabam por se imbricar no projeto compósito, simultaneamente ensaístico e narrativo, concebido pela série videográfica. Com base na figura tomada pelo *livro infinito* (articulada por Blanchot no estudo do moderno espaço literário), margeado por sinais de dispersão e ausência, o *livro imenso* a que Godard se refere não se conjuga de modo contínuo-consecutivo e nem pode caber numa forma, numa imagem finais, em síntese ou de síntese (como se pode pensar acerca do instrumental tecno-contemporâneo).

O saber da História – Godard frisa, de *frame* a *frame*, entre a consulta a um livro e uma baforada de charuto – acontece em muitos níveis, relações e temporalidades. Não é por acaso que o próprio cineasta aparece para comentar (sempre com a voz *off*) ou sublinhar com legendas os intervalos entre um e outro quadro em sucessão (ou livro em leitura fotomático-vocal, ao modo de Herberto Helder).

Daí ser *a imagem* não apenas o foco e o fulcro de um trabalho como *História(s)*, concentrado na especificidade do filme de cinema, mas, a um só tempo, o título, a capa e os parágrafos recortados de um pequeno e pouco conhecido livro de Beckett.

Do mesmo modo que a máquina datilográfica surge como pedra-de-toque fundamental na gnosiologia, na genealogia do cinema e da noção de história irrompida no vídeo de Godard, o parágrafo final de *A imagem* atua como um *fade in*: um círculo destaca o texto beckettiano como se estivesse criando correspondência com um efeito primitivo, um rastro da gênese do cinema. Curioso é ver um exemplo da radicalidade da literatura no século XX, caso de Beckett, aliado aos traços arqueológicos do cinematógrafo. Como se Godard buscasse um elo com o único filme dirigido pelo autor irlandês – *Filme* (1965), realizado em parceria com Alan Schneider –, protagonizado por Buster Keaton a projetar seu olhar de ator sempre mudo.

O foco – aura do cinema sobre a página do livro – deixa imprimir (círculo e efeito) sua marca tipográfica:

> me dou conta de que ainda sorrio não vale mais a pena há muito tempo é inútil a língua sai para fora entra na lama fico assim mais sede a língua entra na boca se fecha ela deve fazer uma linha reta agora está feito eu fiz a imagem. (Beckett, 1988, p. 18)

POEMA – PROJEÇÕES

Godard vai colher em Beckett um processo imagético pela decomposição, montado sobre um corpo em esgotamento e desregramento, numa desconexão central com a ideia de personagem e referencialidade. O diretor parece seguir aí, através da trilha sinuosa de *A imagem*, um escrito concebido como relato e captura fílmica, alguns dos eixos do ensaio blanchotiano "As duas versões do imaginário". Mais precisamente, está em destaque o sentido de não reprodução, contrário à verdade do mundo contida em dado objeto. Toda a indagação lançada ao longo do capítulo 1b de *História(s) do cinema* acerca dos elementos formadores da imagem, do seu ajustamento e de sua justeza em relação à linguagem, política, ética e até mesmo no que diz respeito à sua aura, a seu traço sagrado, vai se encaminhando menos para uma dimensão de súmula do que de subtração.

Blanchot (1987, p. 257) capta o distanciamento que se encontra no "âmago da coisa" tornada imagem, de modo a sinalizar para o sinal de menos nela contido como índice da "presença da coisa em sua ausência". Para Godard importa essencialmente tal duplicidade, na forma dissecada pelo ensaísta de *O espaço literário*, posta em relação à "vizinhança ameaçadora de um exterior vago e vazio que é o fundo sórdido sobre o qual" a imagem continua a afirmar "as coisas em seu desaparecimento" (Blanchot, 1987, p. 256).

O interesse godardiano se localiza no que Blanchot (1987, p. 256) define como *orla exígua* (a *felicidade da imagem* composta como um *limite perto do indefinido*): "cremo-nos senhores da ausência convertida em intervalo, e o próprio vazio compacto parece abrir-se para o fulgor de um outro dia". Dentro da dinâmica entre vazio e exterioridade é que se torna mais nítido o sentido insurgente, ressurgente, da imagem para o cineasta, tal como enuncia e imprime nos quadros de *História(s)*, em culminação com a presença do Cristo imprecador, em estado de transe (à procura de uma figura, de uma face, à altura de sua palavra profética, direta), extraído de *O evangelho segundo São Mateus*, de Pasolini: *A imagem virá*.

A crença na imagem, tal como sublinhada por Blanchot e incorporada por Godard desde o início do seu cinema, encontra-se, então, no poder de reconhecer nela o tênue limite entre presença e ausência. Assim, investiga-se o vazio produzindo-se o intervalo, a interrupção (digressão ou prospecção conhecida em Godard), como também seu potencial metamórfico, passível de favorecer o ingresso no jogo do movimento, a abertura para a sucessão de suas projeções, superposições.

Tal busca de justeza/justiça das imagens – transformada no famoso enunciado que *História(s) do cinema* reitera: *não uma imagem justa, mas justo uma imagem* – se consolida nas dimensões ampliadas pelo projeto construtivo-historiográfico em pauta. Não se pode omitir o dado de que seu caráter projecional suscita o elo com a *comunidade das imagens*, de que tratou Jacques Rancière em abordagem à série, a potência da *imagem junto* (tal como propõe Stéphane Dellorme, 2007, p. 84-85), a *imagem-conjunto*, enfim, trazida com as grandes conjunções legadas e ativadas pela história, especialmente a do século XX, em todas as suas dimensões de utopia e distopia. Como lembra o próprio diretor, na conversação mantida com Serge Daney, registrada no capítulo 2a: "a história do cinema é maior do que todas porque se projeta".

Mostra-se importante notar que uma estatura poemática se ergue em *História(s)* quando Godard constata o poder projetivo desse misto de arte e comércio (como enfatiza o diretor) que é o cinema. Na recorrência aos "conhecimentos geométricos" (Godard, 1998, vol. 2, p. 49) que conduziram à projeção cinematográfica. Há uma breve digressão envolvendo as descobertas de Poncelet, Desargues, assim como a referência ao hexagrama místico demonstrado por Pascal. O caráter de invenção sublinhado se conjuga não apenas com o sentido amplificador, mas também transfigurador, buscado pelo cineasta na poesia moderna (como inicialmente se enuncia com *correspondências* e *iluminações*).

Em Baudelaire, assim como em Rimbaud, a criação ocorre como apropriação de textos e figuras preexistentes, concebendo-se, à maneira de uma projeção, como um jogo de analogias entre as diferentes figurações e a memória, entre as presenças e as distâncias no espaço e no tempo, sob o signo da luz. As iluminações poéticas modernas podem ser lidas, a um só tempo, por seus traços de epifania e por dispositivos elétricos, técnicos:

> Para a criança, que adora olhar mapas e telas,
> O universo se iguala ao seu vasto apetite.
> Ah, como é grande o mundo à tíbia luz das velas!
> E na saudade quão pequeno é o seu limite!
> (Baudelaire, 1995, p. 213)

O poema "Le voyage", de Baudelaire, passa a compor as legendas e a faixa sonora-visual do que se segue, no capítulo 2a, à conversa com Daney acerca da invenção/projeção do cinema. A atriz e cineasta Julie Delpy – adolescente, à época – empresta sua face serena e contemplativa à *criança apaixonada por estampas e mapas*, captada na poesia baudelairiana, também presente no universo de Rimbaud, de modo mais flagrante, em "Les poètes de sept ans". Da mesma forma, a imagem-barco reiterada por Godard, por meio de Baudelaire, foi desenvolvida por Rimbaud em "Le bateau ivre" no ponto limítrofe da desorientação e do desterro.

Sobre a face de Delpy são montadas várias sequências com barcos, reforçadas por inserções da fuga das crianças de *The Night of the Hunter/O mensageiro do diabo*, de Charles Laughton (1955). Com Godard, torna-se nítida a arte da desleitura – nos termos da teoria sobre poesia concebida por Harold Bloom – de "A viagem" operada por Rimbaud, a exemplo da radicalidade da *flânerie* desencadeada pelo autor de *Iluminações* a contar da matriz de modernidade poética e cultural que são *As flores do mal*. Destacam os letreiros de *História(s)*: "*Ô cerveaux enfantins!*/Ô cérebros pueris" ("A viagem"). Suplementação do Barco Bêbado: *Imerso no furor do marulho oceânico,/No inverno, eu, surdo como um cérebro infantil,/ Deslizava...* (Rimbaud, 1992, p. 32).

Desde "*Les étrennes des orphelins*" (primeiro poema publicado pelo autor adolescente), a fuga na infância (nas origens) – como acontece no filme recorrente para Godard, que é *The Night of the Hunter* – se mostra relacionada com o acesso à iluminação, entendido como *rapto de luz* (tema mítico, atualizado dentro de uma condição pós-aurática, assinalada pelo corte com qualquer unidade ou centro, com qualquer procura de genuinidade, autenticidade). No caso, uma iluminação órfã, compreendida numa acepção técnica. Em Rimbaud, tudo se projeta, de todos os modos, em grandes dimensões e movimentos, a partir de fetiches, dos *gadgets*, das falsas emanações dos objetos mais heterodoxos (não à toa, um *clip* feito em torno de Orson Welles, mestre dos ícones memoriais timbrados pela insígnia *Rosebud*, se faz acompanhar do título-suma *It's All True*, entre a rememoração e as formas do *fake*, nessa trilha poemático-projecional dedicada à imaginação e à infância/adolescência).

Luz desdobrada de uma realidade preexistente, originária do luto, do fim – no que se refere a "*Les étrennes des orphelins*", a conquista da visão liberadora dos irmãos órfãozinhos advém do contato com as insígnias do caixão da mãe e dos objetos residuais de vida legados pela família (objetos de puro adorno, em brilho falso). Por outro lado, o alcance rimbaudiano da visão se revela indiscernível dos gestos de fuga e deambulação, da busca da terra natal compreendida como lugar de destinação, não original (perspectiva que será o empreendimento da poesia, segundo Godard com base em sua leitura de *A morte de Virgílio*, de Hermann Broch, no capítulo 2b).

Se há consciência, por parte do cineasta, a respeito das técnicas de reprodução de vida (tal como enfatiza ao longo da série), que desenham o horizonte da história, da ciência, da arte e do cotidiano, na passagem entre o séc. XIX e o XX, imprimindo já a lógica homogeneizadora do mundo convertido em imagem de mundo, a potência analógica do poema moderno cria outros campos de atuação para o que se entende como literatura e escritor. As esferas de inscrição se ampliam, assinalando, a um só tempo, a existência de um material heteroclítico que se dimensiona para além do signo escrito, revelando-se essencial à imaginação e à invenção poéticas (observe-se em "A Alquimia do Verbo" tal radiação, pois é de velharias, das imitações, do mais puro *vintage* e do lixo que uma estética renovadora se ergue).

Simultaneamente a tal dimensionamento produtivo de escrita – ou de excrição, de acordo com Jean-Luc Nancy –, ao criador de literatura é convocada a expansão topológica da escrita por meio da sondagem de suas fronteiras espaciais e culturais, implicando aí o investimento do corpo e da subjetivação. Notável é a ênfase no deslocamento de referências e repertórios que se deflagra no interior da nova poética – desde a *flânerie* das urbanas *Flores do mal* até os passos desterritorializantes tomados pelo autor de *Uma estação no inferno* e *Iluminações* para além da Europa, depois de mapeá-la em passagens por suas principais capitais, rumo ao Oriente e à África. Para além da literatura e da noção de autoria, quando ele se confronta com o silêncio e seu próprio desaparecimento do chamado mundo ocidental.

Partir se apresenta como verbo-chave para os dois poetas. A projeção que um poema como "Viagem" menciona se apresenta pelo poder de deslocar e não pela fixação de um plano de imagens reconhecíveis (contrapondo-se, então, a uma única, reprodutora, versão do imaginário, para se retomar Blanchot). "Queremos navegar sem bússola e sem vela!" (Baudelaire, 1995, p. 214).

A conjugação de poeticidade e mapeamento – polos indissociáveis para Godard, mesmo em seus filmes não ficcionais – esclarecem sobre o percurso do cineasta, assim como a respeito da relação entre história, imagem e escrita, a contar da modernidade. Deve-se notar – algo já disposto em *JLG por JLG* – sua situação fronteiriça entre Suíça e França, característica de um *vaudois* (originário de Vaud, localidade suíça), tal como C. F. Ramuz vai explorar em seus escritos e diários de passagem. Não à toa, o autor de *Descoberta do mundo* figura como uma referência literária seminal da série histórico-cinematográfica em foco.

Gênese, Movimento, Projeção – na conversa com Daney, um crítico dos mais atuantes no período em que Godard produz a maior parte de sua filmografia, é destacado o caráter de invenção nas ciências e nas artes como típico do século XIX, numa gradação que o século XX apenas consolida. Para Godard, o cinema se inaugura antes da data de sua exibição (lê-se sua comercialização). Apresenta-se, a seu ver, como descoberta de um século mais atrás, engendrada pelos diversos procedimentos e dispositivos de projeção, muitos deles já sinalizados pela poesia de Baudelaire (encontra-se, aliás, em invenção constante, mesmo depois de difundido e administrado ao longo do último século). Por outro lado, não se pode omitir o confronto do poeta de "Quadros parisienses" com o advento da fotografia em função de seu poder de delimitação do real e do imaginário, ao reproduzir a realidade como imagem definida, definitiva.

Não é por acaso que o estudioso de *A rampa* esteja presente para tecer uma discussão acerca de uma era crítica como a moderna, situada em um contexto eminentemente técnico de produção e circulação de bens simbólicos (como poderia dizer Pierre Bourdieu). Na companhia de Daney, o diretor observa a correspondência/tradução entre Poe/Baudelaire, expandindo-se no elo formado, um século mais tarde, por Malraux/Faulkner, relacionável com o que se vê no cinema, por exemplo, com Truffaut/Edgar G. Ulmer (ou Howard Hawks). Ambos contemplam uma tradição de criadores críticos manifestada com toda uma problematização e autoposição bem conhecidas, a ponto de considerarem a diferença entre a história que se conta e a que se narra. Importante é observar o realce dado por Daney à atuação desse narrador da história e do cinema, alguém pertencente à geração *Nouvelle Vague*, marcada pela experiência com a crítica. Alguém que sabe o que veio antes e está vindo depois do cinema no andamento criativo de toda uma filmografia, em continuidade já em um outro século.

Pulsa, sobretudo, na conversação de Daney-Godard o interesse pela historicidade do cinema, inevitavelmente relacionada com a historiografia literária, como fica mais evidente no momento em que o diretor faz menção ao possível modo de um historiador de literatura selecionar autores e produzir cortes no tempo. O lugar de historiador-narrador tomado por Godard, não à toa, torna-se esclarecido no decorrer da conversa dos dois. Assim, *História(s)* acaba por captar um testemunho peculiar nascido durante o registro desse diálogo Daney-Godard, entre crítica e cinematografia, à maneira de um incurso temporal vertiginoso.

Tal debate acaba por dar sustentação ao lugar desbravado por Godard como cineasta crítico, cercado pelo arsenal de *estampas* e *mapas*, de que trata "Le voyage", poema de Baudelaire. Um empenho nada unilateral logo se mostra por parte desse projecionista, um cartógrafo capaz de retirar a potencialidade textual e referencial do quadro em movimento de cada *take*.

Firma-se, cada vez mais, o sentido de genealogia do cinema (assim como das imagens e de seus demais componentes, situados na história, no flagrante do presente contido no mais simples fotograma, como já indicava *Viver a vida*). Isso ocorre no instante mesmo em que a poeticidade se confirma como um dos veios mais constantes da filmografia godardiana nas duas últimas décadas. O sentido básico, etimológico, da *poiesis* é que se grafa e se projeta como princípio produtivo de um autor de filmes em investigação não só do cinema, mas do que registra do mundo e do tempo a máquina em suas mãos. Máquina reprodutora, pronta para criar identificações e estabilizar o *continuum* da percepção como verdade imediatizada, capturada do fundo das coisas (debate de Blanchot em "As duas versões do imaginário", como se lê em *O espaço literário*) ou associada ao espetáculo da sucessão.

Os momentos de fusão do poema moderno, dito em *off* ou recortado em legendas, com cenas da infância do cinema (ou da infância no cinema, caso dos *inserts* frequentes de *The Night of the Hunter*), soam, ao mesmo tempo, com um sentido de projeção desalinhado do painel romanesco, que se espetaculariza como a própria e única imagem da realidade fílmica, da forma como plasmou Hollywood com, por exemplo, Thalberg (nababo e administrador do grandioso e totalizador signo *século-cinema*). Do universo poemático se desenha uma acepção projetiva capaz de ligar Baudelaire-Rimbaud a Charles Cros (um poeta-inventor, em incursão tecnocientífica pelo século XIX, envolvido com a criação da fonografia e da fotografia em cores). O elo, aliás, entre Cros e Thomas Edison, com quem o escritor colaborou, é estampado por uma montagem godardiana de nomes combinados entre a escrita e a ciência (polos do debate sobre a invenção e a tecnização do cinema). Uma ligação capaz de se estender ao clássico da literatura que é Ovídio.

A menção ao autor de *As metamorfoses* atende, por um lado, ao dado do exílio – reiterado desde *JLG/JLG*, tornando-se evidente em *História(s)* na aproximação com Ramuz –, substancial para os rumos tomados pelo poeta, assim como pelas grandes formações genesíacas descortinadas por sua obra.

No final da parte 2a de *História(s) do cinema*, sublinha-se o caráter metamórfico da criação de Ovídio, com destaque dado aos versos "Floresceu a idade do ouro/sem necessidade de juízo,/espontaneamente/sem leis, a lealdade e a retidão foram honradas", no mesmo movimento em que as inscrições do mito de Eurídice-Orfeu (integrantes do canto X de *As metamorfoses*) assomam na tela, em continuidade à leitura dos versos baudelairianos de "A viagem". Godard obtém, nessa sequência final, um vínculo sólido entre sua cinematografia – a contar, pelo menos, do *filme perdido no cosmos* anunciado por *Week-End* – e as formas poéticas apreendidas na Antiguidade.

Retomando uma concepção cara a Blanchot – reforçada em *O espaço literário*, além de "As duas versões do imaginário", pelos ensaios sobre o mito órfico enfeixados em "A inspiração" –, Godard compõe, então, o que define no diálogo com o crítico Youssef Ishaghpour como a "relação entre o nada e a felicidade da imagem" (Godard & Ishaghpour, 2000, p. 83). Felicidade/Orla exígua – Margem de indefinido e fulgor de outro dia.

Interessa ao diretor realçar o poder mutacional que as superposições e os intervalos entre um plano e outro – colagem/citação; interrupções/suspensões da palavra sobre o visível – propiciam em sua experiência cinematográfica. Justamente, consolida-se em *História(s)* uma atividade do olhar na contracorrente do cinema da imagem, da transparência e do pacto com o reconhecimento e a reprodução de signos já estabelecidos antes da incursão pelas salas escuras de espetáculo.

> Quando Blanchot diz a imagem é a felicidade, as pessoas falam de felicidade, também, elas querem ser felizes [...] Quando se diz a imagem é a felicidade, nada se vê imediatamente. (Godard & Ishaghpour, 2000, p. 83)

Grandes projeções são feitas em sincronia com grandes formações (o estado nascente do mundo e do sentido, idade de ouro, sem juízo) – *Aurea prima sata est aetas, quae vindice nullo, sponte sua, sine lege fidem rectumque colebat.*

A aposta godardiana na História, sob a luz/sombra do cinema, está em correspondência com a projeção infinita travada pela experiência de finitude – "Ninar nosso infinito no finito das águas" (8º verso de "A viagem") – contida na imagem e no século. Sob o crivo da recriação do mito a partir de Blanchot, o cinema converge com o espaço literário na autorização dada a Orfeu para que se vire (é o que inscreve o final do cap. 2 da série fílmico-historiográfica). Ao mesmo tempo, ocorre a travessia pela poética ocidental, de Baudelaire a Ovídio.

O poema moderno fundamental que é "O cisne" já estreitava o exílio urbano com aquele experimentado pelo autor latino, exatamente quando os versos baudelaireanos se referem ao trecho em que é recontado o nascimento do homem no caos, no início de *As metamorfoses*:

> Eu vejo esse infeliz, mito estranho e fatal
>
> Tal qual o homem de Ovídio, às vezes num impulso,
> Erguer-se para o céu cruelmente azul e irônico,
> A cabeça a emergir do pescoço convulso,
> Como se a Deus lançasse um desafio agônico!
> (Baudelaire, 1995, p. 173)

Importa para o poeta e o cineasta, precisamente, a captura do gesto ovidiano de contemplação dos céus quando "discordes (...) as coisas não bem juntas".

> Erguido para o céu lhe deu que olhasse.
> A Terra, pois, tão rude, e informe dantes,
> Presentou, finalmente assim mudada,
> As criaturas humanas, incógnitas figuras.
> (Ovídio, 2007, p. 45)

O narrador cinemático direciona seu olhar para o século XX em mais de uma direção, para além da permanência de um único e acabado sentido, no mesmo minuto em que mira o movimento dos fotogramas e das legendas da literatura.

A felicidade possível à imagem irrompida sob a luz técnica, tornada segunda natureza (como já assinalava Benjamin) pelo modo como fornece uma captação do século já findo, viabiliza-se com um olhar superposto (de vida e morte, de história e genealogia). Olhar voltado para um tempo que não imobiliza o ato visionário e indagativo presentificado no cinema, mas dá conta de seu curso diário, diurno, puro exterior extensivo à noite e às "incógnitas figuras" (Ovídio), em deslocamento, da literatura.

TEMPO – DESAPARECIMENTO (PROUST, BROCH)

Beleza fatal, intitula-se a parte final do capítulo 2 de *História(s) do cinema*. Não por acaso, tudo se inicia com o *leitmotiv* da noite – da solidão à hora de dormir – para Marcel, protagonista de *Em busca do tempo perdido*, entendido como confronto com a temporalidade e a mortalidade. TEMPO PERDIDO – já se podia ler, no capítulo anterior, ao modo de uma introdução, o letreiro simultaneamente inscrito ao surgimento de uma gravura de Alice, figura multiforme concebida por Lewis Carroll como guia desconcertante na exploração do espaço-tempo (não se pode esquecer que Alice aparecia extemporaneamente nos desvios da viagem em linha reta de *Week-End*).

A menção a Proust ocorre de uma forma próxima daquela que repercute para o personagem histórico e romanesco que é o poeta latino na narrativa de Hermann Broch (*A morte de Virgilio*), abismado entre a memória pessoal e a épica de uma civilização, no momento em que ele agoniza e se defronta com a *persona* imperial de César. Entre esses dois romances fundamentais do século XX cria-se uma correspondência producente para os sinais mais definidores e conflitivos da história do cinema, no ver de Godard.

"Albertine desapareceu. Durante muito tempo, eu me deitei cedo". Quando recita com sua própria voz o texto proustiano, Godard produz sincronia com uma emergência de signos em série, derivados daqueles presentes no romance (supremamente lidos por Deleuze em seu livro dedicado ao escritor). Ele consegue criar ligações crescentes, a partir do desaparecimento do objeto desejante de Marcel, com o propósito de sua teorização sobre o cinema. Isso se nota exatamente no ponto em que o diretor chama pelo nome de Albertine à altura das indagações/investigações acerca da impossibilidade de haver imagem isolada no cinema, refratária a qualquer espécie de interferência. É o que acaba por se salientar, uma vez que inexiste qualquer mostragem definitiva para o cinematógrafo, concebido que é pela justaposição, pelo paralelismo, de diversos níveis composicionais de um a outro fotograma. Destaca Ishagpour, em diálogo com Godard, a propósito de *História(s) do cinema*:

> Um historiador não pode se permitir a criar «imagens», é o que você pode fazer com a montagem e a colagem: aproximar as coisas distantes, pois um historiador deveria poder apresentar, segundo a ordem da razão, todas as mediações e as relações intermediárias. Cada vez que uma imagem aparece, são criadas em torno dela conexões, interferências, ressonâncias. (Godard & Ishaghpour, 2000, p. 21)

Como sinalizou Beckett (1986, p. 45) em sua leitura de Proust, não se apreende o ser na história – bem demonstra a desaparição de Albertine, entre a fuga e a morte, ante a posição intensa, interferente, do narrador e protagonista da *Recherche* centralizada por Marcel –, mas uma *noção*, em lugar do retrato de uma pessoa. Conseguindo lidar apenas com seu valor fictivo, a despeito do estoque admirável de recursos e recorrências, esse narrador-protagonista retoma tão-somente

> sua própria realidade perdida, a realidade de seu eu perdido. Tudo se passa como se se pudesse representar o tempo por uma série infinita de linhas paralelas. Sua vida é subitamente transferida para uma linha diferente, e sem solução de continuidade... (Beckett, 1986, p. 52)

É, também, Beckett quem aponta um traço decisivo na arte de Proust, por sua vez, definidor do trabalho arquivístico de cinema/história elaborado por Godard, exatamente no que se refere ao trato com a memória. Quando o autor irlandês coteja a atividade memorialística corrente (marcada pelo voluntarismo) com o item proustiano da *memória involuntária*, faz emergir o rastro da realidade do tempo para além da simples revivência de um objeto passado. Não é em vão que ele sublinha a transformação dos componentes da cadeia romance-história-sociedade, na sua ênfase à memória involuntária, quando ressalta a

> grandeza épica de sua ação. É o universo inteiro de Proust que surge de uma taça de chá, não somente Combray e sua infância [...] todos os elementos da

> experiência proustiana e, por conseqüência, os pontos culminantes de todas as suas revelações. (Beckett, 1986, p. 45)

Deve-se frisar, precisamente, esse *rastro de épica* para a compreensão do trabalho de Godard com a história e seu interesse pelo gênero narrativo que é o romance, tão bem exemplificado no último século pelos livros de Proust e Broch. Youssef Ishaghpour acaba por dar destaque a tal característica ao analisar, no decorrer de sua conversação com o cineasta, as dimensões do histórico e do literário alcançados por seu projeto cinevideográfico.

> Seu filme é como as grandes obras poéticas ou romanescas desse século, que se querem complexas e inclusivas, que quebram a distinção entre prosa e poesia, a imagem e a reflexão, o lirismo pessoal e o documento histórico, e que mesclam sistematicamente escrita e rememoração, para poder ser o elo onde a verdade do século ressoa. (Godard & Ishaghpour, 2000, p. 22-23)

Quando se observam os procedimentos de memória e montagem trabalhados pelo diretor, numa profusão de entrelaçamentos capturados nos diferentes campos das artes e do conhecimento, a ideia de verdade a respeito do século sofre uma alteração, tendo-se especialmente em foco as referências literárias por ele operadas. A experiência da perda como índice da relação com o tempo torna-se destacada por Proust no desaparecimento de Albertine como dissolução da unidade e do entendimento dos processos transcorridos durante a existência – a fuga do personagem ressoa, também, como o encaminhamento da sua morte. Lê-se, de um modo relacionável, no romance citado de Broch, a impossibilidade de um elo harmônico e totalizador na passagem do poeta pela vida e pela literatura.

Numa proporção atualizadora dos enfrentamentos captados na Antiguidade, *A morte de Virgilio* faz-se pontuar em torno do impasse entre transcurso do tempo e código civilizatório, entre vida interior e imagem de mundo. Broch e Proust obtêm uma proximidade, no capítulo 2b da série, precisamente pela ampliação de dimensionamentos buscados em suas narrativas acerca do sentido de uma súmula relativa ao pertencimento à história, ao decurso do tempo.

A abertura que é dada, no coração do *epos*, ao canto anônimo, aleatório, de um rapaz do povo, ouvido por Virgilio quando do fecho de sua vida e de sua obra (a conclusão da *Eneida* posta em discussão pelo romancista austríaco), bem demonstra o interesse godardiano pelo *instante fatal* da vida e da arte, do qual pode se extrair outra moral ante a finitude e os pontos de irresolução temporal do percurso humano. Isso ocorre no mesmo compasso em que se imprimem os fortes elos entre a noção de *fim da história* e o término do século XX (entendido por Godard como a era do cinema, período em que se assinala a maior parte do transcurso de sua vida e arte).

Nessa mesma dimensão, acaba por se articular o trabalho videográfico em torno de história/cinema como o trajeto pela noite órfica dos mitos e das metamorfoses da literatura, de Ovídio a Proust, passando por Broch e Blanchot, pensador e narrador do título dostoievskiano que é *O instante da minha morte*. Instante consonante com os elementos referentes à desaparição, ao apagamento de vestígios, assim como àqueles de mnemotécnica e arquivo, agregados em um só século. Este, aliás, é o tema de um título como *Éloge d'amour*, documentário e cantata concentrados na memória da Resistência, um empreendimento típico de Malraux, como se o romancista e cineasta de *L'espoir/A esperança* (1939) fosse refigurado no extremo do tempo, na passagem intersecular, nesse primeiro longa-metragem de Godard no tão anunciado novo milênio, seja pelo que traz de inaugural, de prospectivo, seja pela acentuação das marcas de desastre/destruição.

Se por um lado o autor da *Recherche* fornece – como o próprio Godard ressalta – a forma do álbum de fotografias como fonte genealógica para o recorte e a reunião memoriais, o mesmo século de Proust e Broch reproduz para o *metteur-en-scène* Godard as imagens de luto no surgimento do cinematógrafo. O esplendor cromático – a cor do cinema vem do cromo, reflete Godard – contido no movimento das telas advém da coloração das coroas mortuárias, enfatiza ele. FAUXTOGRAPHIE (imagem em falso da fotografia) – uma legenda corrobora tal pensamento.

A despeito das onipresentes marcas finitas com que a memória do século se imprime na arqueologia do cinema concebida por Jean-Luc Godard, encontra-se na *noção*, na *ação* dos signos do tempo – como bem formula Beckett a respeito de Proust –, o sinal de uma coexistência muito mais do que o surgimento de uma clave central, essencial, a se encerrar pela constatação da perda, do desastre e do controle universal da técnica sobre as criaturas. O tempo – já formulava a escrita proustiana para Deleuze – são signos que se acrescem em série, criando convergência no instante em que se dispersam, numa escala de desaparecimento e reaparição descontínuos, porém intermitentes.

O mesmo pode se observar na narrativa de Broch com a correspondência que se cria com as formas móveis do canto disperso entoado pelo jovem representante do povo em contraponto à coroação do monumento e do momento épicos, entronizada pela presença de César Augusto nos instantes finais do poeta Virgilio. Sob o andamento marginal do canto popular, que erra pelo ar, modula-se a motivação narrativa de *A morte de Virgilio*, concentrada nos conflitos fundamentais da História por meio do modelo clássico da latinidade, assim como do testemunho estilhaçado da literatura no seio da Segunda Guerra Mundial do século que passou e marcou, no ato vivo da escrita, a trajetória de Hermann Broch.

O cinema godardiano apreende tais derivações, tais simultaneísmos, em sua sondagem da história e do cinema, abrindo-se à difusão heterogênea das imagens em todas as suas extrações e correlações. É assim que a forma-romance comparece desde o início – desde o propósito escritural embutido em sua atividade como crítico cinematográfico (escrever e filmar criam, desde então, suas ilações), desde seu primeiro filme, *Palmeiras selvagens*, narrativa tomada como matriz referencial – à maneira de um gênero aberto (próximo da heterodoxia e polifonia concebidas por Bakhtin), apto a recepcionar a fusão com outras linguagens e as mais diferentes inserções conceituais.

As modulações espaço-temporais propiciadas pelo romance enquanto gênero se mostram capazes de conter a reportagem histórico-política empreendida por Malraux em *A condição humana*, um exemplo muito citado pelo cineasta – ainda mais quando se tem em mira seu empenho junto a eventos significativos do século XX, como o surgimento da Revolução Chinesa (sob o signo, aliás, do escritor é que *O pequeno soldado* foi realizado, à maneira de uma investigação conflitiva, até o paroxismo da polêmica causada quando do seu lançamento, a respeito da Guerra da Argélia). Assim, também, situa-se como referência romanesca o andamento nada linear com que Faulkner captura a *angst* de personagens em deriva, desprovidos de qualquer fundo modelar (dimensão decisiva para a captação do marginal urbano em envolvimento amoroso com a repórter-romancista interpretada por Jean Seberg no longa-metragem inaugural). Como assinalei anteriormente, *Acossado* não fica sem registrar um estado político-cultural e, sobretudo, existencial das coisas captadas no ar e nos corpos pelo cinema de Godard, numa síntese explosiva, iniciada e nunca encerrada, de indagações eclodidas desde o fim da Segunda Guerra Mundial.

WOOLF VAGA NOVA

Acossado é, a um só tempo, uma assinatura autoral e o anúncio de um modo crítico-citacional de realizar cinema em toda sua dimensão plural e aberta. Mostra como todos os filmes seguintes se conceberiam ao modo de uma experiência e uma suma do cinema (de outras artes, em especial, da literatura), da cultura e do século. No caso do filme de estreia, a passagem da segunda metade dos 1900 soa à maneira de uma reportagem, uma aventura cheia de sensorialidade e senso de *zeitgeist*, que a impede de ser mais um manifesto moderno, por conta de sua heterogênese formal e de seu impasse/impacto moral. Nesse sentido, bem marca o traço-detetive da busca de Poiccard/Patricia unidos pela paródia fatal do *noir* emblematizado por Bogart: a unha percorre o lábio cortando a respiração – *À bout de souffle* –, no mesmo fôlego em que se refaz o cinema para além de um esquema cerrado, acentuando a inquietação ante o que está por emergir.

Autoria Fatal – o que se conhece como *Nouvelle Vague* varia de cineasta a cineasta. No que diz respeito a Godard, provém do incurso de um diretor que é formado pela crítica e articula a realização de filmes como um projeto de escrita, pautado em mais de um gênero e em um campo extenso de referências. No instante em que imprime a autoria, Godard deixa transparecer todos os nomes que a contêm, fazendo estampar as capas e os títulos dos livros que atravessam a nova vaga do cinema bem depois do desenrolar das técnicas, das guerras e dos manifestos de um só século.

Em *História(s)*, fica mais evidente como o diretor lida com planos de coexistência no espaço e no tempo, entre diferentes linguagens, favorecido pelas fusões e recortes da imagem vídeo-cinemática – com a velocidade do *cut* e do *insert*, mais ralentado, das técnicas de sobreposição/superimpressão (veja-se a esse respeito o artigo de Cyril Neyrat sobre o episódio 3 da série aqui em debate). Se há a recorrência a Virgilio, autor épico relido com Broch, a presença de Ovídio estabelece outra face da literatura latina, marcando as mutações do gênero épico para Godard. A memória sempre conduz à montagem e não ao referendo da *palavra primordial* (como conceituaria Auerbach acerca das epopeias).

Máquina de escrever e corte historiográfico da literatura a contar da perspectiva do século XX, no seu final. Combinatória do heterogêneo "em que o mais antigo coexiste com o mais novo e os contrários se comunicam entre si" (Lopes, 2003, p. 46). Ou aquilo que já se encontra em Ovídio, em outro registro da literatura latina: "metamorfoses dos seres em formas novas, em oposição a um sentido de história", como bem sumarizou a grande crítica e poeta portuguesa Silvina Rodrigues Lopes.

Desde sua estreia, sob a perspectiva dos fins da década de 1950, Godard passa a trabalhar precisamente com o estilhaçamento dos signos de uma época nuclear, sinalizada pela posterioridade (pós-atômica) em relação a projetos até então atribuídos ao homem do progresso em consonância com a técnica universal e a posse partilhada da vida material. Há um sentido de testemunho quando se lê a experimentação de uma filmografia levada ao paroxismo da legenda Godard até o investimento no autorretrato (história de si) amplificado no interior do ateliê/usina/biblioteca em direção a uma história passível de ser lida como *cultural*, em outra acepção de montagem e colagem dos campos da arte e do conhecimento.

Em seu cinema, trava-se contato em diversas modulações do homem em seu horizonte de criação e técnica, sob a fragmentação dos mundos, a contar da mediação corporativa dos meios audiovisuais sob a produção ideológica da sociedade do espetáculo e do consumo (em que se lê a crescente mediatização da política). Com a inserção de tudo que se corrobora no fim do século XX – tal como *Elogio do amor* e *Nossa música* deixariam explicitado na perspectiva do novo milênio – acerca do mercado mundializado como imagem de mundo. Tudo se desenvolve como uma questão da vida e da imagem no interior da realização de cada um de seus filmes. Sob o compasso do fim da arte, uma sonda incessante se efetiva sobre o estado presente dos signos (como diria Foucault acerca dos elos entre pensamento e literatura, dentro de uma visada genealógica).

Tanto é assim que o evidente sentido de cronologia impresso em *História(s) do cinema* se faz acompanhar do pontilhismo – típico de um livro como *The Waves/As ondas*, de Virginia Woolf – com que liga a dor do século e o depoimento sobre si, quando faz o elo, no capítulo 3, entre seu surgimento com a *Nouvelle Vague* e a vaga narrativa de V. Woolf espraiada século adentro (aliás, a ensaísta Floris Delattre destaca, na narrativa citada da autora inglesa, o dado da consciência coletiva com a sinfonia de vozes regida pela forma do solilóquio). Um registro no feminino se faz acompanhar de um cortejo de rostos para os quais a voz do diretor se direciona como um testemunho/testamento irrecusável. Nesse momento, o narrador da série desfaz-se do timbre solene e espectral com que sublinha as imagens de indústria e guerra, até então majoritário, para revelar o *tonus* emocional de um relato.

Outra presença de Woolf se dá a perceber no talhe fundo deixado em sua fotografia, tornada fotograma da história cinemática do século, no campo da arte, assim como ocorre na filosofia, na política – tal como, também, apresentam-se os rostos de Weil, Arendt e Djamila Bouhired, revolucionária da libertação de Argélia, entre outros/outras. Os rostos afloram com todas as marcas, todos os conflitos e as rugas do tempo (as ilustrações da face de Defoe já tracejavam tal uso), ao contrário do *make-up* mortuário do cine-indústria (ou o filme como cosmética) da BELEZA FATAL (lida nos bastidores pelas *starlets* solitárias após o *studio* como "Você não veio me ver hoje"), incapaz de mirar o fundo mortal contido na imagem, no cinema e no século. "Tomam-me como juiz, mas não sou senão a senhorita do arquivo", diz o diretor em sua datilografia/arquigenealogia do texto-imagem contido no cinematógrafo, tomado como máquina operadora de projeções e retrospectivas. Ele, assim, alia-se ao seu polo feminino tanto agregador quanto producente de formas de convivência e colaborações criativas, tal como se dá ao lado de, por exemplo, Anne-Marie Miéville.

À maneira de Braudel, o cineasta sabe que na narrativa histórica ninguém retém o comando. Jean-Philippe Tessé, em estudo a respeito da serie godardiana, já apontava que “Braudel decupa a história como se decupa um plano (...) A história em sua globalidade (...) é uma profundidade de campo que se explora, como a câmera o tempo” (Tessé, 2007, p. 90). Ou senão *Clio*, de Péguy, induziria para Godard a imagem da História feita mulher por meio do movimento das ideias, das passagens de épocas em contato com a realidade viva dos diversos materiais em circulação e convergência, para além de uma perspectiva unificadora, central.

O cinema lê-se proustianamente, no tempo, de álbum a álbum. Da imagem à letra, em diferentes correspondências e semioesferas. De uma face a outra face. Woolf, na dor, iconiciza o trajeto e o trabalho da arte, sendo, simultaneamente, o rosto formado pela conjunção de pontos ressurgentes da infância e do feminino, tal como plasma *The Waves*. O tempo não para de recompor suas diferentes fases e abrir vias comunicantes, intempestivas, relativizadoras de uma linha contínua, cumulativa e progressiva das idades. Woolf Vaga Nova.

Revela-se, então, um legado em pontilhamento e partilha do que foi segregado no espaço e no tempo, na dimensão do solilóquio tão impressivo nas páginas de *As ondas*, operado por V. W. como técnica coral, distribuída em muitas vozes. De uma vida única (essa emblematizada por Virginia Woolf), assinalada pelo pioneirismo da literatura experimental e pela contingência cultural com que se vivem as paixões até o ponto da autodestruição, tudo se sumariza na fotografia reexibida por Godard. Assim, a imagem da escritora passa pela leitura crítica da técnica de reprodução – própria de um semiologista mediático – e se estampa, também, como reconfiguração poemática do inventário de figuras e palavras legadas pelo século, sob um foco de ressurgimento e insurgência em relação ao que se entende como história e a imagem que dela se sintetiza.

Enquanto o diretor tenta listar, no modo mais exaustivo as literaturas fundantes não apenas de uma época, a narratividade construída em *História(s) do cinema* advém do entrechoque dessas diversas menções, num procedimento mais próximo da perspectiva de um montador ou de uma *senhorita do arquivo* (como ele mesmo esclarece numa de suas *boutades*), de uma catalogadora, uma secretária responsável por notas, apontamentos, uma funcionária da estenodatilografia. Nesse ponto, seu cinema se vincula à sensibilidade e à operacionalidade criativas, grafadas no feminino, sejam aquelas contidas no *corpus* datilo-conceitual presente na filosofia de Avital Ronell, autora do título sintomático que é *O livro do telefone*, assim como na pauta citacional, fundada em anotações e recolha deambulatória de referências (caso da poética de Ana C. César), sem se falar na escrita-tatuagem de Kathy Acker, moldada sobre a apropriação indiscriminada de textos e imagens alheios, num campo inscritivo do qual o corpo não escapa. A alusão a essas autoras possibilita frisar o propósito godardiano de não-juízo, da imparcialidade mecânica de um ditado (notação/datilografia), feito em detrimento do controle de um ponto de vista sobre a história da última passagem secular. Traça-se aí uma dimensão mais afeita ao plano do evento, às *rotas transitáveis* trilhadas em *O Mediterrâneo* (uma das matrizes historiográficas para Godard), pelas quais Braudel se atém aos *limites franqueáveis* (Braudel, 1987, p. 50) pelo oceano em suas diversificadas propagações espaciais e culturais. Aliás, uma definição da *história evenemencial* pode se extrair no prefácio do livro de Braudel quando ele recorre à agitação da superfície, produzida pelas ondas em seu andamento possante. Fluxos, fluidos, próprios de um *espaço líquido* (Braudel, 1987, p. 15) tornado condutor da dimensão cartográfica em que se engendra a aventura do historiador, tomado que está pela descoberta, pelas múltiplas direções propícias à análise e à analogia, pelo "movimento quase imperceptível da história" (Braudel, 1987, p. 27).

FIM DA HISTÓRIA/HISTÓRIA FINITA (BLANCHOT, BORGES)

Ao fazer gravitar sua produção em torno do século que passa e induz a um novo pertencimento ao tempo com a retrospecção, Godard dá ênfase à conjugação de morte e ressurreição das imagens propiciada pelo cinema. Não por acaso, Blanchot e Borges são os autores literários que criam maior convergência nos momentos finais de *História(s) do cinema*. Concentrados na coleção e na conjunção de livros relacionáveis pelo sentido controverso de ausência e totalidade neles contido, seus escritos se valem dos jogos conceituais e aforismáticos sintetizados pela biblioteca, pela catalogação autoral, associados sempre aos paradoxos da duração do tempo humano e a infinitude labiríntica do que está escrito.

No momento em que o cineasta se pronuncia acerca do *tempo da abolição do tempo, do fim da história*, da forma como apreende a época atual, regida pela unificação abstrata, globalizadora, do que chama de tirania econômica do planeta, a literatura comparece como referência-síntese do enlace de imagens/sons operado pela série. É justamente por meio dos escritores argentino e francês que *História(s) do cinema* resume seu dimensionamento enciclopédico marcadamente heterogêneo, composto pela permeabilidade do *morrer*, na concepção do autor de *A escrita do desastre*, compreendido como a experiência palpável, gradativa da existência. Ao mesmo tempo, desenvolve-se a espiral lançada ao infinito pelo livro (um único e abismado volume, descentrado e multiplicado em títulos confluentes, recorrentes, no ver de Borges e, também, de Blanchot).

Em busca da temporalidade característica da literatura, capaz de "mostrar/uma orelha que escuta/o tempo/e tenta também/fazê-lo entender/e surgir/no futuro/estando a morte/já compreendida em meu tempo" (Godard, 1998, vol. 4, p. 289), não surpreende que o diretor dialogue com o texto borgiano "A flor de Coleridge" no encerramento da série historiográfica.

> se um homem
> se
> um homem
> atravessasse
> o paraíso
> em sonho
> e recebesse uma flor
> como prova
> de sua passagem
> e em seu despertar
> encontrasse
> essa flor

em suas mãos
eu diria
então
que sou
esse homem
(Godard, 1998, vol. 4, p. 307-311)

Quando, a respeito de Borges, o pensador de *O livro por vir* observa que em vez de simples engano, a literatura se mostra como "o perigoso poder de caminhar para o que é, graças à infinita multiplicidade do imaginário" (Blanchot, 1984, p. 105), os elos entre arte e vida, sonho e narração, finitude e infinito encontram ressonância no testemunho cinematográfico construído por Godard. Em especial, o sentido do caminhar, do trajeto em direção ao que se é, executa uma ligação aporético-aforismática entre tempo e espaço capaz de acentuar a pontuação entre impessoalidade e compartilhamento produzida tanto pela noção de livro/literatura adotada pela escrita de Borges e Blanchot quanto a experiência vivencial de Godard ao pensar as artes por seu vínculo com a História. Especialmente quando ele enfoca o tempo através da referencialização literária – de um livro a todos os livros –, tal como concebida pelos escritores citados.

Enquanto Borges comparece no final de *História(s) do cinema* por meio da menção enviesada à flor de Coleridge, tomado como relato revelador do homem Godard, da parte de Maurice Blanchot só se trava contato com sua foto rara. Foto, aliás, muito conhecida exatamente por ser única, repetidamente última. Fotografia ampliada de um flagrante do autor arredio (na ausência do livro e da cultura da imagem), isolado até o fim da sua longa vida, atravessada do início do século XX até o ano de 2003.

Onde é o começo? É alguém ou alguma coisa que começa?
[...]
A entidade que fui já não pode dizer "eu". "Eu" já não pode
falar de si mesmo ENTÃO, a não ser na terceira pessoa.
(Blanchot, 2011, p. 31)

Justamente, o dado de que a "a literatura é o essencial, não os indivíduos" (Borges, 2010, p. 19-20), como se pode ler no escrito de Borges sobre

Coleridge, interessa ser destacado pelo cineasta, quando faz a súmula do cinema e do século assim como resume sua própria implicação estética, cultural e histórica. Um "sentido ecumênico, impessoal" (Borges, 2010, p. 19-20) é que interessa ser sublinhado no instante em que o diretor dá o encaminhamento final à longa sequência de imagens da arte e dos eventos de uma época. Instante em que, também, ele se põe mais à mostra como o homem da travessia de um polo a outro do tempo e do real.

A referência a Elpenor, personagem de *A Odisseia* situado entre a morte e o ressurgimento, apresentada nos momentos finais de *História(s)*, só ressalta ainda mais a dinâmica essencial que imagem e linguagem (escrita, falada, literatizada pela citação) estabelecem, ao modo de uma síntese aberta, fecunda, entre a história do cinema e a passagem do tempo com seus inúmeros discursos e presenças. No instante de seu fechamento, o projeto godardiano revê a origem da literatura ocidental, centrada na epopeia homérica, como que guardando um elo intrínseco e subterrâneo com o relato-paradoxo do *fim*, colhido em Borges (sob o toque do pensamento blanchotiano).

O cineasta deixa, então, nítido que sua construção historiográfica não obedece a um sentido panorâmico e nem se articula como rescaldo das expectativas típicas do historicismo, desviando-se, pois, da leitura previamente organicista de um dado período. Evidencia-se em sua série uma espécie de autonarrativa em que história, arte e testemunho põem em indagação, no limiar de um novo século, um conjunto de referências comunicantes entre si, passíveis sempre de uma refiguração, de uma moral a ser surpreendida a partir daí.

Como que seguindo a trilha disposta por Jean-Luc Nancy em "A história finita", nutrindo-se simultaneamente das encruzilhadas internas ao universo do livro e da literatura no correr de milênios, Godard une a arte e o século técnicos no sentido de um crescente surgimento. Como se o cinema e a história fossem mesmo essa perspectiva de exposições/exibições em andamento, cumprindo, assim, o que pensa Nancy sobre o conhecimento possível a se extrair da historiografia. Apenas quando se projeta, o século passa a produzir história e sentido (fora do alinhamento consecutivo e da unicidade pelos quais se tenta abarcar o saber sobre o tempo).

Quanto mais se circunscreve em um campo de recorrências e ocorrências – como o *leitmotiv* dos campos-de-concentração nazistas, crucial para o cineasta –, mais se ingressa, como pensa Nancy, em outra espécie de história, talvez "numa história da história" (Nancy, 1980, p. 241). Com um uso reiterado de recursos (legendas, vozes em *off*, recitais/renarrações), próximos de um gênero de "declaração, de anúncio ou promessa" (*ibid.*), opera-se o espaçamento do próprio tempo. Imprime-se, com base nesse vasto repertório iconográfico e testemunhal, a dimensão de algo *que vem* como devir e evento em vez de significar a verdade, a orientação ou a ideia do tempo como sujeito ou substância, deixando, pois, de sinalizar o *continuum* ou o escoamento de um processo sucessivo.

Tal como se vê, lê-se e, também, ouve-se na série godardiana, sua dinâmica de montagem, sua espacialização em quadros superpostos de diferentes fontes de imagem acabam por favorecer e reinventar o empenho historiográfico na época do *fim de uma certa história*. Uma vez que incide na configuração de palavra/som/visualidade no cerne da captação de um século, entramando aí uma combinação, o cineasta relaciona e performa linguagens no toque conjunto da máquina de escrever com aquelas outras de filmar, montar/mixar. Ao ponto de formar não apenas um painel, mas um diagrama. Possibilita, por seu turno, o surgimento transverso – em superposição e multiplicidade de referências e redes que se formam a cada quadro – de uma história da literatura (no plural, certamente).

CASA DE FOLHAS

O sentido de laboratório/usina/biblioteca tomado pela produção dos filmes de Godard se consolida no decorrer do projeto *História(s) do cinema*, por força do empreendimento genealógico que o move. No conjunto da filmografia do diretor se desenha um propósito reconfigurador do cinema e da escrita que acaba por alcançar na série videográfica de 1998 um claro contorno relacionado à história, com sua ênfase multiplicadora de enfoques e linguagens. É como se *História(s) do cinema* oferecesse um polo de radiação a um empenho criativo e cartográfico já disposto em *Acossado*. Desde sua estreia, notável é a fomentação de uma experiência de linguagem indiscernível do gesto de referendamento. Gesto esse implicado em um intuito mapeador, capaz de engendrar um registro de imagens entendidas como *atualidades*, reportáveis a uma sondagem em torno do cinema e outras artes. Ao mesmo tempo, a ficcionalidade do longa-metragem se articula como um documento relacionado ao instante de sua inserção na história (na história de sua produção, como diria mais tarde o diretor em torno do fazer e do narrar cinematográficos).

Inicia-se, com *Acossado*, não somente uma especulação sobre o cinema, mas uma revisão da literatura, inerente ao fazer fílmico, observando-se o dado escritural sempre acoplado ao cine Godard, especialmente em sua estreia, quando o diretor, egresso da crítica, busca a dimensão do romance na feitura de seu longa-metragem. Ele localiza, desde então, no espaço cinematográfico não somente vários autores, como também os vários modos de inscrever e dar imagem à literatura. E mais: com um senso de história e retrospecção, que conta com uma voltagem por assim dizer *projecional* da escrita no tempo e no *timing* do cinema (sobretudo esse, jovem, conceituado como uma *vaga*, capaz de se situar já numa história, com a marca de um século em sua segunda, agonística, metade, acrescida de uma potência autoinvestigativa).

No momento em que dá testemunho do legado moderno da literatura e do escritor como artista (experimentador sob o signo do novo, algo reconhecível em sua recorrência a Faulkner e Dylan Thomas), o autor de *Acossado* deixa patente a combinação da *angst* contida em *The Wild Palms*, acrescida daquela lançada pelo existencialismo no fim dos anos de 1950, época da realização do filme. Seu título inaugural traz uma conjugação de referências provenientes da arte como invenção no primeiro século XX, com um adicional de traços colhidos dos romances *noir* de Caín e Chandler, sob o travo filosófico ainda subsistente do pós-guerra.

Sobressai, então, um composto fílmico no qual o ato de dar a atualidade (uma sobreinscrição da *Nouvelle Vague* como crítica e criação) se estende à literatura, não se tratando apenas de reescrever o cinema que Godard começa a fazer e a literatura no cinema. Além de transformar as concepções existentes do modo de filmar, diz respeito gradativamente a uma interferência nas formas de escrita.

Tomo o título-imagem *Casa de folhas* do romance homônimo de Mark Z. Danielewski, publicado em 2001, em virtude da onipresença do cinema como motivo e modo de construir a narrativa, com um claro sentido investigador, que não se observa apenas na homenagem ao *thriller*, entre outros gêneros cinematográficos, como, por exemplo, o terror, mas atua como uma espécie de ponto maximal na contemporaneidade pelo modo de reconfigurar o lugar do livro, os modos de ler literatura e letra impressa, assim como os signos que orbitam uma cultura tanto legada quanto expandida em torno da coleção e da dispersão de referentes e receptores.

As dimensões percorridas pela literatura desde fins da década de 1950 são consonantes com o interesse do diretor Jean-Luc Godard em promover, naquela altura, uma revisão da escrita no século, a ponto de inserir livro/leitura literária sob o toque de urgência impresso na ação dos personagens de seu primeiro longa-metragem. Observa-se, em *Acossado*, um composto de investigação (extraída do *noir*) e velocidade (embalada por automóveis) na forma de narrar e adicionar referências as mais diversas (preponderantemente literárias), muito significativo na produção de autores como Thomas Pynchon e Cabrera Infante (crítico cinematográfico atuante em Havana que usava o pseudônimo de G. Caín), que despontariam logo em seguida, nos Estados Unidos e em Cuba. Eles aliam o sentido da busca, da inquirição, em romances como *The Crying of Lot 49* (1966) e *Três tristes tigres* (1967), ao ingresso numa era de tecnicização crescente, a permear diversificadas esferas, não apenas da arte e do entretenimento cotidiano, mas aquelas da cultura, da política, da vida material.

O trajeto de Oedipa Maas, ao longo da narrativa de Pynchon, diz respeito a um enigma multimediático, assim como o carro lançado à deriva da noite cubana, especialmente no bloco "Farra" do livro de Cabrera Infante, expõe o caráter de um reaparelhamento do chamado espaço literário aberto ao jogo, ao *travaletras* (a começar do título do livro) entre a sobriedade do narrado e suas linhas de fuga citacionais, superpostas ao que se lê como segmentação, encadeamento de um relato. Ou como diria Bernard Stiegler, o *tempo do cinema* comparece como legado nesses textos narrativos, criados em diferentes localidades da América (Estados Unidos e Cuba), sinalizados pelo norteamento de estratégias tanto fabulativas quanto conceptivas no que se relaciona à criação e ao lugar da arte em um período regido por mutações de toda ordem, sejam instrumentais, sejam comportamentais. A inquietude de Poiccard/Patricia – o duo ambivalente situado de um lado pela amorosidade e de outro pelo risco, entre o fotograma (*fatal beleza* do instante) do cinema e o romance da angústia existencial de um século – não fica sem ser relida nas contrafábulas da literatura em gestação. Revela-se, em Cabrera Infante e Pynchon, a contemporaneidade de um conflito que se expande entre mísseis da era nuclear e a divisa dos blocos geopolíticos, típicos do pós-guerra, tendo a incorporação do referencial cinematográfico como horizonte da arte de narrar, assim como da História (especialmente do elo bem captado por Virilio, em *Guerra e Cinema*).

Bem destaca Siegfried J. Schmidt (1996, p. 125), em seu estudo "Sobre a escrita de Histórias da Literatura", o dado de que a "história literária tem de ser também uma história da mídia", levando-se em conta elementos também presentes no domínio da escrita, meios técnicos decisivos – caso do cinema – no processo inter-relacional em que a produção do livro e do autor passa a se situar. O que se mostra com todo relevo, nesse período eminentemente informacional, reprodutível como uma citação, é um deslocamento/descolamento pontual da palavra à tela (rosto de Renoir superposto ao de Patricia, ou de Liz Taylor em pequenas molduras de um kitchenette), do quadro fotogramático à legenda de um noticiário, que *Acossado* celebra na gênese do cinema de Godard. Gênese que se estende a uma literatura – observável nos romancistas já referidos, mas também no brasileiro José Agrippino de Paula e no argentino Manuel Puig –, enformada pelos recursos fílmicos no correr de um século, provida, nos anos de 1960, tanto de um potencial de memória (como se dá com Puig) quanto de aderência aos seus experimentos mais inventivos, reveladores da chamada cinematografia moderna naquele momento, exemplarmente praticada por Godard (tal como ocorre com as narrativas de José Agrippino).

Assinaláveis são as variações godardianas na forma de conceber cinema, sejam pelo traço autoavaliativo, capaz do flagrante de uma época e do seu modo de produção, sejam pelo andamento prospectivo – revoluções de linguagem trazidas com a *nova vaga* depois da guerra, marcante na história do século, depois da própria entronização do *cinematográfico* no processar dessa mesma história, *uma só*, captada pluralmente para além do escopo técnico, corporativo de um fazer coletivo, industrial. Em sincronia com tal modulação de narrativa e imagem, um desenho do literário como remissão e chiste de fontes artístico-culturais (evidenciáveis em Cabrera Infante e Pynchon), entre a referencialidade e a paródia, torna-se visível desde *Acossado*. Filme formulado entre o ato retrospectivo e o manifesto, trata-se de uma produção-matriz do contemporâneo, sintonizado com transformações da arte e do comportamento depois da guerra e de certa – projetada progressivamente de modo linear-secular – história. História captada, então, por átomos de trama reduplicada (moldada na *detective story*), e, ao mesmo tempo, cortada por inquietações e peregrinações de um movimento aberto pelo uso livre do *jazz* e da câmera.

Justamente pela deambulação derivada do neorrealismo – filmagem na rua, fora do estúdio e das demarcações do mundo que viveu o poder, o holocausto e a organicidade das sociedades ocidentais e seus cinemas – é que *Acossado* se impõe. A pé ou de automóvel, o percurso errante de Poiccard deixa impresso o timbre de uma outra concepção audiovisual e de um modo inaugural de ler/fazer romance, implicado que está, em sua base, com uma questão narrativa essencial. Não por acaso, reporta-se à novelística de Faulkner, no acosso da ação, no impasse do foco estilhaçado pela antiépica da modernidade, em *The Wild Palms*, como, também, alude a Dylan Thomas no que envolve o *retrato* e a *rede* simultânea que se forma em torno do artista e sua memória, da formação/subjetivação e da linguagem como planos coexistentes com o que, até então, se podia entender como "escrita romanesca". Pode-se notar a composição de um retrato multifacetado, hiperreferencial, feito de sobreinscrições, de modo a revelar o artista sob o impacto de um tempo de novidades (*quando jovem*, desde Joyce, seguindo-se a apropriação desmontadora de D. Thomas, também presente em *Três tristes tigres*), desenrolando-se por força de uma atualização ou por *atualidades*, que o refiguram como narrador, repórter, crítico, munido de câmera e autoposição avaliativa.

Entra em campo uma espécie de *anotador*, em tempo integral, em problematização de si (como artista ou olho-câmera em projeção) e do mundo, no calor do acontecimento, no plano aberto da vida exterior (capas de livro e obras em exibição, citações inesperadas, impensadas, no correr das falas e da película). Desde esse primeiro filme, o escritor não surge como substituto/simulacro do cineasta numa simples translação estética, muito mais irrompe o autor como produtor (política exercida materialmente no corpo da linguagem, no ver de W. Benjamin), flagrado de forma exaustiva em seu procedimento ficcional ou fabulatório (na mescla nada facilitada de documento e diegese, do cinema que se deixa ver, com toda força de interrupção e intervenção).

Nada à toa, a seção "Farra" de *Três tristes tigres* e um livro como *Lugar público* (1965), de José Agrippino de Paula – um autor a ser comentado mais adiante –, apreendem o espaço exterior da cidade, sondado em seus pontos milimétricos, microfísicos, imediatos, assim como em seus extracampos. Tudo se dá por meio de um direcionamento radicalmente deambulatório, ao qual não se nega um poder agudo de revisão dos lugares consolidados da história, assim como da imagem e da narrativa projetadas na passagem de uma época, sem mais o ancoradouro de um projeto e de uma meta progressivamente dados.

No limite, no atrito, configura-se, para a década de 1960, uma especulação cinemático-visual que abrange a criação literária, tal como plasma o filme de estreia, flagrante e fragmento de um instante decisivo da história. Jamais sonega a eletricidade que o impulsiona. Incorpora como modo de compor, de montar, o caráter intempestivo, irrefreado, de sua realização, operada no pico de uma mudança passível de ser compreendida pela ambivalência tardo-moderna que ali se traça, como se vê pelo misto de arqueologia e ação, deixada pelo rastro da silhueta, indagativamente itinerante, de Michel Poiccard.

BALATETTA/LEGENDA PARA UMA CANÇÃO

A radicação no presente efetuada a partir de *Acossado* promove, numa série de filmes dos anos de 1960, um aporte no debate político em várias frentes de atuação, entendido como empenho tanto reflexivo quanto criador. Resulta desse ativismo captado em seu clamor mais imediato – como aquele que se registra em torno da guerra da Argélia, patenteado em *O pequeno soldado* – e em gradações mais e mais abrangentes, integralizadas como problemática de linguagem e do cinema (o que acaba por se ver e ler em *A chinesa*, em um claro formato militante), um modo peculiar de escrever/inscrever literatura. Desde os fundamentos da épica, perceptíveis na apropriação de *A Odisseia* em *O desprezo*, passando pela politização da vida cotidiana deflagrada pela juventude de *Masculino Feminino* (tendo como suporte a literatura realista de Maupassant centrada nos costumes, na radiografia da vida em comum, da convivialidade), o diretor recorre a outros alinhamentos, outros enunciados narrativos. Um empreendimento de cinematografia e escrita que acaba por tocar, em *O pequeno soldado*, o poemático, aqui e ali evidenciável pelo veio revolucionário aberto com a *dicção*, a transmissão de uma livre fala lírica (reportável ao engajamento de Éluard, Aragon e Cocteau, no primeiro século XX).

Notável se mostra a polifonia exercida a partir de entrechos de epicidade, recortados dos modos mais diferenciados – a independência argelina e a tradição do *engagement* (*O pequeno soldado*); os jovens em confronto com a sexualização, numa época regida por metamorfoses, que passam pela liberação dos afetos bem como pela massiva circulação dos mais novos bens simbólicos (*Masculino Feminino*); o lastro civilizatório que toca a superfície dos corpos e a ética dos homens/mulheres em intimidade assim como no *timing* da superprodução (*O desprezo*). Observa-se uma profusão de focos narrativos modulados por música e superposições vocais, lançados a um andamento desalinhado de qualquer cerramento ideológico. Por sua vez, os personagens desses filmes se posicionam no impasse entre uma exposição exterior e o chamado indesviável à ação, revelador da mais viva subjetividade.

Já foi assinalado, na análise de *O pequeno soldado*, o dado de que lírica e militância perfaziam a composição de Paulo Martins, em *Terra em transe*, híbrido de poeta e homem político, desdobrado de Bruno Forestier. Uma combinatória perceptível, também, no modo de enunciar o discurso do ativismo, a palavra que transita do *off* à emissão mais direta, àquela mais delirante (seja pela autoconclamação do poder despótico de Porfírio Díaz, seja pela sublevação da defesa às forças populares, por uma *poética da revolução*, movida por Martins). No eixo de tais variações, o desenho contraditório dos elementos e dos atuantes em luta obtém, por parte dos cineastas, uma forma vocalizada capaz de suplementar à prática a tomada de posição num *front* estético. Vê-se e ouve-se, em Godard, a remissão a poetas participantes na Primeira Guerra Mundial. No filme brasileiro, por sua vez, tal prática se atualiza e se contextualiza com a citação impressa de "Balada (Em memória de um poeta suicida)", de Mário Faustino, na tela. O que ocorre em compasso com a fala desatadamente poética emitida por Paulo Martins ao longo de *Terra em transe*. Trava-se, então, um vínculo agônico com os limites da luta política no contexto da ditadura militar, no período 1964-1967, um pouco antes do ato reativo e repressor contido no AI-5.

O autor de *O homem e sua hora* pôde conjugar em sua breve obra/vida o lirismo, reportável à tradição em língua portuguesa, com a revisão/montagem textual da épica concebida por Pound, em *Cantares*, acrescendo ao seu repertório *Invenção de Orfeu*, de Jorge de Lima (obra na qual o clássico e os procedimentos intertextuais são conduzidos a pontos máximos de surrealidade e polifonia numa acepção bem heterodoxa, diga-se, responsável pelo silêncio a que essa obra-chave vê-se relegada até hoje no Brasil). Pulsava no projeto do jovem poeta-crítico a articulação do dado vanguardista da *invenção* (extraído em dicções diversas, como aquelas de Lima e Pound) com a enunciação própria do gênero lírico, viabilizada pela forma-eu. Afirma-se, enfim, o desconcerto – para se estabelecer as matrizes do lirismo em língua portuguesa, presentes em Camões – entre vida subjetiva e mundo, entre a experiência integral da linguagem e a materialização de um empenho totalizador, tal como se lê em "Balatetta":

> E nos irados olhos das bacantes
> Finalmente descubro quem procuro.
> Não eras tu, Poesia, meras armas,
> Pura consolação de minha luta.
> Nem eras tu, Amor, meu camarada,
> Às costas me levando, após a luta.
> Procurava-me a mim, e ora me encontro
>
> Em meu reflexo, nos olhares duros
> De ébrios que me fuzilam contra o muro
> E o perdão de meu canto. Sobre as nuvens
> Defronte mãos escrevem numa estranha,

Antiquíssima língua estas palavras
Que afinal compreendo: toda vida
É perfeita. E pungente, e raro, e breve
É o tempo que me dão para viver-me,
Achado e precioso... (Faustino, 1966, p. 127)

Intrigante é notar como a imagem de Eldorado – país de *Terra em transe*, contraposto ao idílio do ideal revolucionário, no ponto mais avesso da utopia –, constitui um significativo legado na cultura nacional, em consonância com "Baletta", "Balada" (constante, em legenda, do filme glauberiano) e outros cantos da poética de Faustino. Comparece pela contrafação da paródia ao *locus* de uma Idade de Ouro em *Confissões de Ralfo (uma autobiografia imaginária)*, romance que lançou Sérgio Sant'Anna como o autor importante que é, essencial, até hoje. Romance que revê a história recente (pós AI-5, diga-se) numa perspectiva épica destronadora do heroísmo – veja-se a composição de Ralfo como "o homem sem pai e sem pátria. Cavaleiro errante de boas e péssimas intenções" (Sant'Anna, 1975, p. 13) –, na tradição autoespeculativa e satírica de Cervantes. Mais a suplementação de um estilhaçamento afinado com a contemporaneidade de ficcionistas exponenciais surgidos entre os anos de 1960, como José Agrippino e os norte-americanos Robert Coover e Donald Barthelme. Observável no livro é sua feição poemática, marcadamente polifônica, capaz de flagrar o personagem em variáveis que referendam Alice/Carroll, as vertentes joyceanas e kafkianas do século XX literário, firmando Ralfo por extratos de *comics* e canções *pop* – como se lê em sua passagem por Gotham City –, por um contorno decisivamente musical. É o que se depreende da pauta lírica de "Letra para uma canção a ser cantada enquanto marchamos", constante na abertura do Livro II (na qual, curiosamente, o pórtico de *Invenção de Orfeu* se mostra presente), intitulado *Eldorado,*

As serras cercam as cidades
O mar circunda a ilha
o nome da ilha é Eldorado
Dourada dor: Eldorado

[...]

Vagabundos, intrépidos, covardes
loucos, líricos
libertários
os incríveis guerrilheiros de Eldorado
(Sant'Anna, 1975, p. 40)

Assim como de outros entrechos composicionais inseridos em meio ao fluxo narrativo do romance, tal como estampa "Eu sou uma preta velha aqui sentada ao sol (canção)"

Eu sou uma preta velha aqui sentada ao sol.
Não tenho nome, nem idade, nem pátria
não vim de lugar nenhum
não vou a qualquer parte
não quero nada.
Eu só quero ficar aqui sentada ao sol
eu sou uma preta velha aqui sentada ao sol.
(Sant'Anna, 1975, p. 105)

A insígnia *vida toda linguagem*, assinalada pelo poeta de *O homem e sua hora*, atribuível, também, às construções narrativas de Sant'Anna, torna nítido o modo como (na poesia e na prosa brasileiras, autores interessados em especular sobre o critério de *invenção*) aponta para outra vertente de vanguarda, que, não obstante os desbravamentos do Concretismo, oferece um campo mais heterodoxo de referências e cruzamentos, sem um programa reconhecível, delimitado. Não ao acaso, uma variedade de recursos, em impensáveis e simultâneos *fronts*, bem se revela no cinema de Godard e acaba por atualizar, de forma transversa, a poética de Faustino (entre *O pequeno soldado* e *Terra em transe*), incidindo decisivamente na nova ficção brasileira, a começar por José Agrippino, em *Panamérica* (autor matricial para Sant'Anna), por força da mobilidade plástico-cinemática de filmes como *Masculino Feminino* e *Pierrot le fou*. Toda uma amostragem retrospectiva das linhas de força da modernidade, entre séculos e em antecipação (de Lautréamont a Kacem), ao longo de sua filmografia, pode ser situada numa radicação no imediato, nos quadrinhos, nos quadrantes dos *media*, nos repertórios teóricos e estéticos os mais diversificados e menos nobres.

Fica patente outro conceito de experimentação. A historicidade da noção *avant-garde* não para de se reposicionar, por obra de um elenco aberto de possibilidades colhidas em campos aparentemente infensos ao fluir de um filme. Pensar e filmar contra si mesmo parece ser uma das legendas para Godard – dentro e fora do cinema, tanto mais autobiográfico quanto faz da experiência no tempo uma passagem não nivelada entre esferas da arte, domínios da técnica e âmbitos teóricos mais e mais plurívocos.

Assiste-se, pelas citações, mesclas de gêneros, interrupções na continuidade do espetáculo escorreito – entretenimento fluente –, muito mais do que um expediente formalista. Como se depreende, nessa leitura conjunta de Faustino e Sant'Anna, trilha-se o entrelace *vida toda linguagem* – História(s) da literatura –, filmes não feitos e em curso – o cinema que não está só na tela ou, como se grafa em "As cartas não mentem jamais", de Sant'Anna (1994, p. 110), "quando vou dormir e fico pensando no filme" – livros por vir – a exemplo de *O jogador*, de Godard, numa recriação de Dostoievski em Las Vegas, segundo o conto citado de Sant'Anna (1994, p. 110-111), na coletânea *O monstro*.

> Las Vegas surgiu então como uma hipótese, que logo ganhou força porque, junto com Vegas, saltou numa conexão de chips em seu cérebro [...] *O jogador*, de Dostoievski, autor que ele amava e sempre quisera filmar, secretamente. Além disso, havia o deserto, imagem que sempre seduziu certos homens de gênio, artístico ou religioso, porque é, pelo menos em tese, o espaço onde se pode defrontar com a mente pura. Godard me disse que exultou quando a idéia de realizar *O jogador*, em Vegas, elegeu-se por si própria em sua mente, entre todas as outras com as quais poderia fazer um filme, numa série infinita de combinações. E ele sempre procurava criar obras que contivesse o maior número possível dessas combinações. E ali, em Nevada, ele tinha não só o deserto, mas também o grande oásis que é Las Vegas, uma verdadeira miragem de luzes...

Assim como Godard busca "o filme que conteria todos os filmes", "As cartas não mentem jamais" envolve psicanálise, leitura mística (por obra de uma vidente pregressa, num ponto zero do espaço-tempo Rio de Janeiro), trânsito cultural cosmopolita e cinema. Tem o interesse de captar o ponto de radiação em que criação e conhecimento oferecem um amplo campo especulativo – a *mente pura* a que o conto se refere por meio da menção a Godard.

Note-se que a narrativa se dá em torno da vida de um artista – a vida da arte, para se dizer mais precisamente –, um músico erudito e sua formação. Importante é observar que tal foco investigativo acerca de pensamento e procedimentos estéticos vem por meio de um telefonema que corta o corpo erotizado dos protagonistas e vai dar numa linha extemporânea com a psicanalista-amante de Godard na fábula de sua filmagem de *O jogador*. Do deserto em sondagem, próprio de Godard e da contística de Sant'Anna – muitas vezes próximos de um processo intelectivo –, passa-se às luzes (uma saturação de signos em todo esplendor, como concebia o diretor francês a partir de uma frase de Manoel de Oliveira). Uma passagem, que permeia um trabalho exaustivo, radical, em seu esforço de gênese (a começar do cinema) e intervenção (nos mais diversos domínios de linguagem, leitura, literatura).

Em compasso com Godard, a contística de Sant'Anna – e "O concerto de João Gilberto no Rio de Janeiro" pode se apresentar como outro exemplo simultaneamente tomado de especulação e performatividade em torno das artes – abre-se para o filme não feito do diretor (ou o concerto impossível, mas tangencial ao trabalho de depuração, sempre em andamento, de João Gilberto) na medida em que se formula um conto em potência. Ao alcance da *mente pura* – o espaço narrativo se mostra como plano (como bem concebe Godard) experiencial e exponencial de coordenadas que se proliferam, entramadas por um estado incessante de sonda, confrontadas com o inacabamento.

Não se trata de uma literatura "mentada" – como tantos ainda dizem "cabeça" tudo o que toca a filmografia do cineasta de *Pierrot le fou*. Sérgio Sant'Anna acaba por realizar um painel do (modo de) ser e da vida brasileiros – como deixa mais explícito um título como *A tragédia brasileira*, embasado na dramaturgia de Nelson Rodrigues como fonte de apropriação –, da história mesmo de um país no período contemporâneo, tendo como princípio um projeto de alta conceitualidade. Opera com constructos, simulacros (outro título esclarecedor de um de seus romances mais importantes), pondo-os à mostra como peças producentes de uma apreensão amplificada sobre país, personagem e época (polos da tradição narrativa revistos por meio de uma postura indagadora, desmistificadora da ideia-real dada previamente e esquadrinhada num "gênero literário" e numa noção sedimentada de Brasil).

Adotando como premissa o dado de que o cinema, a contar de Godard, acontece no limite extremo/exterior do retângulo/recorte em que se enquadra a ficção fílmica, o conto "As cartas não mentem jamais" quer abordar o ponto pleno de radiação e movimento, onde, justamente, desponta o sentido da criação e se dá o surgimento da linguagem, no pulsar do ato em que se desenvolve a narrativa.

Por excesso, o poder de uma súmula não totalizante – sobre a arte, o lugar e o tempo em que o escritor se encontra situado – ocorre de modo surpreendente, experimentador. Sant'Anna deixa exposto seu vínculo com a cinematografia de Godard ao avançar para além da simples retórica de uma mecânica metalinguística. No mesmo giro de relato e reflexão, afasta-se do englobamento característico de uma "visão geral" da realidade, de uma consentida e estabelecida mirada crítico-panorâmica sobre o "estado das coisas". Não se trata de um conto sobre um conto, assim como no cine Godard vê-se mais do que o esquematismo, *déjà-vu* na contemporaneidade, de um filme sobre o filme. Do modo mais vital, especular sobre a linguagem do cinema é tocar materialmente o cerne em que produção, "visão do mundo" e seus diversos signos – aqueles da imagem, da narratividade, do complexo iconográfico, audiovisual, a partir de seus mínimos elementos até suas implicações máximas – podem ser investigados, com um senso revigorado de historicidade, de presentificação.

Muitos são os elos que se formam em torno da fabulação na história, da história como esfera expandida pelo ato fabulativo mais diversificado, atravessado pelos mais variados planos, textos e imagens atribuíveis aos modos do humano acontecer no tempo. Daí a recorrência central a Godard no extracampo do relato "As cartas não mentem jamais" não soar como um mero "verniz" metaficcional. Surge de uma indagação nuclear do escritor, movido que é por histórias não feitas, processuais, entrecruzadas de emergência subjetiva, pontilhadas por desdobramentos mediáticos e culturais.

A contística de Sant'Anna produz uma proximidade com o corte-relato operado em cada fotograma godardiano. Refere-se a uma dinâmica interior ao narrar a sobreposição informacional de que dispõe o contista como contemporâneo do trabalho fílmico realizado por Godard, ramificado em âmbitos não só da arte, mas daqueles que perpassam a história e a cultura. Justo a cultura, ante a qual o cineasta se contrapõe, afirmando a intempestiva força produtiva da arte, não deixando, contudo, de pensá-la e esquadrinhá-la ao ponto mais insurgente, dentro de uma perspectiva cada vez mais compreensível como *história cultural*, da qual o cinema, as palavras dos livros e as fontes audiovisuais não se desvinculam.

Intrigante é ver como se imprime um tom ensaístico no conto "As cartas não mentem jamais" – capaz de incursionar pelos bastidores da criação, tendo como eixo a figura de um músico erudito – sem que se sonegue uma história de vida pontuada por enfrentamentos de toda ordem (da sexualidade, sobretudo), contextualizados nos tempos e nos espaços bem concretos, bem visíveis, do Brasil. Constrói-se uma via indagativa problematizadora das imagens e dos discursos pré-formados sobre a nação, a partir de lapsos, acasos de um artista lançado ao mundo no momento de sua intimidade erótica com uma jovem. Não é à toa que, desde *Acossado*, a cama oferece o ativamento de uma fala tanto inquisitiva quanto digressiva, a um só tempo mesclada com tudo que escapa à impressão de realidade em seu pretenso desnudamento ou crueza física.

Mais uma vez, Sérgio Sant'Anna desmonta a ideia de que para realizar uma escrita vitalista, embebida de brasilidade, torna-se preciso negar o campo energético da conceitualidade, do processo de fusão com signos e séries os mais heterogêneos, para além da aparência de real. Nesse sentido, afirma-se a crença nas imagens – em outra consonância godardiana com o que se fala, vê, mas se pensa no universo da arte – para fora do esquadro verista, de um efeito de real majoritariamente perseguido, por exemplo, no documentarismo brasileiro.

Mais do que apresentar o foco voyeurístico no recolhimento de depoimentos, mostra-se simultâneo e producente ao registro do real pensar o que se obtém com fragmentos de realidade. Fragmentos, em grande parte, remissivos a uma vaga e espontaneísta ideia de Brasil, aqui e ali mimetizados numa postura metalinguística pela introdução da voz do documentarista ou da amostragem dos bastidores de filmagem. Nos contos de Sant'Anna, assim como na filmografia de Godard, tudo se dá num só tempo: um real impuro por natureza, passível de reflexão conjunta com a vitalidade multidimensionada de suas diversas formas de visão e presença.

> – *E, embora lembrasse aquela canção triste do meu avô, sugeria também aquela outra, nunca materializada, talvez intocável e impronunciável, a não ser por aquela bandinha num baile de espectros, dos meus delírios febris, quando eu perseguia uma garota que era Estela, mas também não era, mascarada numa fantasia de seda negra. Uma composição que o meu avô poderia ter criado mentalmente, talvez espalhando os retalhos de suas ondas no sótão e além, sob o efeito do lança-perfume ao morrer. Uma canção talvez desértica, que conteria todas as outras canções e por isso não passível de ser delimitada, talvez apenas sintonizada vagamente num transe.*
> – Antônio pensa no filme desértico de Godard, mas não diz.
> (Sant'Anna, 1994, p. 135-136)

Apreende-se de som/imagem em sequência interrompida, nunca esvaziada de sua prospecção enquanto documento, um fotograma revelador de muitos campos de entendimento, de conhecimento. O real não se compõe como um discurso orgânico, reconhecível. Nada ao acaso, deixa-se flagrar como uma camada superexposta de ficções em potencial, numa recombinação e numa desmontagem intermitentes.

> Antônio pensa no filme desértico de Godard, mas não diz.
> – *Ao mesmo tempo, o que madame Zenaide entoava poderia passar como uma cantiga de rua, dessas que as crianças cantavam quando ainda se brincava de roda nas calçadas do Rio. Uma cantiga, também, como as que escutariam das mães as criancinhas antes de possuírem a razão, e talvez como as que escutam os velhos depois de perdê-la.* (Sant'Anna, 1994, p. 135-136)

A *mente pura* – ou sua impossibilidade de abstração, tecida que é pelo acúmulo do *filme que conteria todos os filmes* e, a um só tempo, pelo *filme desértico*, deslocador ao infinito de uma essencialidade recorrível à arte, quando não a uma possível consciência central – é motriz do cinema a cada plano – algo que se estende para a escrita de literatura, no ver de Sergio Sant'Anna –, pois apresenta, do modo mais explícito e direto, o cérebro e o corpo de cada sucessão (narrativa ou fotogramática) – arte para especular a insurreição contra o já feito, o já pensado, num embate anti-ideológico promovido por Godard – contra si mesmo – em suas releituras do cinema, da política, da história, em um só múltiplo gesto de mão e mente a cada *take*.

Mão, corpo, cérebro – a engrenagem inquisitiva da ficção e do filme possibilita menos o autocentramento na *mente pura* do que o itinerário percorrido por "As cartas não mentem jamais" sob o signo de *O jogador*, de Jean-Luc Godard, o não filme em curso: *vida toda linguagem* –

> esses nomes:
> amar, fazer, destruir,
> homem, mulher e besta, diabo e anjo
> E deus talvez, e nada
> Vida toda linguagem,
> vida sempre perfeita
> (Faustino, 1966, p. 56)

A emergência de uma conjunção não englobadora se desenha no horizonte da arte em sincronia com outra compreensão da história. Uma vez que se compõe de linguagens em vários planos à altura da vida dos homens e seus nomes, dos afetos de toda ordem, implicados num só transcurso, nada redutível, entretanto, a um princípio ou ao alcance de uma meta, tendo-se em conta uma unidade, um conjunto pré-formado. Não vem do nada, de nenhuma abstração macrológica, a ficção como busca do lastro do tempo. E por um veio de música – como se dá à leitura o último trecho citado de Sérgio Sant'Anna, num compasso muito próximo de romances centrais do século XX, como *La Recherche* e *A morte de Virgílio*. Referidos por Godard, em *História(s)*, Proust e Broch comparecem como cartógrafos-compositores da música do tempo irrompida aleatória e pontilhadamente na teia narrativa, em sonata, ou por meio da voz anônima de um menino na rua a retraçar a trajetória da palavra épica, na agonia de Virgilio segundo Hermann Broch.

Outra legenda se apresenta ao sentido de saga, ao domínio da epicidade subsistente no universo narrativo. Especialmente, quando se reconta uma vida por inteiro – caso do trabalho memorial exercido pelo músico

Antonio Flores, no conto de Sant'Anna. Agudamente, o longo relato de *O monstro* se concentra no jogo revelador armado pelas "coisas" que estão no ar – na música que está tocando agora e sempre, interrompendo o fluir continuado de uma razão ao fundo. Irrompe como um ir-vir pontual, mas desregrado pela alta taxa de afecção e acaso, ouvida por Godard desde pelo menos *Pierrot le fou* (entre o cromatismo de Velázquez e as vozes cotidianas), fazendo-se explícita em *Salve-se quem puder*, a vida como uma situação recorrente do filme. Entre a emissão vocal e o colóquio/solilóquio da telefonia, o que está no ar – desde Proust, Broch até escritores mais recentes como Handke e Noll, centrados na musicalidade para *raconto* dos percursos mais extensos e extremos. Palavra e voz oscilam no limiar da vida de um só sujeito sob a orbitação expansiva do mundo. "*oh metáfora ativa! (...) verbo, verbo*" (Faustino, 1966, p. 55).

Sinfonia/sentido do transcorrer temporal compreendido por Faustino, em seu projeto poético, como refiguração moderna da épica (Pound, Lima), no mesmo movimento em que se contêm os átomos do verso (Maiakovski, Cummings), as minimizações fundamentais da lírica, no segundo século XX. O que, também, faz vibrar a arte narrativa de Sant'Anna nos seus romances-constructos e nos contos, em todos os módulos de brevidade e de larga extensão: a prosa em pauta integral, composta por um princípio de música (entre João Gilberto e John Cage) e cinematismo, da conceitualidade seminal que passa pelas artes visuais e pela teatralidade das maneiras mais diversas (cerimoniais *multimedia*, ritos em despojamento, cena-dança, de Bob Wilson a Kazuo Ono, de Antunes Filho a Bia Lessa).

De modo cada vez mais vital, uma verdadeiramente outra história do século e seu descontínuo milênio se imprime sob o influxo do cinema. E, particularmente, esse de Godard, que revê/relê livros/autores no mesmo ato de recomposição do "cinematógrafo" em uma época bem precisa, justamente depois que as economias refeitas com a Segunda Guerra Mundial vão talhar o *design* de coisas, palavras/imagens/músicas do tempo entendido – e estendido – com suas marcas até agora sinalizadoras do contemporâneo. De acordo mesmo com Giorgio Agamben (veja-se *O que é o contemporâneo?*), a vida presente se mostra antes de tudo em pressentimento, pelo que pulsa em obscuridade. Revela-se pelo que virtualiza entre planos de visibilidade – poderia acrescentar Foucault –, de discursividade, e, também, por meio dos seus modos inter-relacionados de mediatização. Daí Godard estar implicado nessa vida toda que a linguagem desprende como busca pluridirecionada nos prismas em convergência e dissonância, relacionados com a passagem de uma época nunca resumível ao plano especular, espetacularizado, da tela franqueada à visão.

Na trajetória transcorrida pela literatura na mesma década que o cinema godardiano tomava forma, importante é notar, por exemplo, o poeta Faustino se conduzindo, paralelamente à atuação na arte, pelo desempenho da crítica com uma postura caracterizada por um critério de *invenção*, não reportável mais ao *novo* que balizou o surgimento do século XX. Tomada de ímpeto mapeador, não mais guiada pela ideia de uma sucessão infindável, mas por cortes/interrupções, a lírica, para Faustino, pode ser reconfigurada em suas primícias. Deixa a subjetividade conviver com a atomização do "*verbo, verbo*", numa disposição/dicção alargada (contrariando o lastro programático de "última vanguarda" do século, legada pelo Concretismo), capaz de absorver "um verbo sempre, e um nome/aqui, ali, assegurando a perfeição/eterna do período, talvez verso,/talvez interjetivo, verso, verso" (Faustino, 1966, p. 55).

Destacável é a confluência do cineasta Godard com esse movimento de integralidade que toca *toda linguagem* experimentada pelo cinema e, também, mostra seus sinais no espaço literário (àquela altura, cartografado por Blanchot). Algo que fica mais acentuado quando se localiza uma história em curso, atravessada pela promessa de progressões e por rompimentos radicais de um fio/moto contínuos, não mais sintetizáveis em uma legenda e uma imagem – sem mais coesão –, do princípio ao fim.

CLIP L'OEIL

A postura heterodoxa de Godard se mostra capaz de conciliar o exercício da crítica com as produções de seus longas-metragens, compreendidos como *projeções* dotadas de crivo analítico (como consta do projeto de conferência e livro *Introdução a uma verdadeira história do cinema*), propiciadoras de recortes e correlações historiográficas (como ocorrerá na realização videográfica de 1998). Atende, assim, a um interesse indagativo e interpelativo, que percorre a extensão de sua filmografia. Diz respeito, também, ao que se passa de um plano a outro, ou, ainda, na formulação de cada *take*, passível de um reordenamento dos modos de ver, ler e pensar a matéria fabulativa em registro e em exposição. Introduzir música, legendar em *off* as sequências, cria sincronia com o ato de ver a passagem musical e a voz no cinema, incitando, simultaneamente, a escuta e a leitura num andamento que não fica sem provocar a sensorialidade. Não deixa, por sua vez, de ser um ato intelectivo, relacionado não apenas com o que se vê e se ouve, a um só tempo. Promove uma convocação referente à recomposição da ideia de cinema, de gêneros, narrativas, por meio do fio sequencial de imagens dispostas entre a ficção e o documento (misto de flagrante do real, contraparte paródica, contrafábula do que se faz legível, visível).

Instiga perceber que a intervenção godardiana no que há de matérico no cinema desponta, no interior de cada plano, como uma extensão de seus gestos de perquirição e aderência em torno das artes (de cada arte envolvida no espectro audiovisual), e destas na história e na cultura. O conjunto de suas realizações testemunha a abrangência e o intrincamento (dos pontos de uma rede de recursos e referenciais não imediatos) do que pode o registro cinematográfico como aporte documental e arquivo, como linguagem em particular e espetáculo público.

Fazer um filme diz do engendramento de uma fiação percursiva, estendida pela forma com que é produzido, com a vida da linguagem de que dispõe um profissional da técnica comprometido numa autoria/assinatura. O que muda, e numa história de mudanças não ocorridas mais progressivamente, e sim por força de choques minúsculos, descentralizadores e com efeito multiplicador no rumo da segunda metade do século XX, põe em destaque um cineasta em metamorfose a cada título rodado, como num desafio levado ao ponto zero. Exatamente esse cineasta, numa dada época, interferente que tem sido desde os primeiros anos de 1960 – desde a eclosão do sentido de historicidade advindo de uma década de pós-guerra –, até o ano-chave 68, passando pelo ativismo comunista e seu fim, pela globalização e pela era-*crash*. Aliás, nesse momento mais recente, *Filme Socialismo* (o último de Godard até 2012) depõe sobre uma viagem coletiva e mundialmente decorrida entre a deriva transatlântica e o que pode aflorar a partir de uma socialidade em potencial, da conjunção da vida em comum, para além de uma unificadora nomenclatura, ao alcance de outra terra à vista.

Godard comparece, então, como um homem que não apenas recolhe visões por trás da máquina de filmar, mas se encontra em mescla e combustão com o campo aberto ao olho e todo um corpo de insurgência do qual faz parte. Um modo de ser, ver e atuar, junto e depois de Godard, toca de perto realizadores, artistas da escrita, incluídos, e pessoas em ação nesses últimos cinquenta a sessenta anos, de um século a outro, entre o empenho histórico e o trabalho da imaginação.

A proposição de uma história da literatura desentranhada daquelas criadas por Godard, dentro e fora da série relativa à(s) história(s) do cinema, não pode ficar sem cruzar com um detalhamento de formas escriturais provenientes das mutações do diretor e sua filmografia no *ethos* epocal, na intervenção mais aberta na realidade de seu tempo, desse extenso, inclusivo, nunca conclusivo *agora* desse momento em que escrevo. É o que se nota – e o que se dá por meio do anotador, repórter, na enquete de, por exemplo, *Masculino Feminino*. Uma transformação no modo de dialogar ali se trava por meio do jogo dissolvente do binarismo básico da narrativa administrada pelo campo/contracampo, tal como legou a América (do Norte, frisa o cineasta). Mulheres e homens estabelecem uma renovada fusão de polaridades, no mesmo instante em que a captação vigorosa dos corpos revoltos (filmados oportunamente na Suécia) se realiza sob uma condução de música.

Corpos de música incidem nos modelos narrativos e produzem outros relatos, outras concepções fílmicas. Algo evidenciável nas realizações godardianas e nos escritos de autores que surgem, em intercâmbio com o desenho formado pelo cinema desde os anos de 1960, especialmente quando se ouve e se vê, logo no início de Godard, o jazz se tornando parte fundante da moral da fuga e do encontro entre homem e mulher, em *Acossado*. Ou quando toma um vivo matiz da redefinição dos sexos em *Masculino Feminino*, tendo a canção pop (em seus primórdios, diga-se), a gravação de um disco, como eixo.

Blocos e corpos em dança são traços bem destacáveis ao ponto do irrompimento da visão musical de mundo que se imprime em *Uma mulher é uma mulher*, em meio aos chistes desferidos por três amantes entrelaçados. O cineasta engata o *musical americano* como modo narrativo, mesmo sem uso da música, tal como surgem nos rompantes bailados por Marianne em *Pierrot le fou*. Quando não é o caso de transformar, *avant la lettre/avant la musique*, toda uma sequência de *Viver a vida* em um *clip*, ao se apropriar de uma canção de Jean Ferrat tocada na *jukebox* de um bar, fazendo-a convergir com o rosto em estudo (cineplástico) de Anna Karina/Nana no andamento do disco ao fundo, sob o impacto da letra que Ferrat escande. A sequência se dá como cena muda (de fala), mas não deixa de narrar por meio da musicalidade (alusiva, inclusive, à vida da prostituta tal como canta Ferrat).

Com muita propriedade, Emmanuel Burdeau (2005, p. 72) observa a presença de um "minifilme dentro do filme". O que é válido para *Viver a vida* vai se tornando uma constante na maneira de conceber a extensão de um longa-metragem, a partir de cada plano, pela dinâmica das formas curtas movidas pela andadura da música. No filme de 1962, tal construção se efetiva pelo cruzamento de planos (como bem aponta Burdeau ao detalhar os componentes do quadro-clip formado pelo rosto de Nana e por partes de seu corpo no ambiente à volta dela, contagiado pela música de máquina acionada com a voz de Ferrat). E, também, *outro princípio de escrita* (frisa Burdeau) dá o *tonus* do cinema como composição musical: *os sutis deslocamentos do quadro*.

> Sobre Nana, Godard faz vários *travellings* curtos, à frente ou por trás [...] Testes que procuram menos revelar o artifício das poses do que (des)ajustar sua variação com aquelas dos *lyrics* e do quadro. Ensaios de montagem, digamos. (Burdeau, 2005, p. 72)

O que mais se ressalta na combinação entre música, brevidade e a hibridez dos elementos conjugados diz respeito ao modo de montar. Não surpreende que *Viver a vida* seja o filme-matriz de tal procedimento, notando-se que parte do conto de Poe. Exatamente o autor de "O retrato oval", especulador que é do tempo breve da narrativa em atenção ao mundo técnico, moderno, embutido da maneira mais impressiva e mais imprevista na *short-story*.

O efeito impactante do conto, obtido por meio do flagrante pictórico (caso de "O retrato oval"), cria uma correspondência com a música na tradição do relato curto – o pequeno poema em prosa teorizado por Baudelaire como uma peça sonora, pleno de articulações novas, compassadas com a vida presente (traduzidas de Poe, como se sabe sobre o papel desempenhado pelo escritor norte-americano na formulação teórica e estética da modernidade segundo o autor do *Spleen de Paris*). Praticada antes por Aloysius Bertrand e continuada por Rimbaud numa velocidade associativa de imagens, a narrativa mínima vai se modulando cada vez mais (numa radical sincronia baudelairiana) como um tipo de escrita conduzida pela *vida na cidade* – atualizada, como se viu antes, por Barthelme na coletânea de contos intitulada precisamente *City Life* (um dos marcos do pós-modernismo literário nos EUA) –, pelo universo das artes (gráficas, visuais, arquitetônicas) no espaço metropolitano, sob o influxo da reprodutibilidade/projeção técnica de figuras, suportes e telas (como se lê em *Illuminations*).

Ao acompanhar as mutações do corpo da prostituta Nana, em *Viver a vida*, com o foco em seu rosto (o que antes era privilégio da pintura de *portraits*), o cineasta obtém, por meio da condução da voz cantada de Ferrat um equivalente de "O retrato oval". Importante é observar que o artifício maquinal fornecido pela *jukebox* torna-se essencial às flutuações do "retrato da interioridade" da mulher, diferentemente de um simulado *trompe l'œil*. É pela via de um *clip d'œil* que Godard faz intensificar a motivação central do filme e sua mais integral versão da literatura no espaço do cinema. Pelo batimento breve do olhar o rosto sob o fluxo da música de máquina, a tradição urbana do conto breve, em sua variante que é o poema em prosa, ganha, então, uma mais ampla *correspondência* – para se utilizar aqui o operante analógico da linguagem renovadora na poesia desde Baudelaire. No ponto em que, também, cria-se outra tradição para o campo literário a contar dessa conversão de retrato/imagem elaborado pela narrativa no tempo das imagens em reprodução/projeção.

A se considerar a leitura feita por Herberto Helder (1987, p. 147) sobre o dado da montagem no cinema e na literatura, a prosa, a partir de Poe, "especula um modo extensivo e extrapolado de desgaste do tempo, do espaço". Mais do que produzir um efeito de continuidade coincidente com a duração de uma vida (um procedimento narrativo mais próximo do romance), o conto traça uma vertente mais e mais nítida na contemporaneidade, que passa pelas variações do relato aforismático (Bernhard) e dos compactos mínimos, timbrados pelo cinematismo (João Gilberto Noll) e pela musicalidade.

Curioso é ver que mesmo nesses autores citados, seus textos mais longos – novelas (uma discussão travada em torno de Noll depois que o escritor minimizou o espaço-tempo romanesco)? Narrativas (a modelação de um possível gênero é lançada para caracterizar o que seriam os relatos-fluxos de Bernhard)? – contrariam a cumulação característica do romance, cujos elementos passíveis de identificação seriam vertidos para uma compactação extrema, parodística, aporética, valendo mais destacá-los como variantes livres do *narrativo*. Revela-se uma *intervenção* na *extensão* por parte de Bernhard e Noll, concomitante ao apagamento das marcações psicossociais de personagem no tempo e no espaço dentro de uma coesão entre os chamados componentes da arte de narrar, assim como por obra de uma remissão a um referencial unitário, restituível a um retrato do real prontamente identificável.

O modo como Poe lega a captação de "poemas instantâneos ligados por faixas verbais mortas" (Helder, 1987, p. 147), se mostra capaz de transformar a narrativa em todos os seus andamentos de minimização e multiplicação de episódios e efeitos. O que mais repercute da elaboração a um só tempo concisa e dissecadora do criador de "O retrato oval" é o incurso pelos bastidores fabulativos da lógica e da moral sumarizadas em um texto de ficção.

Ao decompor seus mínimos elementos enunciativos na apresentação de um enigma ou problema, que é, também, um ato (ensaio e jogo/decifração tonalizado de dimensão gráfica/plástica), o contista, sempre no esquadro da forma breve (algo que Borges desenvolveria, apartado do universo do romance), deixava um encadeamento de experimentações. Logo, registram-se em Baudelaire escritos concebidos como *pequenos* e por meio da mescla *poema/prosa*, que desdobram-se no projeto fragmentário de *Iluminações*. Obtêm, no século XX, o toque miniaturista de Kafka em alguns de seus brevíssimos contos, responsável mesmo por uma tradição (visível em Bernhard), até ganhar os contornos do que podemos chamar hoje de *relatos mínimos*, híbridos. Tudo se compõe por um máximo de informação, mescla e síntese. Relatos intensificados na compactação e no encapsulamento de espaço/tempo/voz narrativa da maneira mais velozmente imagética e musical.

Donald Barthelme, como autor exponencial do relato breve contemporâneo, já podia anunciar tal tendência. Não à toa, Sérgio Sant'Anna – juntamente com Rubem Fonseca, que cita o autor de *City Life* no conto "Correndo atrás de Godfrey" (*Lucia Mc Cartney*, 1969), narrando sob seu influxo – é um dos primeiros escritores a estabelecer para nossa contística essa espécie de referencial metamórfico do espaço breve da narrativa, dotado de um caráter explícito de montagem de um vasto repertório textual e iconográfico, concebido como cápsula musical-modulativa de espaço-tempo. São eles, inclusive, escritores que acabam por definir um momento de contemporaneidade na literatura brasileira por conta do diálogo travado com Barthelme, considerado um autor-chave do pós-modernismo no contexto norte-americano.

O conto comparece como um núcleo performativo de narração. Não mais se entrama pela concatenação discursiva restituidora de um retrato do real a ser engrenado de modo sucessivo-consecutivo-causal. Fica sem autentificar o acordo com uma trama corrente, a se sustentar de maneira "convincente", compactuada com as demandas do leitor, por meio do ocultamento de seus artifícios e bifurcações (significações extras que a literatura pós-borgiana acolhe e acopla ao campo da escrita mais breve que seja).

Já na matriz autoral do gênero em seu misto de ensaio e experimento (Poe), a reprodução de um rosto feminino no interior de um quadro tomava a cena da narração como problemática central. Mais animada pela radiografia de uma investigação do que pela aura da arte preservada como história/memória/replicação, "O retrato oval" mostra sua face para *Viver a vida* no que contém de dínamo, de forma ressaltada pela legenda. Blocos (numerados em 12) de visão/som/espacialidade só fazem explicitar o que a divisa narrativa conduz ao primeiro plano, à altura de um rosto de mulher (reportável, aliás, ao universo da prostituição). Um verdadeiro *tableau*, mais característico do cinema silencioso, é refeito em atenção às fontes impensáveis de voz e de fala.

Essencial é observar esse desenho macroscópico (do rosto, de uma imagem de vida) no espaço do bar no qual Godard verte "O retrato oval" em *Viver a vida*, mas também se localiza em *Masculino Feminino* com outros desdobramentos. Fica atualizado no cinema o debate em torno da composição estética contida nas formas breves (o retrato como poder de impressão e retenção de uma imagem real, assim como seu efeito, sua duração). Do mesmo modo, presentifica-se a dinâmica da *reprodução* numa acepção técnica, da qual o contista moderno não podia se abster.

Instalada numa ambiência de produção, tornada conhecida pela circulação jornalística, a *short-story* envolve uma questão composicional teorizada, como se sabe, por Poe, de acordo mesmo com uma sincronia bem contextualizada do autor com seu país e sua época, com a tecnociência, a industrialização, o/a capital moderno(a). Acrescem-se hoje as derivações da forma curta de um princípio paradoxal, não propriamente distanciado, mas intensificado, das formulações de Poe: o espaço de compressão máxima apresentado pelo relato breve propicia um sentido aguçado de mesclagem, de uma expansão dos limites do *narrativo*, por conta mesmo da ativação simultânea da síntese e da combinação, num brevíssimo núcleo de espaço e tempo.

Sob o pulsar da música, o cinema se reinventa. No instantâneo *clip* do olho não se desenrola somente uma concentração no campo visual, mas a leitura do que se dá na margem, na dobradura máxima do tempo breve estendido por essa dinâmica nuclear, modular. Como dispõe *Masculino Feminino*: uma enquete entre mulher/homem embaralha a primazia do campo/contracampo convencional do diálogo cinematográfico. Aquele que fala está em *off* sobre o rosto do outro e aí toda a mudança se opera nas formas, na tradição do ler/ver no interior do cinema, no comportamento, no sexo, na técnica e na capitalização dos modos de ser e de produzir valores. Em torno de uma cantora e seu disco pop/popular, o espaço público sofre uma interferência de vários níveis (da reportagem de rua aos conjuntos habitacionais, da vida subterrânea no metrô à música tocada nas lojas, nas *jukeboxs*, nos novos aparelhos eletrônicos, e está no ar).

Fica impossível não esquecer a base narrativa de que Godard extrai seu filme – dois contos de Maupassant ("La femme de Paul" e "Le signe"). O cineasta retira, por exemplo, do primeiro conto tudo que o determina como texto realista, primado pelo "costumismo", de modo a trabalhar a relação que existe entre a sexualidade e o som ambiente. A Paris do século XIX é retomada, quase cem anos depois, para fazer aflorar o que mais define o cinema godardiano e as formas de narrar que inventa, coetâneas não só de um elo com a literatura já existente, mas produtoras de gêneros e livros.

Por meio do batimento do olho clínico – clípico –, *Viver a Vida* e *Masculino Feminino* captam a mudança que ocorre – não apenas no dado sazonal da natureza em correspondência com os afetos (como se pode ler em "La femme de Paul"). É o que pode se ler na captura do ambiente, na biologia das mulheres e dos homens, nas maneiras de fazer amor e cultura, na música que está tocando no momento mais fugaz de sua reprodução, numa tela de cinema.

LivroLoco

São muitos os livros, em recorrência e irrupção, de fotograma a fotograma, à altura do que vai se produzindo na literatura em surgimento desde os anos de 1960, num paralelo traçado com a época do cinema de Godard. No instante em que suas imagens se tornam, para além dos filmes, parte da iconografia de um período histórico, em compasso mesmo com as mutações de toda ordem (técnicas, políticas, comportamentais), percorrendo a vida cotidiana assim como o foco plurifacetado do cineasta. Tal entrelaçamento, aliás, deixa ver uma qualidade intervencionista nos vários planos da criação e do conhecimento. Vai ficando cada vez mais curioso observar que esse desenho retrospectivo em torno de Godard, desde suas primeiras produções, acaba por incidir na maneira de se conceber livro e literatura. Especialmente, tendo-se em pauta as diversas linhas de escrita que se depreendem de uma tomada a outra: superinscrição de história e leitura/escrita, poder de presentificação das imagens e reconfiguração da arte (dos seus lugares e seus agentes criativos) ali pulsante para fora de um único domínio de linguagem, saber e de determinação do tempo.

Do mesmo modo que fica impossível não esquecer Maupassant, na base do roteiro original de *Masculino Feminino*, transformando os códigos de realismo em sua época, ao dar corpo aos afetos que percorrem *o homem e sua hora* em dimensões imediatas, até então impensadas (como se lê em contos como "La femme de Paul"), uma vertente de autores, também, cria-se a partir de muitos outros filmes. Gêneros e formas literárias são refigurados, como se vê no elo moderno entre conto breve e música, em mesclas passíveis de todas as variáveis.

Mostram-se perceptíveis, na literatura brasileira, os pontos que ligam Sérgio Sant'Anna e João Gilberto Noll, dois expoentes imprescindíveis da contemporaneidade, relacionados com o cinema, na criação de formas breves. Contos como "O concerto de João Gilberto no Rio de Janeiro", "As cartas não mentem jamais" e todo o conjunto de *O cego e a dançarina* apresentam um misto de desmontagem e recomposição do épico por meio de vestígios de ação, do herói do espaço narrativo numa combinação visível do movimento fílmico e do andamento sonoro. Em outro extremo, a condução de Godard para o filme-composição no *timing* dinâmico e agregador das mais diferentes formas de arte contidas no *clip*, entendido como cápsula experimental de som/imagem/narrativa, constrói gradativamente seus longas – de *Viver a vida* a *Segura sua direita* (não à toa, pontuado pela presença da dupla *pop* Les Rita Mitsouko) –, quando não é o caso da música integrar toda a metragem, caso de *One plus one*, até o cineasta chegar a dirigir France Gall em *Plus haut* (canção-filme-clip), em 1996.

A concepção de romance é, também, transformada. Quando se observa, a partir dos anos de 1960, no Brasil, a presença da pequena e interferente obra (*não-obra*, poderia frisar Blanchot, formada por dois livros), de José Agrippino de Paula, fica ressaltada uma verdadeira matriz de narrativa caracterizada pelo batimento veloz e hiperreferencial de uma profusão de personagens e dados que se cruzam num mesmo espaço-tempo. Redefine-se, então, o alinhamento retilíneo, consecutivo, compreendido por um longo relato. Figuras ficcionais se encaminham para uma entrega radical ao instante da vida presente nas cidades (compreendidas como signo-chave de um mundo satelizado, eminentemente informacional). E caminham, de maneira a enfatizar uma verdadeira *escrita de caminhada* a partir dos traços de fisicidade e instantaneidade, próprios de uma *action writing* (o termo de Herberto Helder bem situa toda uma poética em insurgência contraposto à trama romanesca), a contar, também, da superposição de linhas tópicas mais e mais inseridas no *corpus* expandido de uma nova ficção.

Blocos de textos não narrativos obtêm movimentação assim como ícones surgem como atuantes, extraídos tanto da História (de modo bem intensificado, em *Lugar público*) quanto do cinema hollywoodiano. Ganham a cena da ficção num contraponto visivo com os filmes de Godard, uma vez que o diretor era, naquele momento, o exemplo máximo, o ponto-limite de experimentação com seus filmes timbrados pela revolução das formas e dos atos mais participativos de ser/habitar o tempo e os espaços. Notável é o surgimento dos lugares públicos, as ruas multitudinosas (algo graficamente impactante em *Panamérica*, numa sintonia sincrônica com *Week-End*), tomadas como *sets* do poder da imagem e da informação, nos instantes mais decisivos da formação da época contemporânea.

Intriga perceber que a recepção de José Agrippino por parte de Sérgio Sant'Anna é declarada e, também, visível na concepção de contos como "O cego e a dançarina", de João Gilberto Noll, criando, assim, um veio renovado, nitidamente localizado depois do modernismo. Toda uma vertente se acentua na atual cena quando se tem em mira a repercussão desse diálogo e o desmembramento das criações do autor de *Panamérica – Epopéia* no inventivo projeto desenvolvido por André Sant'Anna (filho, aliás, de Sérgio Sant'Anna, de quem herda a admiração por De Paula). Explicitamente devotados a uma releitura de José Agrippino, títulos como *Amor* e *Sexo* lidam com um sentido ativo de proliferação de dados, decisivos para noções renovadoras de personagem, espaço e tempo.

Não surpreende que André Sant'Anna provenha do trabalho com publicidade, tendo composto *Sexo* a partir da estatística, de uma pesquisa de perfil de consumidor, como testemunhou quando da época do lançamento do livro. Profuso, excessivo, o acúmulo de referenciais para o sexo advém dessa afinidade com o corpo extenso da multidão de criaturas e elementos tópicos/topológicos, influentes para a construção de um livro concebido como *locus*. Nesse ponto, não podem ser omitidos a enquete sociológica, o levantamento estatístico acerca de habitação, da população jovem (força demográfica/fator de consumo, tal como apreendido em *Masculino Feminino*), das formas de ganho e remuneração do trabalho urbano no compasso das mudanças ocorridas no tecido social das metrópoles em crescimento (influentes num título como *Duas ou três coisas que sei dela*).

Documento e experimento combinados gestam uma orquestração ao infinito dos componentes da arte narrativa. Os direcionamentos para tal procedimento de ficcionalização obtêm os mais diversos contornos. Entre a compressão e uma formulação mais estendida de relato, entre o compacto e o híbrido, o gênero romance no Brasil, dentro dessa via/vertente, mantém um vínculo com o desenho de produção/autoria lançado por Godard em seus filmes. Tudo o que envolve modos de compor e cortar o fluxo enunciativo, o surgimento e a interrupção de personagens com suas palavras/vozes, em ação, numa nítida moldura de *insert*, originária das fontes menos esperadas – as mais próximas do artifício e do *ralenti* reflexivo, muitas vezes ensaístico. Citações recombináveis, produtoras de desdobramentos narrativos, acabam por se tornar conexas e constantes, integradas a um espectro amplo de possibilidades do que pode ser um *raconto* (em qualquer extensão que seja). Tais citações são extraídas dos livros e dos cartazes, da fala aleatória de rua e de todo o campo da arte e do saber, da história cotidianamente configurada em um vasto universo icônico, textual e instrumental.

Um espírito *agitprop* percorre boa parte da ficção escrita, ainda em atividade. Vibra com toda intensidade, desde que se disseminou nas artes, na iminência e bem depois da revolução, preparada ao longo do século XX – sob todos os decretos de uma mutação radical operada nas frentes mais diferentes, desde os anos de 1960, incididas na vida imediata, material, tocando de perto a individuação (tal como enunciam e anunciam títulos como *Pierrot le fou*, *Masculino Feminino*, *A chinesa*, *Week-End*, incorporando as formas de ver e fazer cinema, numa extensão da existência na história). Repercute, não apenas no autor de *Sexo*, mas também em outro surgido nos primeiros anos de 2000, caso de Botika, com *Uma autobiografia de Lucas Frizzo* e, sobretudo, *Búfalo*.

O romance agora aparece como urgência, curiosamente delineando-se numa *matrix* reconhecível – Botika depõe sobre o diálogo bem direcionado com José Agrippino –, já reconfigurada com o arsenal mediático do século XXI e o caráter mutante da ideia de personagem, entre o inanimado e o hipermaquínico. Nítido, entretanto, ressalta-se o componente da caminhada, colhida numa multidão de corpos e referentes, timbrada por um vivaz cinematismo. Algo que esclarece a filmografia de Godard, desde sempre permeada pela complexa composição do campo audiovisual, mais diretamente relacionado com o cinema, e também no que concerne à autoria, refeita que é na dinâmica de um tempo em transformação de aparelhamento técnico e conceitual, de mídia e de agenciamento da política, em todo o seu sentido presente e interventivo. Um autor como Botika se encontra nessa sintonia, uma vez que dá atualidade à investida da arte em seu instante como deflagração e orbitação dos signos em vigência, no calor da sua hora e no clamor da insurgência, numa voltagem plural.

Siegfried J. Schmidt (1996, p. 119) destaca, com justeza a abrangência contida na noção de história da literatura, tendo em conta o sentido plurificador da historiografia – "*Existem histórias, mas não a história literária*" –, principalmente quando o fator da historicidade se mostra decisivo, agudizando o sentido de construtividade (histórias) no descarte dos modelos teleológicos, tomados como pressupostos, assim como da ideia de atemporalidade da arte. Principalmente quando a historicidade procede por uma infinitude e incompletude de materiais, a operar por meio de domínios coexistentes e intercomunicantes, no *ato* de o *fato* se dar como visível.

Desde 1968, marco da contemporaneidade, transformam-se os agentes envolvidos no processo histórico e o horizonte de seu surgimento, em face da regência dos polos políticos definidores de sua manutenção e mutação, assim como das formas de intervenção, consideradas para além de um desenho macroscópico, prefigurado em determinações, projetado como totalização. Nesse justo ponto em que a produção do cinema ganha corpo e dá seu corpo nos embates do tempo, nos rumos da historiografia, inclusive, uma vez que envolve várias dimensões do homem e do artista em seu momento (no cume do corte com *Pierrot le fou*, passando pela formação de *A chinesa* até o contorno mais preciso de uma militância com o grupo Dziga Vertov). Envolve os componentes de um filme, desde sua dimensão escrita até o engendramento de uma arte imbuída de técnica, que incorpora a história de um século, embalada já no andamento de outro, traçado por esferas conjuntas de tecnologia e geopolítica.

Desde então, desde os começos e recomeços godardianos no cinema (e do cinema, segundo Godard), propícia se mostra uma genealogia das formas de ler/ver/narrar dentro de dispositivos que envolvem a cultura, a refiguração do coletivo pertencimento humano e sua imagem – arquivamento e ato vivo, simultâneo, em mais de um campo de visibilidade e conhecimento. *Filme Socialismo*, no extremo da filmografia e dos séculos de Godard, dá essa visão, empreendendo uma viagem transatlântica, amplificada em sua diversidade de elementos "a bordo", não produtora, porém, da "panorâmica" da história. Para lá do socialismo e seu nome sedimentado, o filme se move em conjunções nada pacíficas. Fomenta o coletivo global na *era da terra única*, como bem contextualiza Sloterdijk a mundialização em *O estranhamento do mundo*. Pela rota de um incurso insurgente.

> Talvez esse livro não chegue aí no futuro, pois talvez não exista mais a possibilidade de parir uma alma viva. Talvez as últimas gerações estejam por vir, em pouco tempo. Talvez não. Eu ainda tenho vontade de ver vida, mesmo sendo parte do desastre, acreditando que seja real a calma que um dia senti. Massagem óssea. Muco no sangue. Músculos descontraídos. Vista boiando em horizonte de superfície oceânica. (Botika, 2010, p. 145-146)

Com o surgimento de autores posteriores ao tão cultuado modernismo no Brasil – Sérgio Sant'Anna, Noll, André Sant'Anna e Botika –, desde os anos de 1970 até os tempos de agora, relacionáveis com o desbravamento das epopeias coletivas e multidimensionais de José Agrippino, um nome como Valêncio Xavier marca outro ponto intercambiante com as compactações e expansões do cinema no espaço literário, reportáveis à filmografia de Godard. Em outro veio de inserção do campo imagético, através de um direcionamento icônico-narrativo de montagem, Xavier deflagra não só outra escrita, como também, verdadeiramente, outro *design* de livro.

Ao operar diretamente com imagens extraídas de um repertório variado e heterogêneo, que vai do *fait-divers*, dos fotogramas do cinema mudo e das telas da TV-mundo-pânico-cão, passando pela iconografia de antigos jornais, cartazes, desenhos, todo tipo de impresso, toda espécie de projeção visual, Xavier trava uma combinação mista, capaz de insuflar um insuspeitado movimento, com os relatos que narra. Na verdade, ele renarra acontecimentos de diferentes épocas, com o mesmo gesto que desencadeia um universo grafoplástico indiscernível do traço histórico revisitado, reinstalado por obra de uma construtividade incapaz de se imobilizar num simples *revival*.

O que há de aparentemente retrospectivo no projeto do escritor paranaense se encontra afinado com o que se entende hoje como cinematismo – observável no veterano Ken Jacobs e, também, na dupla Ricci Lucchi-Gianikian, em Gianvito, entre outros diretores mais recentes. Prima por dispor da gênese de narrativa/imagem a incidir na compreensão do tempo que anima seus registros de arquivo, tornando-os um laboratório vivificado dos processos que ligam evento à narração, memória à imagem. Não surpreende que ele vá encontrar em Jean-Luc Godard uma referência para a ficção-montagem que pratica (a tese "Para além da escritura: a montagem em Valêncio Xavier", de Maria Salete Barbosa, defendida na Universidade Federal de Santa Catarina, em 2005, informa consistentemente sobre a recepção de Godard pelo autor brasileiro).

Realçável na produção de literatura no tempo do cinema contemporâneo, tal como configura a filmografia godardiana, é o modo gráfico, radicalizado por Xavier na abertura de uma especulação dos mínimos elementos constitutivos da imagem, do tempo e da história em movimento, presente em cada fragmento/fotograma (todo recorte icônico conduz a uma *fotogramática* do espaço montado pelos relatos). As possibilidades de desdobramento do intercâmbio relato/imagem variam de autor a autor, como pode se perceber. O mais instigante, no caso de Xavier, é o composto feito com a narrativa, jamais descartada, inserida à maneira de uma legenda, muitas vezes, em livros concebidos a partir de um plano iconográfico. Curiosamente, o que há de mais permanente em seu trabalho é a disposição para marcar o texto de literatura pelo uso livre do narrativo – uma narratividade embasada pelo cinema e liberada do limite estrito da página de um livro sequencial, amarrado por uma sintaxe em consecução cerrada dentro de uma trama que evolui numa dimensão dominantemente *por escrito*. Ou seja, amplia-se a projeção verbal monoliticamente centrada no autor e em seus pontos de vista/*personae* da ação.

Ressaltado no trabalho narrativo de Valêncio Xavier, o uso diferenciado de arquivos de imagem implica historicidade e construtividade. O mais interessante é que tomam o primeiro plano e redesenham as fronteiras de livro/leitura, esses *constructos* remissivos de tempo, dotados do poder de impor a visualidade, mas não de empanar o fluxo escritural. Bem ao contrário, mostram-se capazes de ativar o texto de literatura por força de um descarte da ilustração, do artifício, do ludismo *avant-garde* com data de vencimento.

Indissociáveis e múltiplos veios ligam narrações a iconografias, mostrando-se interferente na compreensão dos eventos na história e do memorial comportado pelo suporte, núcleo-duro, caixa-preta, que é o livro. Valêncio Xavier atua como quem fotogramatiza o narrado. Toda menção mnemônica, reprodutiva e arquivística, torna-se imagem espacializada e temporalizada de modo não linear, indiscernível da superposição e heterodoxia de documentos. Não por acaso, o livro centraliza o eixo testemunhal da passagem iconográfico-narrativo de épocas diversas e decisivas para a compreensão do instantâneo agora que se deflagra. O livro não prescinde de sua parte de animação, de legendagem, quanto mais se faz descaracterizar como fonte fidedigna, reconhecível, de um foco único, derradeiro. Autonomiza e dá amplitude genealógica de mescla, de magma, ao dispositivo estritamente verbal, referencializável a uma temporalidade pretérita.

Mark Z. Danielewski, um nome-chave da narrativa do presente século, intensifica, em *House of Leaves*, o caráter desafiador do *livro em si* (como o escritor considera em uma entrevista a Sophie Cottrell), tomado como peça essencial ao "multiprocessamento de enormes somas de informações" (entrevista, s/d). O lugar de proeminência tomado por seu romance se deve à reinscrição dos circuitos maquínicos da tecnoesfera incidindo a fundo nos modos de ler não apenas a letra literária numa simples atualização, mas a conjunção de signos orbitados pela cultura digital. Perceptível se revela o acionamento do grafismo, em várias fontes de impressão, propiciando faixas crescentes de textualização, visualidade, espaçamento e expansão de um *desenho do pensamento crossmedia*, sendo traduzíveis como atividade concentrada no livro.

Por essa razão surpreendentemente nova, "Casa de folhas é muito mais difícil de explicar do que de ler" (entrevista, s/d). A ênfase concedida ao empenho escritural, recepcionado precisamente na órbita da leitura, potencializa a literatura na ativação cognitiva do *processar informação* e no dimensionamento das operações criativas viabilizadas pelo transporte infonáutico. Uma era de fluxos correntes de dados visualizáveis, resumíveis, tornados bem acessíveis, cotidianizados, mostra tão-somente uma face das "redes humano-computacionais complexas", como bem pensa N. Katherine Hayles (2009, p. 65).

> Como que se posicionando em rivalidade à habilidade do computador de representar em si outras mídias, esse romance impresso retifica uma incrível variedade de mídias, incluindo filme, fotografia, telegrafia, pintura, colagem e grafismo, entre outras.

De modo bem engendrado, atento a um campo conexional crescente, por sua vez exercido sobre uma multiplicação de materiais escritos, em rodapés/notas/adendos/anexos sempre suplementados ao relato, nas mais diversificadas fontes de impressão e disposição de leitura, o livro de Danielewski exibe a forma a um só tempo exponencial e exorbitada pela qual é composto, numa época de alta tecnologia. Intrigante é que o faça por meio da combinatória intercambiante dos elementos *casa/cinema/livro*. O romance se localiza dentro de uma casa na qual a interioridade desfaz as demarcações do exterior, explodindo-as, impondo uma topologia expandida, nocional. Por conta de um filme inexistente e onipresente – *The Navidson Record* – que persegue os contornos da domesticidade e do lugar de repouso reservado à casa, a longa narrativa difunde um sentido móvel ao suporte de folhas que a sustenta. Intrigantemente, apenas por meio do entendimento de que esse ponto de inscrição buscado pelo livro, por força de uma simultaneidade de atributos e de uma dispersão fundamental, a literatura pode obter seu contorno mais definido à altura da "dinâmica de intermediação" (Hayles, 2009, p. 185) em regência e em vigor no ato de narrar.

No "romance impresso que carrega a marca do digital" (Hayles, 2009, p. 185), Z. Danielewski dá à forma-livro poderes plenos de corte e propagação. Lançados sempre na iminência de seus pontos de desaparição e reaparição, no futuro, no fim – ou melhor, no fim do futuro –, livro e literatura traçam na larga extensão da *Casa de folhas* os polos todos da gradação trazidos em seu título. À casa de folhas de papel aflui aquelas da natureza. Todo um espaço-ambiente é revisitado sem divisória de centro e orla. Entre o abrigo e o ponto de radiação mais externalizado, a casa/

cápsula se faz compacta para leitura e exposição ao movimento de um tempo-imagem avesso a um único formato, à concentração de um sentido sobre os outros (como poderia ocorrer por obra do signo predominante da visualidade). Não se dissocia de um compósito atuante no qual recepção e mobilidade se conjugam com a portabilidade do arsenal maquínico, feito para conexionar corpos ao movimento da informação, na distância e na fisicidade dos lugares. Um plano simultâneo, coletivamente dado em *tempo real*, desponta, marcado que é pela *sensorialidade sinergética* no interior do tecnocapital-mundo, de que trata o filósofo brasileiro Peter Pál Pelbart em seus ensaios centrados na *vida capital* do século XXI.

Nada longe se encontra tal sincronia – apontada por N. Hayles como essencial à potência cognitiva oferecida pelos processos informacionais – daquela acionada por Jean-Luc Godard em seu laboratório experimental de cinema. Embasado na feitura de filmes e na especulação/experiência de escrita, o cineasta tem em mira projetos que favorecem a criação, a documentação e a composição dos modos de historiografar, conhecer e dar imagem/linguagem no âmbito multimidiático em que atua. Provém de tal compreensão o dado de que o fator escrita desempenhado e performativizado, num momento histórico em que o horizonte da tecnologia desenha-se como fundo e figura, compareça de uma forma amplificada por meio de *malhas recursivas*. Irredutíveis à simplificação de um ajuste imagético ao universo infológico, o escrito, o impresso, dão-se a ler e a conhecer. Passam por um andamento relacional, erguido a um dinamismo arquigenealógico de imagem/palavra do qual o processamento informático não pode se abster por força de uma narrativa em busca de um filme e, também, do livro que reúne toda sua memória diversa, dispersa, entre refrações audiovisuais hipertextualizadas. Justamente, o livro que se desmaterializa é recomposto como desempenho multicodificado de leitura, sem necessariamente se atrelar ao cânone digital-iterativo da técnica, como bem o concebe Danielewski.

Surgido após a eclosão da *cyberliteratura*, um escritor como Danielewski desdobra o sentido *cibernético* contido na nova *sci-fi* elaborada por William Gibson, Bruce Sterling e um nome pioneiro como John Shirley, entre outros, numa proporção que abrange o trabalho narrativo de, por exemplo, Colson Whitehead. Quando foi traçado um elo com a distopia, característica da ficção científica, trabalhada em *Alphaville*, foi observada no livro de Whitehead uma sintonia próxima de Godard. Algo notável, especialmente, nos elementos de *imaginação do futuro* extraídos das referências de uma época presente, numa radicalização de dados progressistas, desenvolvimentistas, numa combinação com outros gêneros de literatura, como a *detective story* (proveniente de Chandler, no caso do cineasta, e do *mix* de romance policial com fantasia intergaláctica, embebida do imagismo *tecno*, desbravado pela escrita *cyber* de William Gibson).

Em *A intuicionista*, o espaço emerge verticalizado por uma antifábula das projeções do futuro em torno do universo e da técnica dos elevadores. Demarca-se, então, um sentido de ambientalização pelo qual passa uma posterioridade em curso, não projecionada como uma *prospecção*, mas decorrente de uma futuridade inseparável do vínculo que se forma com a cidade e um fluxo contemporâneo de hábitos ao alcance das ações cotidianas, timbradas por maquinismos e funcionalidade – entre o empiricismo e o intuicionismo no uso da tecnologia dos elevadores (as duas correntes teóricas que fundamentam o grau da inspeção especializada atribuível a esse meio de transporte interior aos ambientes, propiciador de uma espécie de *viagem imóvel*, passível de um cotejo com *Bartleby*/Melville, por conta do incurso por uma burocracia tecnificada *em abismo*). O caráter de formação sinaliza, aliás, o romance, de um modo incisivo, nodal. Refere e recria o que há de legado nas noções de progresso e tecnicismo vertidas em um campo conexo com uma cultura hiper-urbana dilatada em várias esferas da socialidade. A negritude e a condição feminina da inspetora-detetive Lila Mae redesenham a *imagérie* codificada pelo composto *sci-fi*/policial anunciado em *Alphaville*, encampado décadas depois pelo icônico *Blade Runner* (1982), de Ridley Scott.

Produtiva se apresenta a ligação entre o filme de Godard e a narrativa de Whitehead nos pontos de uma sincronização com os vetores *futuridade/cidade*. É a partir desse módulo conceptivo e operante que a interface da vida globalizada – captada por *Alphaville* como uma divisa geopolítica característica do período da Guerra Fria, num combate pela hegemonia planetária de poder –, própria do capitalismo transnacional, ganha realce. Principalmente, no polo megaurbano em que se concentra o foco de Lemmy Caution, o detetive imobilizado em volta da *Capital da dor* (advinda do título do livro de Paul Éluard, com capa e tudo lido por Anna Karina no fotograma, já clássico-contemporâneo, de seu rosto contra a vidraça a ostentar uma legenda da literatura no desafio do seu fim ante o mundo administrado). Polo em que Lila Mae se encontra, também, afixada, no auge de um futuro que se cotidianiza e se situa precisamente como espacialidade.

Sob o impacto da *imaginação do desastre*, tal como foi esquadrinhada pelas análises de Susan Sontag, a literatura depois do *design* distópico da *sci-fi*, intensificado no pós-guerra, que dividiu o século XX ao meio, numa cronologia acelerada e traumática, atravessa o universo dos experimentos com gêneros de cinema e escrita cruzado por Godard. Sua travessia sob a regência de Alpha 60 toma uma estatura diferenciada, capaz de encontrar, em um romance como *A intuicionista*, editado na passagem para o atual milênio (em 1999), uma feição renovada e amplificada, exatamente no *futuro* há tanto tempo anunciado.

O aparelhamento tecnológico onipresente nas metrópoles globais se sedimenta por intermédio de teorizações – o adestramento dos investigadores/inspetores tem base nos fundamentos dos *Elevadores Teóricos* – em muitas gradações de controle e conhecimento. Vitalizantes se revelam, entretanto, os pontos que se ligam entre negritude e formação na cidade, no momento em que Whitehead refaz o arsenal característico da narrativa de *antecipação*. Atento aos deslocamentos mundiais – as *migrações enormes*, já captadas por Rimbaud, em *Iluminações*, série poemática urbana escrita em viagens pelas grandes cidades europeias sob o impacto da modernização –, o escritor dá ênfase às reversões do eixo dicotômico centro-periferia/megacidade e *suburbia*. Recompõe pelas margens o tecido diversificado da cultura da globalidade, sinalizada, de um lado, por uma pertença homogeneizada pela digitalização informacional e, de outro, pelos vestígios heterogêneos dos territórios em intercâmbio, em intermediação.

Ao tratar da *antecipação* – frisando-se aqui o título do curta godardiano integrante do filme coletivo *Le plus vieux métier du monde* –, Colson Whitehead incide na reconfiguração da cidade enquanto constructo de racionalização e homogeneização, tal como projecionado por seus sistemas e agências de manutenção (a *metropolis* como *locus* do mundo administrado). Da mesma forma que o artista espanhol Antoni Muntadas se mune de *Alphaville* como referência conceitual e cenográfica da exposição *Informação Espaço Controle*, que reúne sua produção de 1970 a 2011, o autor norte-americano, sem fazer menção explícita a Godard, mantém com ele o interesse, observável em Muntadas. Concentra nas zonas de habitação, nas produções do *living design*, no fator arquitetônico, urbanístico, todo um sentido de ambiência disseminado no longa-metragem de 1965.

Whitehead expande o legado *cyber*, assim como Godard expõe a *science-fiction* a um tratamento poemático, extraído de Éluard e Borges, timbrado por marcas de presentidade, em detrimento da simulação de imagens de lançamento ao futuro. O autor de *A intuicionista* suplementa a inspeção/investigação em torno da tecnificação crescente, dilatada no tempo, tornando-a fluxo contínuo de instrumentalização e afecção, de transporte verticalizado (circuito de elevadores) e horizontalidade ambiental.

Desprovido da intenção de forjar um imagismo futurístico, o autor afro-americano torna conexos, coextensivos, os dispositivos operacionais em vigor, recorrendo, inclusive, a uma tecnologia mais próxima de uma caracterização *vintage* do que aquela ancorada na superprodução de efeitos antecipatórios. Também perceptível em Godard é a utilização dos mecanismos/maquinismos da atualidade (aquela dos anos de 1960), que revestem o *mondo tecno* em sua ideologia de inovação sucessiva, em nome das novidades funcionais do controle e do consumo. Sem contar com a abundância de recursos e investimentos, seu cinema se fortalece em conceitualidade e experimentação. Assim, atém-se ao que há de axial nos transportes e nas intermediações, em vez de construir produtos cinemáticos resultantes de uma prospecção (passível de compor um museu de *gadgets* progressivos no lugar de favorecer o jogo de temporalidades em cruzamento historial, plurívoco e potencializador dos elementos relacionados em contingência e constante devir).

A exemplo de *Alphaville*, a narrativa de Whitehead ambientaliza o já instalado projeto futurista de todo um século antecedente, a um só tempo arquitetônico e maquinal, coletivizado e passível sempre de uma voltagem cartográfica por força das variáveis formações tópicas, experienciadas no tempo da realidade simultânea, sem a qual não se virtualiza nenhum *trainspotting* cibernético. A ambiência não comporta tão-somente o que se vê de modo mais explícito e espetacularizado, mas o que, também, lê-se em um mapa de complexidades postas em tensão. Nesse universo, o dado visivo comparece numa dinâmica de conexão/cognição, inapartável da axiomática tecnoglobal com seus fluxos de toda ordem e seus *streamings* feitos de apropriação e redistribuição de estratos, especialidades topológicas.

Interessante é capturar nos desdobramentos de um diálogo hibridizado com o campo das experiências *sci-fi*, desde a criação de *Alphaville*, o alcance tomado pelo *mix* de prospecção e arqueologia da modernidade conjugado por Godard. Não se pode esquecer a cultura dos condomínios fechados resumida em cidades como São Paulo e Belo Horizonte pela sigla *Alphaville*, que dá nome ao fenômeno habitacional trabalhado por Muntadas em sua exposição, concentrado em "todas as retóricas de controle que privatizam o espaço público sob a doutrina da ação preventiva." (como consta do catálogo *Muntadas – Informação Espaço Controle*, 2011).

Sem sustentação na riqueza recursiva do cinema administrativo, Jean-Luc Godard acaba por materializar o que há de profético nas projeções da ficção-científica, observando-se tudo o que a escrita de Colson Whitehead enfatiza, atento aos usos e potencialidades da tecnologia no presente. Tanto é assim que, dentro de uma concepção expandida da ficção *tecno*, pode dar a imagem de um futuro sempre em surgimento, captado na corrente das simultaneidades temporais, não mais direcionando uma linha consecutivo-progressiva. Futuro que, passada a carga imagética, circunstanciada nas viagens espetaculares sempre à frente, embaladas pelo poder-efeito do cinema como investimento técnico "de ponta", pode resultar em uma limitada máquina de estroboscopia, marcadamente datada, estilizada numa imageria retrô. Bem diferentemente, as fronteiras da cidade apresentam sua "cultura de condomínio" com o nome Alphaville, fazendo emergir, para além de uma única imagem, a problemática da territorialidade globalizada, com seus polos urbanos saturados, permeados por diversas formas de nomadismo no interior das capitais hegemônicas.

Por outra via, *Alphaville*, o filme, engendra uma espécie de *poiesis planetária*, que a leitura, em voz computadorizada, do final de "Nueva refutación del tiempo", de Jorge Luis Borges (2010, p. 133), condensa. "O tempo é a substância de que sou feito. O tempo é um rio que me arrebata, mas eu sou o rio; é um tigre que me destroça, mas eu sou o tigre; é um fogo que me consome, mas eu sou o fogo."

A citação percorre o labirinto tortuoso da jornada em Alphaville, no qual o enfrentamento da investigação do detetive Lemmy Caution recompõe o domínio da tecnociência em face da emergente poética da globalidade, visível nos espaços, por meio do enlace com uma futuridade em aberto. É passível de ser cotejado um plano mitopoético em meio aos sensores de velocidade e desempenho técnico, assim como a captura da duração – a concentração meditativa; um conhecimento sobre a cada vez mais compactada passagem vivencial – se viabiliza quanto mais se deixa apreender a experiência uma temporalidade aporética, por meio dos signos e sinais da contingência. Considerando-se sua continuidade e relativização conjuntas, a *passagem do tempo* gera pontos simultâneos de refutação e agregação, por força do inconcluso modo de acontecer as formas todas, as mais elementais, contidas e inter-relacionadas no universo.

Por meio de uma conjunção sempre extensiva e expansiva de componentes, o livro surge como dimensão *in loco* dos registros temporalizados, dentro de uma compreensão e configuração constelares (visíveis em Xavier, Danielewski e Whitehead), tal como a literatura reimaginada a partir de Jorge Luis Borges se deixa enunciar. Interessante é que, em torno das órbitas da imaginação do futuro, a escrita e o poder de reunir, de congregar áreas do conhecimento e autorias, obtenham esse contorno, capaz de percorrer a ficção-científica até as variantes da cybercultura, e façam alusão – como indicia *Alphaville* – a Jorge Luis Borges, uma referência-matriz da escrita contemporânea.

Não surpreende a culminação da presença borgiana na atualidade – níveis de realidade e narrativa se bifurcam nos quadrantes da leitura, antecipando a ciência nas teorias da dinâmica do caos, em uma via não linear contraposta às formulações englobantes acerca do universo.[1] Justo em um momento de digitalização e tecnificação generalizadas de todos os suportes de texto/imagem/som, o livro, em dobra e desbordamento, advém da *matrix* borgiana como uma fonte incessante de expropriações.

---

1. Veja-se, entre outros estudos, caso de uma especialista da literatura em tempos virtuais como N. Katherine Hayles, o estudo de Thomas P. Weissert, "Representação e Bifurcação: O jardim do caos dinâmico de Borges", de 1991.

O que pode se conceber como *LivroLoco* se refere ao seu poder de espacialização, propiciando uma forma agregadora dos diversos planos de linguagem, informação e saber, acessados em uma época de tecnologias móveis, portáteis, embaladas por um *design* preponderantemente visual para a leitura. As pistas se multiplicam tornando a atividade escritural decisiva na compreensão de uma era em mutações de toda ordem, desde as quadraturas ambientais àquelas imediatamente ligadas ao cotidiano, envolvendo os corpos, os cérebros, as formas de ser e de conhecer. O livro, marcadamente atuante como remissão e revelação contínuas desde Borges, vibra, também, por seu potencial de interferência na reordenação do sentido do tempo. Autonomiza-se do efeito imediato de plugagem a um instante eternamente replicado, insulado na acessibilidade informacional monoliticamente operativa, concentrada na reiteração audiovisual, tão-somente *on-line* dos códigos e repertórios em circulação, quando estes se relacionam a mais de uma esfera de contato e cognição.

Contingencial e especulativo, o livro, apreendido como *locus* e como receptáculo/reengenharia *in loco* da rede de dados em circulação nas tecnoesferas, encontra-se conexo com tudo o que o desborda, no sentido mais pleno da virtualidade. Revela a complexa radiação de fatores e forças em jogo no cotidiano e no conhecimento de um momento histórico, como o de agora, aparentemente condensado no velocímetro das funções operacionais, de homogêneas formatações, à medida que se espacializa e se temporaliza assinalado pela *dispersão fundamental* de que tratava Blanchot, em *O livro por vir*.

Em seu compacto, mas nada redutor, bloco de folhas, o livro/casa/cápsula – usina cinemática/morada e laboratório, segundo Godard – indaga e faz proliferar limites entre a planificação globalizada e a parte planetária de uma história mobilizada em campos crescentes e diferenciados de atuação, que jamais refuta sua existência em nome da posterioridade e do fim. Não é por outro veio que o livro *Capital da dor* tem sua capa ostentada em *Alphaville*. O título de Éluard se faz visível, expondo a poesia-combate congraçadora dos gestos coletivos no mesmo compasso da insurreição imaginativa (extraída do surrealismo e da moderna antropologia). Faz-se ler, em seu pórtico – capa/suporte acessível ao espectador –, como afirmação libertária da vida subjetiva no seio de uma civilização altamente tecnificada. É o livro como objeto, que se oferece ao público em toda sua exterioridade e força de afecção – uma vez que este é o fotograma-chave, o mais conhecido do filme, centrado na impactante figura formada por Anna Karina na janela, na mirada de um horizonte e seu vazio –, tomado precisamente de fora, entre a dor de sua possível dissolvência e a imediaticidade de sua frontal exibição.

Dentro de um enquadramento fotogramático, o cineasta sublinha, com *pathos* e poder de presentificação, tudo o que se imprime no registro matricial de um rosto feminino. No instante em que se congela contra a vidraça de um mundo tecnofuncional, replicador de palavras de ordem instrumentais sobre os espaços e os tempos, sobre as imagens e os nomes, torna-se essencial ler o presente já instaurado em suas diversificadas dimensões, materializadas da técnica à manifestação dos afetos. Pensar e estar *offline*, à altura das múltiplas linhas de visão e leitura componentes de uma ambiência e de uma história em mutação. É o que lança *Alphaville*, desencadeando um rastro de recriações plásticas, instalações, como as de Muntadas, e narrativas do teor de *A intuicionista*, quanto mais anuncia e, também, denuncia a *colonização do futuro*, percebida por Hannah Arendt em sua análise do totalitarismo moderno.

Sem mais divisórias entre a produção maquínica e a poética constelar – a contar do modelo *science-fiction* –, o cinema se sateliza, descartado do aporte unidimensional na tecnocultura. Não se abstém de suas fontes nomeadoras, conceitualizadoras, de escrita, como um dado conectivo decisivo, suplementado em um *tempo de agora*, já em curso. *In loco*.

DOCUMENTO. DIAGRAMA

Alguns dos livros de literatura concebidos ao longo da história dos últimos 50 anos, reportáveis ao talhe impresso pelos filmes de Godard nos modos de ver/ler, deixam claro não apenas uma variedade de gêneros, mas a redefinição mesmo de *livro* e de *literatura*, sincrônica com as mudanças ocorridas na noção de cinema. Uma vez que o diretor se atém a repensar a gênese de uma arte em operação/produção e a história na qual se situa, suas criações vão se desprendendo de um formato reprodutivo da letra escrita, do traçado roteirístico, tornando-se mais próximas de um ato cinemático. Considerando-se que o "cinematográfico" está sempre por ser definido, sem se restringir à sua versão espetacular em vigência, em reiterado monopólio, *cinematismo* diz respeito à especulação de seus elementos de registro, arquivo e, certamente, de escrita. Seu cinema se refere tanto à passagem de uma época precisa – localizável nas cinco décadas que compõem o século XX em sua fração final – quanto esquadrinha novamente os lugares da autoria, das artes e de seu aparato midiático, no curso de um período pontuado por diferentes enfrentamentos, entre a prospecção da vida moderna e o enfrentamento do desastre em uma civilização tecnificada (do campo do conhecimento às máquinas-de-guerra). À contínua investigação autopositiva das linguagens inerentes ao *cinematógrafo*, atribuíveis a uma *poética*, acrescentam-se os elementos ativadores de uma *política* (em relação aos meios e sua ampla difusão).

Quando se apreende um conjunto de filmes realizados em diferentes momentos – *Pierrot le fou*, *Week-End*, *Salve-se quem puder (a vida)*, *JLG/JLG* e *Elogio do amor* –, do primeiro ao último Godard, as inovações neles observáveis se relacionam com o interesse de documentar suas passagens pelo tempo, não se abstendo, entretanto, de enlaçar-se com universos da escrita. Quando não é o caso de o ato de escrever e a problemática do escritor tomarem a forma do que se vê desde os anos de 1960.

Os livros e os autores sincronizados com o cinematismo godardiano – de um modo direto no modo de conceber seus projetos, como se nota em Waly Salomão e Herberto Helder, ou numa convergência de procedimentos, caso de Ana Cristina César ou ainda numa parceria, dada como presença em *off*, tal como ocorre com Marguerite Duras –, de um modo explícito ou não, realizam seus trabalhos escriturais num ponto bem localizado da história em que as formas de subjetivação ganham um sentido de construtividade e experimentação. Aliás, todo um elo estreita esses polos, de modo a ser possível notar uma longa e descontínua história das subjetividades quando se estuda a literatura no Ocidente. Justamente, um corte que Godard engendra e fica mais nítido em suas *História(s) do cinema*, quando insere em seus *tableaux* diagramáticos a autoria desde a Antiguidade – a paixão latina do escrever (como poderia sublinhar Derrida), de Ovídio a Dante. Algo observável nos traços de recomposição de uma ancestralidade – Homero, por exemplo – percuciente nos flagrantes de *O desprezo*, do *set* cinematográfico à radiografia da conjugalidade (com foco na vida íntima do roteirista de uma superprodução épica, em paralelo à máquina de fazer filmes).

Uma mudança envolve não apenas a concepção dos livros de literatura na contemporaneidade, alguns deles tomados no compasso das produções de Godard, mas também os modos de grafar, de anotar, de operar a escrita como uma espécie de microfísica – em atenção ao raio de experiências cabíveis ao exercício e ao espaço literários, percorrendo os corpos e a convivialidade de seus agentes criativos com diferentes níveis de realidade (aquelas nomeadas por Duras como componentes irrefutáveis da *vida material*). Tudo conflui para o livro, nesse giro mutante de forças implicadas, de uma forma sempre adstrita à materialidade do escritor na história, por obra de seus afetos, sua estrita política de corpo presente cruzada com o campo do conhecimento em suas diversas variantes.

A figura tracejada pela filmografia godardiana, no instante em que realiza *História(s) do cinema*, deixa ver sua matriz documental, amplamente engatada num projeto de história cultural, interferente nos outros domínios de arte e saber. Para além do "ícone do experimental", aparentemente cerebralizado numa metalinguagem, impossível, entretanto, de se fixar na estilística dos *remakes* feitos *ad infinitum* no presente milênio, em nome de uma abstrata e desatualizada noção de pós-moderno, Godard não cessa de gerar microincisões historiográficas, genealogias mistas, produtoras de reconfigurações analíticas nos âmbitos da literatura e da cultura. Dá-se, de fato, sua presença pelo empenho conjunto de filmar e datilografar, tal como exibem, de um ponto a outro da série *História(s) do cinema*. O diretor demonstra como é possível e potente operar tecnologia e, a um só tempo, pensar e criar na confluência dos signos escriturais e imagéticos dispostos pela máquina informacional. Um *mixeur* se mostra de forma impactante, ao sublinhar, também, em *off* vocal, suas notas incessantes, comentários, atos/adendos cenoplásticos de filmagem e escrita.

Enuncia-se um modo político de existência da literatura no interior de uma cultura digitalizada, transmitida majoritariamente em dispositivos audiovisuais, quanto mais incide no campo extenso de sua pertença cultural, gnosiológica, cognitiva. Todo um aparelhamento se ativa de modo constelar (em sincronia com a história cultural articulada por Benjamin), por meio de esferas intercomunicantes. Ganha o primeiro plano de uma tela não mais oferecida para ver, para naturalizar e entreter o olhar panorâmico, frontal, das imagens em movimento. É assim que podem ser apreendidas imediatamente, no rastro de *Pierrot le fou*, os *babilaques* de Waly produzidos como escrita-plano, visor e diagrama de muitos signos em emergência, componíveis de uma tática comportamental e intervencionista. Aproximáveis do que pode se entender como *pauta portátil*, já no universo de anotações experimentadas por Ana Cristina César, os *babilaques* deixam entrever o encontro entre *escrita de si* e construtividade grafoplástica do livro de literatura.

Não é por acaso que Godard se encontra próximo dessa revisão e radicalidade da ideia de vanguarda até então em vigor e na qual seu próprio cinema se vê implicado. A experimentação passa a aliar o dado da forma ao processo da experiência vivencial precisamente na parte que toca a individuação, deflagradora de outro entendimento de história e política.

Proeminentes, em *Salve-se quem puder (a vida)*, são os sinais de uma mudança de corpo, texto e lugar de enunciação, compreensível mais e mais por sua dimensão coletiva, inseparável da incorporação imediata de sexualidade, do convívio entre planos que envolvem a vida cotidiana (materialmente disposta na concretude de sua disposição microfísica). Toda uma politização fundante das formas contemporâneas de intervenção se assinalam nesse momento histórico, cujo cume se localiza em 1968. Mas toma variáveis em franca repercussão na atualidade, a partir das manifestações sobre as realidades referentes às maneiras de viver em comum – dos menores grupos àqueles relacionáveis a impensáveis territórios, aos mais heterogêneos posicionamentos de sexualidade e etnias em inter-relação. Deixa de haver um direcionamento macrológico, abstratamente tomado em nome do Estado-nação e de um programa revolucionário totalizante, no que toca o *corpus* de uma socialidade ativa, politizada em seus mínimos componentes de subjetivação e cultura.

Títulos mais recentes como *Nossa música* e *Filme Socialismo* ganham essa proporção multicultural em ato, para além das muitas vezes datadas teorizações do multiculturalismo. Pois, nos filmes citados, enfatiza-se a convivência com uma coletividade heterodoxa, aberta a uma multiplicidade de tópicos, em dissenso com a linha homogeneizadora da globalização econômica e os ditames dicotômicos do pensamento identitário.

Nota-se com a vertente do biorrelato, acentuada desde os anos de 1970, em grande disseminação até o presente, um lastro composto em variações e formulações as mais híbridas, atendendo a um interesse simultaneamente construtivo e testemunhal, configurado de um modo exemplar na produção de Marguerite Duras – presença/ausência intrigante de *Salve-se quem puder (a vida)*. A figuração da mulher se multiplica, dizendo respeito às transformações ocorridas nos afetos, nos ambientes, nos modos de produzir capital e arte. Tudo o que diz respeito, também, ao ser masculino.

O cineasta personificado por Jacques Dutronc bem exibe a agonia e o auge que envolvem o rastro lançado pelo devir-mulher, como pensam Deleuze-Guattari, relacionado com o devir de toda sexualidade, centrada na imagem proustiana das *demoiselles en fleur*, sempre por surgir, nunca por se amoldar a um padrão em vigor. É o que se lê nos livros da própria Duras, assim como nas poéticas de Ana C., Kathy Acker e Lyn Hejinian. Numa abertura de pauta para o desejo, a mulher e sua força de irrupção na cultura, na história, não enquadrada numa simples divisa identitária, a partir, contudo, das conquistas do feminismo, das mudanças operadas decisivamente nas relações e nas noções sexuais.

Godard deixava bem claro, nesse filme que marcou seu retorno ao sistema de produção e exibição de um longa-metragem após a incursão pelo cinema militante dos anos de 1970, o surgimento de outro panorama para o tantas vezes considerado autor revolucionário das formas artísticas e – na sequência de suas realizações – dos meios de politização da vida cotidiana e do espaço cinematográfico (no grupo Dziga Vertov e em outras criações, ao lado de Jean-Pierre Gorin e Anne-Marie Miéville). Por meio do registro das subjetividades em confrontação, no compasso de formulações teóricas em viva mudança no campo das ciências humanas (observável, inclusive, no decurso do pensamento francês), ocorridas no flagrante e no clamor de lutas políticas e históricas recentes, Godard se dedica a um período de sondagens. Notáveis por uma postura arquigenealógica crescentemente visível, os filmes-mapas acabam por documentar o cineasta como operador em trabalho, atuante-chave, na série *História(s) do cinema*.

Godard esquadrinha, reengendra autoria/produção (nos termos benjaminianos já referidos) concomitantemente aos seus incursos pela História, enquanto área do conhecimento e em todas as suas camadas de enunciação e arquivo – campos de visibilidade, referencializáveis ao maquinismo cinematográfico (modelar no século XX) e aqueles que tomam as palavras, seus ritmos poemáticos, suas figuras narrativas (exemplar da literatura desde suas primícias, referendadas desde a Antiguidade clássica). Um gênero como o biorrelato se ativa com a feição mista, multiforme, tomada numa época coetânea do surgimento da biopolítica no âmbito de uma genealogia das ciências humanas, tal como efetua Michel Foucault. Não fica sem aludir, em suas diversas manifestações – em Waly, Duras, Ana C., Herberto Helder, Mehdi Belhaj Kacem, Acker e Lyn Hejinian –, ao sinal da voltagem alcançada pelas ficções-documentos-diagramas desse autor/produtor em pauta.

De Ferdinand/Pierrot à sua própria aparição no autorretrato *JLG/JLG*, o diretor põe ênfase nas ações situadas *hic et nunc*, das micro às macroincidências, passíveis de intervenção. Faz pauta. Anota em vez de escrever, descartando, assim, o direcionamento da *autoficção* ou do *relato de si* a um gênero cerrado, ao lugar já assegurado de uma primeira pessoa já definida, pronta para o desempenho testemunhal.

Exatamente, o que mais faz vibrar é o filme se compondo a partir de seus muitos planos e pistas apontados para um repertório disjunto e variado, dirigidos para as condições concretas, cotidianas, sejam as relações de trabalho – a casa/laboratório com sua faxineira a produzir uma fonte incessante de ruído, de interferência –, sejam as vivências mais individualizadas. Todos os focos capazes de concentrar um chamado – o telefone como instância de rumor recorrente, no *Autorretrato de dezembro*, é um operador conjuntamente interpelativo e desconectivo – à vida imediata (e ao filme como investigação e criação processual).

Salve-se quem puder (a vida) surge como sigla da mudança na maneira de conceber e fazer cinema em outro momento da história, não mais impulsionado para as miradas prospectivas do tempo, entre a construção e a desmontagem do gesto libertário movido pela ideia de revolução. Sem abandono do empenho experimental e da radicalidade do trabalho da arte, na passagem para os anos de 1980, repercutindo até o presente,

Godard lida com uma inventividade incessante, nutrido de princípios os mais heterogêneos de linguagem e pensamento. Um sentido de composição extraído da música e das artes visuais é frisado, provocando um entendimento renovador da história e atuante quanto mais o realizador sonda e se dedica a produzir documentos/diagramas sobre épocas, lugares, obras/autorias.

Se seu cinema galga um formato historiográfico mais definido na série criada em torno do cinema e do século XX, num liame irreversível, o sentido de documentalidade sempre foi acionado por ele, como uma extensão do registro da vida presente, em urgência, relacionado sempre com figuras – em grande parte, femininas – de uma ficção. Mostram-se indiscerníveis os elos formados entre documento, ficção e diagrama de uma época em muitos campos de discursividade e imagem.

Quando os filmes mais investigativos se voltam para o mapeamento de um país ou de um evento – a Alemanha ou a Rússia depois do comunismo –, revelam o quanto são compostos por uma multiplicidade de componentes (níveis de realidade, esferas conceptivas e cognitivas). Enfocar o espaço alemão conduz a uma radiografia sobre o legado da literatura desde Goethe. Um documento sobre a Rússia abarca um campo de forças em inter-relação. Desfaz a primazia de uma única e preponderante realidade, ao mesmo tempo em que a(s) história(s) das literaturas alemã e russa se imprimem no *photomaton* & *vox* godardianos.

Nada pode informar mais do que um documentário dotado da ativação relacional dos vários planos de espaço, tempo e conhecimento contidos em qualquer ocorrência. Godard deixa bem claro como o empenho documental não pode se abster de produzir cortes historiográficos muito além do ponto de vista de um diretor de cinema. Mesmo esse devotado ao real – o chamado "cinema do real" – não fica sem pensar e atuar sobre o que registra, muito além da simples assinatura e da mera captação de depoimentos. Investiga a ficcionalidade em torno de um lugar, época e evento como fonte inseparável do que se filma.

À medida que o século XX vai chegando ao seu fim, o empreendimento documental de Godard se mune da especulação sobre os diferentes níveis de realidade em captura, indissociáveis das figuras ficcionais. São estas sempre referidas à literatura e à(s) história(s) que desencadeiam em sincronia com a investigação empreendida sobre tempos e lugares. Entretanto, desde seu primeiro longa-metragem, o que surgia como novidade e marca de estilo, a citação de livros, podia ser lido, no calor de uma intempestiva referencialidade, como uma pontual implicação do filme que corre com um momento da história compreensível para além do que se vê no movimento sucessivo da diegese em ação.

A ficção pulsante em *Acossado* depõe sobre um modo de ser, amar e sobreviver na cidade quanto mais radiografa o legado moderno de Faulkner e Dylan Thomas, não apenas por menção ao *plot* de um casal não modelar em fuga (*Palmeiras selvagens*) e ao autorrelato oferecido por *Retrato do artista quando jovem cão*. Trata-se da incidência desses livros no *zeitgeist* manifestado por um cinema novo, antes refletido e exercido no espaço da crítica, engendrado com um senso aguçado de história e do desejo de nela intervir. O que acaba ocorrendo por meio de um projeto que faz do filme ficcional um documento sobre sua produção e as linguagens, artes, áreas do conhecimento e planos de realidade envolvidos no correr do tempo de sua realização.

A literatura que se deflagra a partir de Godard, não só em descrição, mas numa definição como arte e peça-chave, interferente fator-diagrama no entendimento do cinema e da história vividos e investigados conjuntamente, surge num primeiro instante com o irrompimento de uma citação. Induz, no entanto, a uma incisão em convergência com a forma composta por cada filme do diretor. Torna-se constante, ao longo de sua filmografia, na construção de um plano conceptivo sobre o dado escritural e o espectro desenhado pela literatura no mundo ocidental.

Por sua vez, erguem-se, em vias paralelas, modos de relacionar o conjunto de autores/livros trabalhado pelo diretor em cada um de seus títulos cinematográficos. Para além do que se cita e do que acaba por incidir na ficção em curso na tela, uma história contemporânea da literatura se desenrola ao tempo do universo plurívoco, cinemático-escritural de Godard. Ou a escrita literária, segundo o diretor, no mesmo movimento em que são estudados o tempo, a técnica, o campo do conhecimento, sob o influxo fílmico (poderia pontuar Bernard Stiegler, em seu projeto filosófico).

Os elos entre escrita e civilização são captados desde Homero e se localizam com justa atualidade quando, em *O desprezo*, o romancista-roteirista contratado por Cinecittà se defronta com o erguimento de *A Odisseia* no cinema. Em outro momento, em uma produção bem posterior, num dos segmentos de *História(s) do cinema*, o diretor pôde observar, em torno das *figuras incógnitas* elaboradas em *As metamorfoses*, o plano excedido traçado por Ovídio em relação aos universos mapeáveis na Antiguidade, por obra de uma cosmografia de ordem metafórico-metamórfica. Este dado metafórico-metamórfico torna o cineasta próximo de uma pluralizada dimensão plástica - musical - conceitual (planos de imagem/som/pensamento em interrelação, bem formulados por Pound) – contida na poesia, mesmo observando-se que Godard sempre opera o elemento narrativo em seus filmes. *Música das imagens* – A criação de sua poética fílmica toma forma com a potência de uma intervenção no curso narrativo da arte – entre os múltiplos campos de linguagens e saberes que JLG orquestra, cita e recombina – na História (e mesmo o que envolve narrações/narrações da História, culminadas no último século, entre o traço epocal e sua confluência com outros eixos de temporalidades).

Desde o século VII A.C., após o período heroico-mítico das odisseias com suas cartografias territoriais do mundo helênico, o surgimento de um gênero poemático acompanhado por música convoca a recomposição da aliança mítica, à altura do instante e do corpo (vejam-se os fragmentos conhecidos de Safo). Rompida com a dimensão una e matricial erigida sobre as destinações do humano, a transformação trazida com a grafia e as modulações enunciativas nela contidas se faz pronunciar. O chamamento polifônico de entidades, a abertura do vórtice nomeador, definem os versos de Safo, Arquíloco e Alceu, revelando o canto do desejo e da dor, com as marcas contingentes a partir das quais um vínculo cosmogônico pode ser articulado, entoado pelos poetas posteriores ao ciclo das epopeias. A palavra mítica primordial (bem apontada por Auerbach em seu estudo sobre a odisseia homérica) deixa de reger o horizonte das projeções potenciais da humanidade. Passa a emergir a historicidade de uma cisão básica entre seres e cosmos, indivíduo e coletividade, tal como modulam as invocações a um plano integrador de forças ritmadas pela poesia em suas primícias, em um período posterior ao *epos*.

Não é por outra razão que a recorrência a Dante, em *Nossa música*, faz-se presente. Atende precisamente ao interesse do cineasta pelo universalismo de um autor capaz de dilatar a compreensão do transcurso humano, dentro e fora de sua imediaticidade, a partir da contingência terrena, tendo a figura do poeta no centro da *Comédia*. A própria literatura comparece como referência central e problematização de sua feitura, no compasso da arquitetura-monumento concebida por Dante. A História em toda sua integralidade de componentes cognitivos e dimensionamentos amplificados – teologia, filosofia, cosmogonia, política – é redefinida pelo poema. Mesmo o substrato cristão se faz guiar entre Dante e Virgilio (autor/personagem da épica latina) por obra de um poder de transfiguração e de experiência de linguagem inapartáveis do porte construtivo de uma obra embasada na música (como apreende Carpeaux).

Assinalada por Carpeaux, a congruência do universo criado em *Divina Comédia*, movido a um só tempo pela filosofia escolástica, pela religiosidade e por uma visão política sedimentada, deve-se à liberdade da invenção poética, capaz de transformar em realidade

> uma utopia irrealizável neste mundo:
>
> 'In la sua voluntate è nostra pace'.
>
> Do ponto de vista literário – que é, para nós, o quinto sentido da obra, essa realidade é de natureza musical [...] O Paraíso de Dante é construído como uma das grandes fugas, como a própria Arte da Fuga, de Bach. E quem poderia duvidar da 'realidade' dessas abstrações supremas? (Carpeaux, 1978, p. 217)

A composição do cinema godardiano vem dos elos formados entre poesia e música, por meio de uma concepção ampliada dos planos da história colhidos num vasto repertório de conhecimento e discursividade. Principalmente quando se pensa nos contornos obtidos por sua filmografia nos últimos anos. Concomitantemente ao interesse pela desenvoltura de uma épica conduzida pela ritmia de palavra e pensamento, na modulação de musicalidade observável na obra de Dante, o diálogo com o universo romanesco se sinaliza com a presença de Dostoievski, em particular com a figura do *Idiota* encampada pelo diretor em diferentes momentos. De um modo declarado, Godard surge como o próprio personagem em *Segura sua direita*, criando variações, como o *mon oncle fou* de *Prenome Carmen* e, em sua aparição final, como o projecionista histriônico, de moviola nas mãos, em *As crianças brincam de Rússia*.

Importante é para Godard a adoção do corte impresso por Dostoievski no direcionamento do não-saber no curso da História por meio da figura-conceito do idiota, em torno do qual outra compreensão do romance pode ser acionada. Recorrível, em Flaubert, ao par enciclopédico não-modelar formado por Bouvard e Pécuchet – sendo ele próprio, Flaubert, estudado por Sartre no ensaio dedicado ao escritor com o título *O idiota da família* – a *persona* da estupidez (belamente desbravada pela filósofa e crítica de literatura Avital Ronell) se insere e se insurge como *imagem do pensamento* não destrinchável dos processos, dos procedimentos de escrita.

Por outro lado, um livro como *Dom Quixote*, entendido por Foucault como o ponto de irrupção da discursividade que caracteriza modernamente a noção de literatura, tendo-se em conta o vínculo criado entre biblioteca e o périplo disfuncional de seu protagonista, incorre na inquirição dos enigmas e limites do pensável, bem apontada por Ronell, em *Stupidity* (2002). Destaca-se, no *Quixote*, o legado enciclopédico lançado na aventura de sua autoposição nada heroica, no mesmo instante em que a escrita se expõe, desmontando a perda do juízo, a não-mestria constante dos atos ficcionais, ressaltando no horizonte literário o sentido do *slow learner*, sublinhado por Thomas Pynchon em sua obra de estreia. Marca-se um itinerário, que alcança em cheio a contemporaneidade, em torno da indeterminância da protagonização no universo romanesco. Observável é a dispersão da voz central e da consciência uníssona, organizadora, não mais dispondo de um conjunto coeso, remissível a um discursar orgânico, totalizador, no qual o relato cumpriria a restituição civilizadora da palavra na História.

Dá-se a ler por meio da trilha de risco, indecidível e sinuosa do "idiota da literatura", o percurso exaustivo do *test drive* a que se submetem a substancialidade, o monolinguismo da palavra narrativa em tudo o que envolve a sua pertença à história e à cultura como porta-voz autodeterminado de um saber qualitativo, operado em gradativo ajustamento. Não é por acaso que o Quixote se insurge, intempestivamente, pelos caminhos de Lemmy Caution em *Alemanha Nove/Novo Zero*, interrompendo o fluente trânsito pós-comunista ao outro lado do muro/espelhamento das mercadorias neoliberais. Há um jogo especular na criação de Cervantes (a contar do livro de cavalaria tomado como modelo e sua refração imediata no corpo do Quixote), que Godard acentua ao localizá-lo como signo ibérico de outra Europa no espaço crescentemente direcionado para o consenso de uma comunidade continental de base econômica.

A ligação que *Nossa música* estreitaria com uma ética do comunitarismo faz novamente vir à tona a figura quixotesca, por meio do paralelo traçado entre o filme e *A perda da imagem ou através da Sierra de Gredos*. Por parte de Peter Handke, a recorrência a uma antissaga empreendida no território espanhol faz com que menções ao delirante herói/cavaleiro andante despontem na órbita da Europa mundializada. O próprio romance de Handke se apresenta como a prova autônoma de um narrador em desajuste (retomado, inclusive, em bases benjaminianas bem explicitadas pelo escritor) com relação ao *mainstream* do gênero na atualidade, bem conformado que é aos ditames de estilos, mesmo aqueles paródicos do discurso da história e da ficção romanesca.

Por força de seu traço disfuncional, promotor de uma autoespeculação do espaço literário a começar da ideia acabada de *character*, mesmo aquele emissor da "loucura", o operante-personagem da *estupidez* abre um veio indagativo capaz de rever todo o aparelho do discurso ficcional. Arrisca a tornar a dinâmica da fabulação um princípio dilatado, que prima pelo paradoxo e pela parataxe de uma adição crescente de dissonâncias e vozes controversas na compreensão de língua, linguagem e cultura. É o que se apreende quando Bakhtin detecta a polifonia dostoievskiana.

O crítico russo favorece o entendimento diversificado dos elementos constitutivos do gênero romance por meio do dialogismo incessante entre falantes e campos enunciativos os mais controversos. Dostoievski instila um saber enviesado, dissonante, num andamento multiplicador de focos, por conta de uma não modelagem da conjunção que o *narrativo* compõe na recriação da História (definidor, aliás, de sua existência e de seu modo de operar, de relatar). A tradução godardiana desse princípio para a esfera audiovisual se revela impactante, numa impensada correspondência entre o dado polifônico da narrativa e a produção/autoria cinematográfica nos moldes concebidos pelo diretor.

Provocador é ver como o cineasta referenda e reconfigura, desde a Antiguidade, da épica à lírica, de acordo com o seu interesse em convocar, como dado inerente à sua filmografia, um panorama/patrimônio de obras/autorias legado como literatura. O sentido do filme como *composição* incide não apenas numa historiografia concebida em termos de processos tecnoescriturais (da máquina de escrever ao laboratório multimediático dos atuais modos de inscrição). No âmbito do cinema, Godard vem dispondo a produção literária numa voltagem reinventora de gêneros, livros e autores no correr da história (da sua história mesmo, entre um e outro filme).

Sua apreensão da poesia sublinha o fator da musicalidade, que vem a ser a marca da autoenunciação plurívoca de um gênero exercido em um campo de sonorizações, projeções imagéticas e incisões conceituais, colhidas em diversos estratos discursivos. Não ao acaso, fala-se a respeito de vozes, de dicções, quando há menção à lírica, por força do poder multiplicador do som-sentido-imagem intensificado em seu âmbito melódico-vocalizante de linguagem em primeiro plano (não do ser, mas do *ser de linguagem* em variados domínios, em variação). É o que se lê de Homero a Dante, de Ovídio a Baudelaire, de Hölderlin a Reverdy, de Rimbaud a Aragon, de Lautréamont a Éluard (autores citados e refigurados em seus filmes).

Numa outra via, o papel ocupado pelo romance quando Godard começa a atuar como diretor de cinema tem como modelos Faulkner (experimentador da forma e analista do mal-estar civilizatório moderno, sendo ao mesmo tempo uma espécie de cartógrafo do espaço norte-americano) e, de outro lado, Malraux, cultor da tradição histórico-humanista da narrativa e repórter *in loco* dos eventos seminais de uma época. Os vínculos entre revolução das formas e participação nos acontecimentos do tempo se abrem sempre em um jogo constante do cineasta na elaboração de seu cinema, em atenção ao dinamismo plurifacetado de vozes/linguagens trazido com o romance, decerto imanente ao âmbito da poesia.

Os romancistas referencializados por Godard fazem entrever, por meio da *música das imagens* formulada para o seu cinema, um equivalente da *música da história* tão bem enunciada na novelística de Proust e Broch (marcos do século XX), autores mais presentes, nas últimas décadas, no universo de remissões e recomposições narrativas erguido de *História(s) do cinema* a *Nossa música*. O destaque concedido à escrita do romance atende à conjugação de elementos enunciativos os mais diversos, os mais conflitivos, condizentes com a concepção sinfônica que o cineasta apreende na arte de narrar por meio de uma acepção musical.[2]

É tal polifonia que acaba por se inseminar na concepção de seu cinema e na vivência da história coeva da elaboração godardiana de filme a filme. Uma espécie de travessia que irrompe em outra época, como a de agora, sob o signo de uma transformação por ele testemunhada e encampada como projeto produtivo, embasado num ativismo. Se, por uma clara trilha, o diretor insufla o senso de historicidade advindo a partir dos anos de 1960 com os sinais de finitude, não linearidade, variedade discursiva, hipermediação e diversificação dos agentes e procedimentos de combate/intervenção, com as características reconhecidas hoje como contemporâneas, ele intervém, num só momento/movimento, no campo cultural. Só que seu interesse recai nas mutações da arte (da literatura, por exemplo) – por tudo o que há de exceção aí, e não o regramento dos monopólios institucionais e gerenciais do produto-cultura acionados em detrimento do uso livre, investigativo, das linguagens em curso e fora da linha programática do tempo.

Enquanto correm as películas e outros dispositivos magnéticos/materiais do seu cinema, o surgimento de outras autorias, outros livros, é observável sob o influxo da história do cinema filmada e pensada por Jean-Luc Godard. No que envolve a poesia, estivemos vendo, desde Faustino, algumas conjugações entre a tradição do lirismo, português inclusive, e

2. Deve, aliás, ser estreitado o vínculo entre romance e século XX. Não obstante certa "crise" apontada no gênero, variáveis escriturais ganham forma na produção de um diálogo incessante com o desenrolar de uma época. Godard recepciona o papel importante que a escrita romanesca temporaliza em vertentes tanto pontuais quanto plurais, decisivas para sua atividade como crítico e realizador de filmes (tendo sempre no horizonte um interesse em escrever romances). Experimentalismo, reportagem, engajamento, prospecções no espaço/tempo, autoficções, imprimem à narrativa um espaço de revolução das formas e das visões de mundo, influente no percurso artístico e intelectual do cineasta. Nota-se que Godard narra – e conta a história do romance no século XX – ao modo de um romancista – entre a figura do repórter/testemunha de "seu tempo" e o operante dessacralizador de cânones e convenções relativos à retórica do gênero. De todo modo, o relevo que o romance toma para sua geração deixa claro o ato incessante do diretor em repertoriar as diferentes modulações do *narrativo*, ressignificadas através de um andamento poemático, próprio de um projeto fílmico concebido, por vezes, como *música das imagens*.

a montagem multitextual advinda de Ezra Pound, lida pela vanguarda brasileira dos anos de 1950. Procedimentos que passam a tomar a combinação, em Waly e Ana C., da *pauta portátil*, documental de uma época, com o testemunho de si, por meio da captação da experiência do corpo e da subjetividade na cultura, aliada a uma busca de construtivismo e da poesia como *plano* (um cinematismo montado a contar de anotações de teor contingente, vivencial). Herberto Helder e Lyn Hejinian, poetas aproximáveis das experiências da reconstrução de vida e arte como um laboratório fotomático, concebido como diagrama do tempo, só fazem atualizar o vértice ampliado do espaço poemático na captura de variadas acepções discursivas e testemunhais.

Quando recepciona a poesia na modernidade, em seu envolvimento com as projeções de imagem (implicadas nas refigurações de espaço e tempo, perceptíveis em Baudelaire, Rimbaud e Cros), Godard deixa em realce os componentes da visão, aludindo a uma abertura analógica, a que faz alusão a partir das *Metamorfoses* ovidianas. Ele reserva ao empenho escritural de um gênero entendido como lírico a maximização da imagem, concedendo ao plano das visibilidades, para dizer com Michel Foucault, um vasto referencial. Tem como foco o poder do olhar – tomado sob o ângulo das potências –, referindo-se ao mito órfico – tal como consta da citação de Ovídio, em *História(s) do cinema* – e ao caráter nascente das visões/iluminações engendradas pelos modernos Baudelaire e Rimbaud (entre a prevalência do *logos* e o aparelhamento projecional do mundo como imagem).

Intrigante é que o faça no instante histórico das metamorfoses do regime imagético na poesia, em curso desde o século XIX. A amplificação de um campo analógico diversificado e o chamado a uma reinvenção do tempo – tendo-se como base um senso de historicidade bem explicitado por Baudelaire e Rimbaud – se tornam bem nítidos, não estando ao acaso os elos entre infância e o reengendramento do *ver*. A infância não deixa de ser frisada, contudo, como uma não-origem permeada por dimensões de orfandade, contendo os signos do luto, de esvaziamento, da turvação de um mundo pleno e matricial. É de tal opacidade, da marcação projecional do universo plástico, que parte Rimbaud. O traço da orfandade associado a uma origem por vir, sempre em uma busca guiada pelo sentido de desterritorialização, persegue sua produção de ponta a ponta, revelando-se indiscernível das projeções/iluminações concernentes à esfera das imagens.

Observável, também, em Lautréamont, é a suspensão do pacto progressivo com a modernidade civilizacional por força da onipresença da figura do adolescente em *Cantos de Maldoror*. Assim como Rimbaud (poeta-adolescente), a idade em devir, celebrada no livro citado, não escapa dessa condição-limiar.[3] Deixa de evoluir para um fecho romanesco, um efeito conclusivo. Permanece, como bem captou Kacem, na sua releitura de Lautréamont, em *Câncer*, o ato consagrador de um instante em metamorfose – e monstruação do *demonstrável* e da *mostragem*, como se viu em *Week-End*, com base em *No fundo das imagens*, livro de Jean-Luc Nancy. A potencialidade relacional da imagem extraída em um átomo espaço-temporal se sinaliza em detrimento da cadeia lógico-causal atribuível ao campo alusivo, ilustrativo, do percurso evolutivo de um personagem.

A concepção de *narrativo* se sobrepõe à sequencialização promovida pelo contrato romanesco. Mais próximo de um ato de linguagem, que não descarta o foco espaço-temporal e a ação de um personagem, em detrimento da *formação*, do ajuste societal entre individuação e história, o elemento narracional vem comparecendo, na variedade fabulativa do cinema godardiano, em acepções que descrevem itinerários criadores na passagem de um século a outro. Seus filmes são capazes de rever a face diversa de um gênero, que varia da ação, ancorada em Chandler e nos cultores mais obscuros do romance policial (Hitchens, Stark, entre outros), ao empenho político da reportagem/documento da *condição*

3. De certo modo, a interrupção da escrita narrativa por parte de Kacem, ainda na juventude, em favor de uma concentração na filosofia, marca esse traço disruptivo de uma linear evolução no espaço romanesco como escritor já consagrado no gênero. Pode-se ler em livros como *Pop Philosophie* e *Après Badiou*, um traço de biorrelato a marcar o itinerário de suas incursões conceituais. O dado da formação pela filosofia se mostra nítido através dos processos culturais e teóricos situados na História (a partir dos embates correntes do *pensamento* no tempo presente) – como bem exemplificam o pacto firmado inicialmente com Badiou e *depois* (*Après Badiou*) um visível corte –, sempre aliados ao repertório específico da filosofia. Nota-se, de qualquer maneira, o caráter de romance-ensaio impresso pelo conjunto das narrativas produzidas por Kacem. Pois indica, na formulação de seus escritos, o trânsito entre *narrar* e *cartografar* um campo de conceitualidade através de vivas ilações com diversas áreas do saber (tecnologia, história, sexualidade, política, ciência), no compasso da dinâmica contemporânea da cultura.

humana enquanto categoria histórica, tanto contingente quanto interventiva (Malraux).

O interesse conjunto pelas *atualidades* e pela experimentalidade favorece a um percurso incessante pelos referenciais consolidados ao longo do século (Faulkner, Proust, Broch) até presentificar a radicalidade de Beckett na órbita da narrativa, centrada na *viagem imóvel*, a que se refere Deleuze em *Crítica e clínica* (1997, p. 11-16) – viagem contida numa célula de espaço-tempo reconfiguradora do homem histórico, apreendido como fragmento de *ser* e *situação* do mundo do romance (tal como Godard depõe e decupa, em *História(s) do cinema*, ao estudar a imagem da narrativa no autor de *O inominável*).

De modo arguto e atualizador, Godard se sintoniza com a produção das formas breves, ativadas em módulos de musicalidade e hibridismo. Sua filmografia possibilita apreender a gradação de minoridade/minimalização do relato, que vai do ensaio (legado de Poe) à cápsula poemático-cineplástica (de Barthelme a Noll, criador de *mínimos, múltiplos, comuns*), passando pela contranarração aforismática de matriz kafkiana atualizada por Bernhard.

Se o cinema godardiano se revela coetâneo da prática do biorrelato, dá testemunho, também, dos desdobramentos da narrativa *depois de Borges*. Autores como Sebald e Bernardo Carvalho são exemplos de escritos cartográficos, extraídos de incursões por lugares precisos, marcados pela investigação sobre diferentes, emergentes mundos, a contar do local (ganhando um cariz documentário acerca da globalidade, no caso de Carvalho). Ao mesmo tempo em que se munem das formas superpostas – formas do falso, ou não, proliferadas pluralmente como indícios topológicos, cruzados, que incidem nos critérios de verdade e identidade sobre tempo e espaço – os romances de Sebald e Carvalho se compõem de um sentido de sonda. Embasadas em documentos, mapas, assim como das paradoxias do universo romanesco, suas narrativas se movem por meio de encruzilhadas morais, conceituais, que reveem o patrimônio de cultura (o dado arquivístico toma revelância, chegando a se inscrever como uma espécie de legenda fotogramática, em Sebald), bem como a inserção geopolítica das autorias e das obras de escrita hoje.

Curioso é ver a problemática que toca a fundo a literatura pós-borgiana, no instante em que Godard liga seu cinema a viagens (numa redefinição do neorrealismo, indo ao fulcro do pós-guerra vivenciado por Rossellini, ressituado no fim da Guerra Fria, para alcançar o núcleo-duro do século XX em suas transformações tardias, em seu final). Atinge, assim, o auge da relação escrita/viagem na atualidade, em dissenso com os percursos da formação, a contar dos pactos firmados com a *caminhada* (do pré-romantismo em Rousseau à novelística da deambulação, do desalinhamento evolutivo-formativo, promovida por Walser no século XX e suplementada por Céline, Beckett, Duras e Noll) tão bem traçada pelos passos de Lemmy Caution, em retorno depois da distópica *Alphaville*.

Num andamento de música, documentalidade e ficção, a recriação de arquivos e a investigação *in loco* redefinem a reportagem, assim como o relato da História no corpo dos novos filmes godardianos, até tocar a esfera *cybertrônica* da cultura em *streaming*, propiciando uma rede não somente em sentido imaterial, não predominantemente imagética.

A existência renovada dos livros atua como fator de simultaneidade e diversidade do tempo homogêneo, consensual, aparentemente estabilizado, sedentarizado, na plugagem informacional dos mundos. Em um movimento confluente, o cinema se insurge como experiência pontual, desbravando os recursos da máquina cognitivo-conexional contemporânea, em tempo integral, real. Veja-se a esse respeito como o coletivo, a mundialidade, mediados por tecnologia e pacto econômico global, irrompem num dos títulos godardianos mais recentes: *Filme Socialismo*.

Pensamento – Imagem – Som (proveniente da palavra, da voz, da dicção). Da literatura o diretor extrai os componentes para o cinema e redefine o chamado espaço literário por força de outra noção de intriga (reengenha o intrincamento da cadeia lógico-sucessivo-causal), outra moral narrativa. Por obra da fabulação interventiva e plural de sua concepção de narratividade e do *corpus* poemático (pleno da música das linguagens).

CITAÇÃO-INCIDÊNCIA

De filme a filme, de ano a ano – tal como se processou no correr da década de 1960 e passou depois a se produzir numa outra gradação temporal –, observa-se como eixo do cinema o debate sobre a situação dos signos da cultura-política-história numa resposta de vida. Resposta essa passível de ser compreendida, também, como o atestado da existência mesma da arte imbricada no gesto realizador com que Jean-Luc Godard vai gradativamente colocando o foco sobre o relato de si. Tornam-se cada vez mais nítidas a voz e a presença de alguém (a ponto de seus filmes mais recentes contarem com sua participação) formado pelas correspondências que se intensificam entre história e cinema. É o que pode se ver desde o vínculo da invenção formal com a ideia de revolução, tão cara ao *ethos* cultural de um século, propagada em muitas variantes, numa crescente tomada de estratégias (das mais militantes àquelas taticamente desalinhadas de um programa, materializadas nas formas e nas forças mais cotidianas de ação).

Pode-se observar em Godard a linha clara de uma atuação plena, sem perda do caráter contínuo de uma aprendizagem, dada sempre em reconfiguração de sua arte/vida na experiência de uma a outra década, de um a outro ciclo fílmico. À altura da indagação intermitente feita, de modo mais imediato e direto, ao cinema, acerca da sua parte de escrita, intempestiva, inopinadamente vinda como citação, o diretor incorpora os atos de ler e escrever à engrenagem mais essencial da máquina cinematográfica.

A partir do conjunto de suas produções, são postos em discussão, no exame mais extremo, as desaparições e os ressurgimentos da arte da escrita, especialmente numa era de alta tecnologia em que o literário se torna difuso, apropriado, por meio do cinema, por exemplo. Os filmes de Godard – em seus variados gêneros e formatos, nos diferentes momentos dos últimos 50 anos – testemunham a potência intervencional da literatura depois de seus anunciados fins e de uma constante dispersão, como dados característicos, constitutivos de seu modo de existir.

Outra moral se assinala depois do fim (da arte, do futuro), surgida ao modo de uma legenda, citada e reescrita, a interromper o fluxo contínuo das imagens do mundo. Godard não deixa de contar essa história de autoria e produção, como uma espécie de súmula de uma época (de todo um século), irrompida até hoje, no começo de um tempo que soa como o mais novo filme. Filme indissociável de uma *projeção* da história e da literatura.

REFERÊNCIAS

LITERATURA

ACKER, Kathy. *My Mother, Demonology*. Nova York: Grove Press, 1994.

_____. *Eurydice in the Underworld*. Nova York: Arcadia, 1998.

ALIGHIERI, Dante. *A divina comédia*. Trad. Italo Eugenio Mauro. São Paulo: 34, 2007.

ARAGON, Louis. *Le crève-coeur*. Paris: Gallimard, 1946.

BARTHELME, Donald. *Vida de cidade*. Trad. Jaime Prado Gouvêa. Rio de Janeiro: Artenova, 1975.

BATAILLE, Georges. *O azul do céu*. Trad. Maria Lucia Machado. São Paulo: Brasiliense, 1986.

BAUDELAIRE, Charles. *Poesia e prosa*. Edição organizada por Ivo Barroso. Rio de Janeiro: Nova Aguilar, 1995.

BECKETT, Samuel. *Malone Dies*. Nova York: Grove Press, 1978.

_____. *L'image*. Paris: Minuit, 1988.

BERNANOS, Georges. *Les enfants humiliés*. Paris: Gallimard, 1949.

BERNHARD, Thomas. Árvores abatidas. Trad. Claudia Martinelli. Rio de Janeiro: Rocco, 1991.

_____. *O imitador de vozes*. Trad. Sergio Tellaroli. São Paulo: Companhia das Letras, 2009.

BORGES, Jorge Luís. *Obras completas II*. 1952-1972. Edicão crítica. Buenos Aires: Emecé, 2010.

BOTIKA. *Uma autobiografia de Lucas Frizzo*. Rio de Janeiro: Azougue, 2004.

_____. *Búfalo*. Rio de Janeiro: Língua Geral, 2010.

BRECHT, Bertolt. *Poemas: 1913-1956*. 6. ed. Trad. Paulo Cesar de Souza. São Paulo: 34, 2007.

BROCH, Hermann. *A morte de Virgílio*. Trad. Herbert Caro. Rio de Janeiro: Nova Fronteira, 1982.

BURROUGHS, William S. *The Ticket That Exploded*. Nova York: Grove Press, 1968.

______. *The Soft Machine/Nova Express/The Wild Boys*. Nova York: Grove Press, 1980.

BUSCH, Wilhelm. *Juca e Chico*. História de dois meninos em sete travessuras. Tradução de Olavo Bilac. 11. ed. São Paulo: Melhoramentos, s/d.

CAMUS, Albert. *L'étranger*. Paris: Gallimard, 1994.

CARVALHO, Bernardo. *Nove noites*. São Paulo: Companhia das Letras, 2002.

______. *O filho da mãe*. São Paulo: Companhia das Letras, 2009.

CÉLINE, Louis-Ferdinand. *Guignol's Band*. I e II. Paris: Gallimard, 1989.

CÉSAR, Ana Cristina. *A teus pés*. São Paulo: Brasiliense, 1982.

______. *Portsmouth/Colchester*. São Paulo: Duas Cidades, 1989.

______. *Correspondência incompleta*. Rio de Janeiro: Aeroplano, 1999.

CHANDLER, Raymond. *O sono eterno*. Trad. Paulo Henriques Britto. São Paulo: Brasiliense, 1985.

COCTEAU, Jean. *Thomas l'imposteur*. Paris: Gallimard, 1973.

DANIELEWSKI, Mark Z. *House of Leaves*. Nova York: Pantheon, 2000.

DOSTOIEVSKI. *O idiota*. Trad. Paulo Bezerra. São Paulo: 34, 2002.

DURAS, Marguerite. *L'amour*. Paris: Gallimard, 1971.

______. *La maladie de la mort*. Paris: Minuit, 1982.

______. *L'amant*. Paris: Minuit, 1984.

______. *La douleur*. Paris: P.O.L, 1985.

ÉLUARD, Paul. *Capitale de la douleur*. Paris: Gallimard, 1966.

FAULKNER, William. *Absalão Absalão*. Trad. Sonia Regis. Rio de Janeiro: Nova Fronteira, 1981.

______. *Palmeiras selvagens*. Trad. Newton Goldman. Rio de Janeiro: Nova Fronteira, 1984.

FAUSTINO, Mário. *Poesia de Mario Faustino*. Rio de Janeiro: Civilização Brasileira, 1966.

FAYETTE, Madame de la. *La princesse de Clèves*. Genebra: Droz Lille/F. Giard, 1950.

GIBSON, William. *Neuromancer*. Nova York: Ace, 1986.

GOMBROWICZ, Witold. *Journal*. Tomo 1 (1953-1958). Paris: Gallimard, 1985.

______. *Ferdydurke*. Trad. Danuta Borchardt. New Haven/Connecticut: Yale University Press, 2000.

GREEN, Julien. *Adrienne Mesurat*. Trad. Audyle Soares Rodrigues. Rio de Janeiro: Nova Fronteira, 1983.

HANDKE, Peter. *A perda da imagem ou Através da Serra de Gredos*. Trad. Simone Homem de Mello. São Paulo: Estação Liberdade, 2009.

HEJINIAN, Lyn. *My Life*. Los Angeles & Copenhague: Green Integer, 2002.

_____. *My Life in the Nineties*. Nova York: Shark Books, 2003.

HELDER, Herberto. *Photomaton & Vox*. 2. ed. Lisboa: Assírio & Alvim, 1987.

HÖLDERLIN, Friedrich. *Poemas*. Trad. Paulo Quintela. Coimbra: Atlantida, 1959.

_____. *Canto do destino*. Trad. Antonio Medina Rodrigues. São Paulo: Iluminuras, 1994.

HOMERO. *A Odisseia*. Trad. Frederico Lourenço. Lisboa: Cotovia, 2003.

INFANTE, Guillermo Cabrera. *Três tristes tigres*. Trad. Stella Leonardos. São Paulo: Global, 1980.

KACEM, Mehdi-Belhaj. *Cancer*. Paris: Tristram, 1994.

_____. *Vies et les morts d'Irène Lepic*. Paris: Tristram, 1996.

LAUTRÉAMONT. *Os cantos de Maldoror*. Trad. Claudio Willer. São Paulo: Vertente, 1970.

LEDUSHA. *Risco no disco*. Rio de Janeiro: Coleção Capricho, 1981.

LIMA, Jorge de. *Poesia completa*. Rio de Janeiro: Nova Aguilar, 1997.

MALRAUX, André. *La condition humaine*. Paris: Gallimard, 1933.

MAUPASSANT, Guy de. *Contes et nouvelles*. 2 vs. Paris: Gallimard, 1974-1979.

NAVILOUCA. Rio de Janeiro: Gernasa, s/d.

NOLL, João Gilberto. *O cego e a dançarina*. Rio de Janeiro: Civilização Brasileira, 1980.

_____. *A fúria do corpo*. Rio de Janeiro: Record, 1981.

_____. *Mínimos múltiplos comuns*. Rio de Janeiro: Francis, 2003.

OVIDIO. *Metamorfoses*. Trad. Bocage. São Paulo: Hedra, 2007.

PAULA, José Agrippino de. *Lugar público*. Rio de Janeiro: Civilização Brasileira, 1965.

_____. *Panamérica Epopéia*. Rio de Janeiro: Tridente, 1967.

POE, Edgar Allan. *Ficção completa, poesia e ensaios*. Trad. Oscar Mendes. Rio de Janeiro: Nova Aguilar, 2001.

_____. *The Complete Tales and Poems*. Nova York: Sterling, 2010.

PROUST, Marcel. *À la recherche du temps perdu*. Paris: Gallimard, 1999.

PYNCHON, Thomas. *The Crying of Lot 49*. Philadelphia: J. B. Lippincott, 1965.

______. *Slow Learner*. Early Stories. Boston/Toronto: Little, Brown and Company, 1984.

RAMUZ, C. F. *L'amour du monde*. Thise: Plaisir de lire, s.d.

REVERDY, Pierre. *En vrac: Notes*. Monaco: Rocher, 1956.

RIMBAUD, Arthur. *Oeuvres Complètes*. Paris: Gallimard, 1972.

______. *Rimbaud Livre*. Trad. Augusto de Campos. São Paulo: Perspectiva, 1992.

SAINT-PIERRE, Bernardin de. *Paul et Virginie*. Paris: Garnier, 1958.

SALOMÃO, Waly. *Babilaques*. Rio de Janeiro: Contracapa, 2008.

SANT'ANNA, André. *Amor*. Belo Horizonte: Du Bolso, 1998.

______. *Sexo*. Rio de Janeiro: 7 Letras, 1999.

SANT'ANNA, Sérgio. *Confissões de Ralfo – Uma autobiografia imaginária*. Rio de Janeiro: Civilização Brasileira, 1975.

______. *A tragédia brasileira*. Rio de Janeiro: Guanabara, 1987.

______. *O monstro*. São Paulo: Companhia das Letras, 1994.

SEBALD, W. G. *Vertigo*. Trad. Michael Hulse. Nova York: New Directions, 2001.

______. *After Nature*. Trad. Michael Hamburger. Nova York: Random House, 2002.

______. *Austerlitz*. Trad. José Marcos Macedo. São Paulo: Companhia das Letras, 2008.

______. *Os anéis de Saturno*. Trad. José Marcos Macedo. São Paulo: Companhia das Letras, 2010.

THOMAS, Dylan. *Retrato do artista quando jovem cão*. Trad. Alfredo Margarido. Lisboa: Livros do Brasil, 1961.

WHITEHEAD, Colson. *A intuicionista*. Trad. Beth Vieira. São Paulo: Companhia das Letras, 2001.

WOLF, Christa. *Cassandra*. Trad. Marijane Vieira Lisboa. São Paulo: Estação Liberdade, 1990.

WOOLF, Virginia. *The Waves*. Fort Washington/Pensilvannia: Harvest Books, 1978.

XAVIER, Valêncio. *O mez da gripe e outras estórias*. São Paulo: Companhia das Letras, 1999.

______. *Rremembranças da menina de rua morta nua e outros livros*. São Paulo: Companhia das Letras, 2006.

TEORIA

AGAMBEN, Giorgio. *O que é o contemporâneo? e outros ensaios*. Trad. Vinicius Nicastro Honesko. Chapecó: Argos, 2009.

ARENDT, Hannah. *Origens do totalitarismo*. Trad. Roberto Raposo. São Paulo, Companhia das Letras, 1989.

AUERBACH, Erich. *Mimesis. A representação da realidade na literatura ocidental*. 2. ed. revista. Trad. George Bernard Sperber. São Paulo: Perspectiva, 1976.

______. *Ensaios de literatura ocidental*: filologia e crítica. Trad. Samuel Titan Jr. e José Marcos Mariani de Macedo. São Paulo: Duas Cidades; Ed. 34, 2007.

AELAR, Mário. *História(s) da literatura americana*. Lisboa: Universidade Aberta, 2004.

AXELOS, Kostas. *Vers la pensée planétaire*. Paris: Minuit, 1964.

BAECQUE, Antoine. *Godard. Biographie*. Paris: Grasset, 2010.

BAKHTIN, Mikhail. *Estética da criação verbal*. Trad. Maria Ermentina Galvão G. Pereira. 2.ed. São Paulo: Martins Fontes, 1997.

BARTHELME, Donald. *Not-Knowing. The Essays and Interviews*. Nova York: Random House, 1997.

BECK, John. "Reading Room: Erosion and Sedimentation in Sebald's Suffolk". In: LONG, JJ & WHITEHEAD, Anne (org.). *W. G. Sebald – A Critical Companion*. Seattle: University of Washington Press, 2004. p. 75-88.

BECKETT, Samuel. *Proust*. Trad. Arthur Nestrovski. Porto Alegre: L&PM, 1986.

BELLOUR, Raymond. *Entre-Imagens*. Foto, cinema e video. Trad. Luciana A. Penna. Campinas: Papirus, 1997.

BENEDIKT, Michael. *Cyberspace. First steps*. Cambridge, Massachusetts: MIT Press, 1992.

BENJAMIN, Walter. *Obras escolhidas*. Vol 1. Magia e técnica, Arte e política. Trad. Sérgio Paulo Rouanet. São Paulo: Brasiliense, 1985.

______. *Passagens*. Trad. Irene Aron. Belo Horizonte/São Paulo: UFMG, Imprensa Oficial, 2006.

BERGALA, Alain. "Ondes de choc d'un pari lointain". *Cahiers du cinema*. n. 583, p. 64-68, out. 2003.

______. *Godard au travail*. Paris: Cahiers du cinéma, 2006.

BERGSON, Henri. *A evolução criadora*. Trad. Adolfo Casais Monteiro. Rio de Janeiro: Opera Mundi, 1971.

BEST, Steven & KELLNER, Douglas. *The Postmodern Adventure*: Science, Technology, and Cultural Studies at the Third Millennium. Nova York: Guilford, 2001.

BLANCHOT, Maurice. *Lautréamont et Sade*. Paris: Minuit, 1949.

______. *L'amitié*. Paris: Gallimard, 1971.

______. *O livro por vir*. Trad. Maria Regina Louro. Lisboa: Relógio D'água, 1984.

______. *O espaço literário*. Trad. Alvaro Cabral. Rio de Janeiro: Rocco, 1987.

______. *Uma voz vinda de outro lugar*. Trad. Adriana Lisboa. Rio de Janeiro: Rocco, 2011.

BORBA, Maria Salete. *Para além da escritura: a montagem em Valêncio Xavier*. Monografia (Pós-Graduação em Literatura) - Universidade Federal de Santa Catarina. Centro de Comunicação e Expressão, Programa de Pós-Graduação em Literatura, 2005.

BRAUDEL, Fernand. *La méditerranée et le monde méditerranéen à l'époque de Philippe II*. 2. ed. 2 vs. Paris: Armand Colin, 1966.

BURDEAU, Emmanuel. "Un clip de Jean-Luc Godard". *Cahiers du cinéma*. n. 598, p. 72-73, fev. 2005.

BURROUGHS, William S. *A revolução eletrônica*. Trad. Maria Leonor Teles e José Augusto Mourão. Lisboa: Vega, 1994.

CALVINO, Italo. *Seis propostas para o próximo milênio*. Trad. Ivo Barroso. São Paulo: Companhia das Letras, 1990.

CARPEAUX, Otto Maria. *História da literatura ocidental*. Rio de Janeiro: Alhambra, 1978.

CARVALHO, Bernardo. *O mundo fora dos eixos*. São Paulo: Companhia das Letras, 2005.

CAVELL, Stanley. *In Quest of the Ordinary. Lines of Skepticism and Romanticism*. Chicago: The University of Chicago Press, 1988.

CÉSAR, Ana Cristina. *Escritos no Rio*. São Paulo/Rio de Janeiro: Brasiliense/UFRJ, 1993.

D'AGOSTINI, Franca. *Analíticos e continentais*. Trad. Moisés Sbardelotto. São Leopoldo: Unisinos, 2002.

DALL'ASTA, Monica. "The (Im) Possible History". In: TEMPLE, Michael (org.). *Forever Godard*. Londres: Black Dog, 2007. p. 350-363.

DANIELEWSKI, Mark Z. Disponível em: <http://www.randomhouse.com/boldtype/0400/Danielewki/interview.html>.

DELATTRE, Floris. *Le roman psychologique de Virginia Woolf*. Paris: Vrin, 1932.

DELEUZE, Gilles. *Foucault*. Trad. Claudia Sant'Anna Martins. São Paulo: Brasiliense, 1988.

_____. & GUATTARI, Félix. *O que é a filosofia?* Trad. Bento Prado Jr. e Alberto Alonso Muñoz. São Paulo: 34, 1992.

_____. "O atual e o virtual". In: ALLIEZ, Éric. *Deleuze Filosofia Virtual*. Trad. Heloisa B. S. Rocha. São Paulo: 34, 1996. p. 47-57.

_____. *Crítica e clínica*. Trad. Luiz P. L. Orlandi. São Paulo: 34, 1997.

DELORME, Stéphane. "L'amitié". *Cahiers du cinema*. n. 625. jul./ago., 2007. p. 84-85.

FOUCAULT, Michel. *Microfísica do poder*. Rio de Janeiro: Graal, 1979.

_____. *Dits et écrits*. Paris: Gallimard, 1994.

_____. "Linguagem e literatura". In MACHADO, Roberto. *Foucault, a filosofia e a literatura*. Rio de Janeiro: Zahar, 2000. p. 137-174.

_____. *The Thought from Outside*, Foucault/Blanchot. trans. Trad. Brian Massumi. Nova York: Zone Books, 1990.

GODARD, Jean-Luc. *Introdução a uma verdadeira história do cinema*. Trad. Antonio de Padua Danesi. São Paulo: Martins Fontes, 1989.

_____. *Godard par Godard*. 2 vs. Paris: Cahiers du cinéma, 1998.

_____. *Histoire(s) du cinéma*. Paris: Gallimard/Gaumont, 1998.

_____. & ISHAGHPOUR, Youssef. *Archéologie du cinéma et mémoire du siècle. Dialogue*. Paris: Farrago, 2000.

______. Éloge de l'amour. *Phrases*. Paris: P.O.L, 2001.

GUATTARI, Félix. *Caosmose*. Trad. Ana Lucia de Oliveira e Lucia Claudia Leão. São Paulo: 34, 1992.

HARAWAY, Donna. *Simeans, Cyborgs and Women*: The Reinvention of Nature. Londres e Nova York: Routledge, 1990.

HAYLES, N. Katharine. *Writing Machines*. Cambridge, Massachusetts: MIT Press, 2002.

______. *Literatura eletrônica*. Novos horizontes para o literário. Trad. Sarah Kay Massara. São Paulo/Passo Fundo: Global/Fundação Universitária de Passo Fundo, 2009.

HEIDEGGER, Martin. *Carta sobre o humanismo*. Trad. Rubens Eduardo Farias. São Paulo: Morais, 1991.

______. *Ser e tempo*. Trad. Márcia de Sá Cavalcante. Petrópolis: Vozes, 1993.

HOBSBAWM, Eric. *A era dos extremos. O breve século XX: 1914-1991*. Trad. Marcos Santarrita. São Paulo: Companhia das Letras, 1995.

______. *O novo século*. Trad. Claudio Marcondes. São Paulo: Companhia das Letras, 2010.

HUCHET, Stéphane. "Instalação e «iconicidade» ampliada segundo Ilya Kabakov". Revista *Poiésis*, n. 13. UFF, p. 27-40, ago. 2009.

JOUSSE, Thierry. "Tout Godard". *Cahiers du cinéma*. n. 437. Spécial Godard 30 ans depuis, p. 113-114, nov. 1990.

JUDT, Tony. *Reflexões sobre um século esquecido*. 1901-2000. Trad. Celso Nogueira. Rio de Janeiro: Objetiva, 2010.

KACEM, Mehdi Belhaj. *Esthétique du chaos*. Paris: Tristram, 2000.

______. *Après Badiou*. Paris: Grasset, 2011.

KILLBOURN, Russell. "Architecture and Cinema: The Representation of Memory in W.G. Sebald's *Austerlitz*. In: LONG, JJ & WHITEHEAD, Anne (org.). *W. G. Sebald – A Critical Companion*. Seattle: University of Washington Press, 2004. p. 140-154.

KITTLER, Friedrich. *Gramophone, Film, Typewriter*. Trad. Geoffrey-Winthrop Young e Michael Wutz. Palo Alto: Stanford University Press, 1999.

LANCELOTTI, Mario A. *De Poe a Kafka*. Buenos Aires: Editorial Universitaria de Buenos Aires, 1965.

LANDA, Manuel de. *A Thousand Years of Non-Linear History*. Cambridge, Massachusetts: MIT, 2000.

LEUTRAT, Jean-Louis. "Godard's Tricolor". In: WILLS, David (org.). *Jean-Luc Godard's Pierrot le fou*. Cambridge, UK: Cambridge University Press, 2000. p. 64-80.

LOPES, Silvina Rodrigues. *A inocência do devir*. Lisboa: Vendaval, 2003.

MAGNY, Joel. "Tout Godard". *Cahiers du cinéma*. n. 437. Spécial Godard 30 ans depuis. p. 116-117, nov. 1990.

MASSEY, Doreen. *Pelo espaço. Uma nova política da espacialidade*. Trad. Hilda Pareto Maciel e Rogerio Haesbaerd. Rio de Janeiro: Bertrand Brasil, 2008.

MORICONI JR., Italo. *Ana Cristina César – O sangue de uma poeta*. Rio de Janeiro: Relume Dumará, 1996.

NANCY, Jean-Luc. *La communauté désœuvrée*. Paris: Galilée, 1980.

______. *The Birth to Presence*. Trad. Brian Holmes et al. Stanford: Stanford University Press, 1993.

______. *Corpus*. Trad. Tomás Maia. Lisboa: Vega, 2000.

______. *Au fond des images*. Paris: Galilée, 2003.

NATHAN, Michel. *Lautréamont – Feuilletoniste autophage*. Seyssel: Champ Vallon, 1992.

NEHAMAS, Alexander. *Nietzsche – La vida como literatura*. Trad. Ramón J. García. Madri/México, D.F: Turner/Fondo de Cultura Económica: 2002.

NEYRAT, Cyril. "Tirs d'ailes". *Cahiers du cinéma*, n. 625, jul./ago., p. 88-89, 2007.

NIETHAMMER, Lutz. *PostHistory – Has History Come to an End?* Trad. Patrick Camiller. Londres e Nova York: Routledge, 1994.

NOLL, João Gilberto. "Atritos com o instante geram incontáveis ritmos". A arte da ficção/6. Ritmo. *Folha de São Paulo*, "Letras", 04/01/1992, p. 6.

O'HARA, Frank. *Standing Still and Walking in New York*. Nova York: Grey Fox Press, 1981.

PÉGUY, Charles. *Clio*. Paris: Gallimard, 1931.

PELBART, Peter Pál. *Vida capital. Ensaios de biopolítica*. São Paulo: Iluminuras, 2003.

PERLOFF, Marjorie. *Wittgenstein's Ladder*. Chicago: University of Chicago Press, 1999.

PIGLIA, Ricardo. *Formas breves*. Trad. José Marcos Mariani de Macedo. São Paulo: Companhia das Letras, 2004.

RODRIGUES, Antonio Medina. "Hölderlin e a poética do sinal". In: HÖLDERLIN, Friedrich. *Canto do destino*. Trad. Antonio Medina Rodrigues. São Paulo: Iluminuras, 1994. p. 9-72.

RONELL, Avital. *The Telephone Book*. Lincoln: University of Nebraska Press, 1989.

______. *Finitude's Score. Essays for the End of the Millennium*. Lincoln e Londres: University of Nebraska Press, 1994.

______. *Stupidity*. Champaign, Illinois: University of Illinois Press, 2002.

ROSS, Kristin. "Watching the Detectives". In: LUCY, Niall (org.). *Postmodern Literary Theory*: An Anthology. Oxford, Massachusetts: Blackwell, 2000. p. 74-88.

______. *Fast Cars, Clean Bodies*. Cambridge, Massachusetts: MIT Press, 1995.

SCHEFER, Jean-Louis. *Du monde et du mouvement des images*. Paris: Cahiers du cinéma, 1997.

SCHMIDT, Siegried J. "Sobre a escrita de histórias da literatura." Trad. Rejane de Castro Neves e Heidrun Krieger Olinto. In: OLINTO, Heidrun Krieger (org.). Histórias de literatura. As novas teorias alemãs. São Paulo: Ática, 1996. p. 101-132.

SLOTERDIJK, Peter. *Regras para o parque humano*. Trad. José Oscar de Almeida Marques. São Paulo: Estação Liberdade, 2000.

______. *O estranhamento do mundo*. Trad. Ana Nolasco. Lisboa: Relógio D'água, 2008.

______. *Ecumes – Spheres III*. Trad. Olivier Mannoni. Paris: Maren Sell, 2005.

______. *Bubbles: Spheres Volume I: Microspherology*. Trad. Wieland Hoban. Cambridge, Massachusetts: Semiotext(e), 2011.

STIEGLER, Bernard. *La technique et le temps. 3. Le temps du cinéma et la question du mal-être*. Paris: Galilée, 2001.

TESSÉ, Jean-Philippe. "L'agité de l'histoire". *Cahiers du cinéma*, n. 625, jul./ago., p. 90-91, 2007.

THOMAS, David. "Old Rituals for New Space: Rites de Passage and William Gibson's Cultural Model Cyberspace". In: BENEDIKT, Michael (org.).

Cyberspace – First Steps. Cambridge, Massachusetts, e Londres: MIT Press, 1994.

VATTIMO, Gianni. *O fim da modernidade*. Trad. Maria de Fátima Boavida. Lisboa: Presença, 1987.

VILA-MATTAS, Enrique. *História abreviada da literatura portátil*. Trad. José Agostinho Baptista. Lisboa: Assírio & Alvim, 1997.

VIRILIO, Paul. *Guerra e cinema*. Trad. Paulo Roberto Pires. São Paulo: Boitempo, 2005.

WEISSERT, Thomas P. "Representation and Bifurcation: Borges's Garden of Chaos Dynamics". In: HAYLES, N. Katherine (org.). *Chaos and Order – Complex Dynamics in Literature and Science*. Chicago e Londres: The University of Chicago Press, 1991. p. 223-243.

YOUNGBLOOD, Gene. *Expanded Cinema*. Nova York: E. P. Dotton, 1970.

ZISCHLER, Hanns. *Kafka va au cinéma*. Paris: Cahiers du cinéma, 1996.

SOBRE O AUTOR

MAURICIO SALLES VASCONCELOS é autor dos ensaios *Exterior. Noite – Filosofia/Literatura* (2015); *Espiral Terra – Poéticas contemporâneas de língua portuguesa* (2013) e *Rimbaud da América e outras iluminações* (2000). Publicou os romances *Telenovela* (2014) e *Ela não fuma mais maconha* (2011). São de sua autoria, também, as narrativas de *Moça em blazer xadrez* (2013) e *Stereo* (2002).

Em 2001, dirigiu o vídeo *Ocidentes*, tendo por base seu livro *Ocidentes dum sentimental* (1998), uma recriação do poema "O sentimento dum ocidental", do português Cesário Verde. Outras produções videográficas são *Blanchot – Para onde vai a literatura?* (2005); *Giro Noite Cinema – Guy Debord* (2011) e *Uma árvore no Zaire* (2014). Escreveu os livros de poesia *Lembrança arranhada* (1980); *Tesouro transparente* (1985) e *Sonos curtos* (1992). Traduziu o livro *My Life*, da poeta norte-americana Lyn Hejinian (2014).

Professor livre-docente da Universidade de São Paulo (Faculdade de Filosofia, Letras e Ciências Humanas), atua na área de Literatura Comparada.

1ª EDIÇÃO [2015]

Esta obra foi composta em Mercury Gotham sobre papel
Pólen soft 80 g/m² para a Relicário Edições.